U0562746

王元化 著

# 九十年代日记

上海书店出版社
SHANGHAI BOOKSTORE PUBLISHING HOUSE

# 出版说明

　　王元化先生是著名学者、思想家，他从二十世纪三十年代开始写作，著述宏富，在漫长的学术生涯中，发表了《向着真实》《文心雕龙讲疏》《思辨随笔》《九十年代反思录》等作品，他对《文心雕龙》的解读，对"五四"启蒙的剖析，对卢梭"公意"的追问，他整个思想历程的"三次反思"等，都对当代思想学术产生了深远影响；他"不降志，不辱身，不追赶时髦，也不回避危险"的精神风骨，亦成为后学追慕的楷模。为了更好地传播王元化先生的思想学术，传承其精神文脉，我们将以单行本的形式陆续推出其著作系列，呈献给广大读者，谨以此作为真诚和切实的纪念。

二〇一八年九月

# 目 录

# 一九九零年日记

## 二月二十二日

寄威廉与海蓉函。寄黄仲达函。复江陵文联函，内附为江陵文联所题"作家通讯"四字。复高木宏夫函，致谢他托人带来的糖果一盒。比利时 Kerkhofs 托人带来笔芯一打。今天吴仞之家的阿姨介绍其嫂来我家临时帮忙，以解无人之急。报载：加拿大博物院托马斯·约翰逊教授参加最近在京举行的国际研讨会上称，美洲大陆祖先可能是在十二万年前由亚洲大陆迁移去的周口店人后裔，加海洋学家最近在温哥华附近的乔治亚海峡的冰碛物中发现了一些工具，这些石器表明，早期美洲大陆人是在沿袭北京周口店人的文化。

## 二月二十三日

徐俊西来。赵长天、宗福先来。宋连庠来赠《美化生活》，上刊有访问记。请杨医生将我旧衣裤三件带去托人修改。

## 二月二十四日

上午上图朱庆祚、孙厚璞、萧斌如来，赠《中国文学序跋丛书

（散文卷）》二册。得温流函。得高敏函。得蒋述卓函。下午王镇远送来《海外汉学丛书》四种，每种二本。


## 二月二十五日

嘉年托同事徐其超和王大兰带来香油四瓶，分赠我和清姐等。希音全家来。


## 二月二十六日

曹致佐等送莫阿姨来洽谈帮忙家务事。数日前寄海蓉函，因不知邮资涨价，未贴足邮票被退回。补足后请柏彬携去代发。得马白函，附有我在汕大讲话纪要。得山东社科院语言文学所冯春田贺年片。得曹聪孙赠《中国俗语选译》一本（上写章培恒先生正，大概忙中将赠二人的书错寄）。徐中玉、赵长天来谈基金会事。给嘉年挂长途电话。午后修良大姐在陈敏之家约去谈天。连日陆晓雯来帮忙家务不少。


## 二月二十七日

莫阿姨讲定上午来，久候不至，而曹致佐又找不到，连日为家务事忙乱，均未能午睡。得《中国作家》、《修辞学习》等刊。晚伯城来。今天早上醒来想到林彪说的"理解的要执行，不理解的也要执行"，在军队中，尤其是在作战紧急时刻，也许只能是这样。但推而广之，作为一种组织纪律，就很成问题了。


## 二月二十八日

连日未午睡，忙于家务。清理橱柜中各物，将无用者抛弃，刷地毯（未装地板的两间都铺的是化纤地毯）、洗衣、烧饭。虽劳累，但环境清洁整齐，也给人以快感。王兴康来谈《思辨短简》精装本问题，送来平装本二十本。陪可去华山医院检查身体。

## 三月一日

今天新阿姨来了。长生来。得张少康函。得林其锬函。托小吴买来一煤气灶，即装上。清理橱柜时，理出旧报，其中有一张旧报是一九八九年六月三日（因正值那场政治风波，直到风波后半个多月才出刊，但原来日期未变）《文艺报》的第四版《综合新闻》，现抄录如下。

李：准确地说，是建设的理论和理性的建设。我们现在破坏的激情很大，什么都抛弃，否定。反映在学术上也如此，包括王元化提倡的所谓否定的辩证法。还有刘晓波搞的那些东西。其实很多都是过去的重复，不过是用黑格尔的语言代替毛泽东的语言罢了。总之，不是理性地建立形式，而是情绪地否定一切。

（《李泽厚、于建〈语言的迷宫及其他〉——李泽厚、于建对谈录》）

## 三月二日

伯城来。清姐来。

## 三月三日

萧华荣来。钱鸿瑛来。王大象来。得杨明照函。重庆出版社寄来发言记录一份嘱审校，改好即寄还。得许一青函并所撰《文学创作心理初探》一册。寄赵朴初老人信并附《思辨短简》、《文心雕龙创作论》各一册。

## 三月四日

建侯、阿尊、清姐来午饭。得劳承万函，并所撰《审美中介论》一册。得吴宏聪函。陈念云来，谈到《思辨短简》序言所引书名有误，"慎思明辨"一语出自《中庸》，而非出自《论语》，记忆往往有误，不可掉以轻心。

## 三月五日

不适，感到疲软。赠长生《短简》一册。

## 三月六日

感冒。左眼出现红色，下午去康平路门诊看眼睛，上眼药后，红色稍退。得美姐函。得叶笑雪函。

## 三月七日

去宣传部与孙刚、徐俊西谈话。得汕大医学院王诚豪函并照片一枚。得樊克政四纸长函。得朱大可函。得萧兵赠《中国文化精英》。得赵永纪赠《古代诗话精要》。将《短简》赠下列诸人：陈念云、周瑞金、丁锡满、黎焕颐、谢春彦、陆行良等。

## 三月八日

得刘梦溪函，并《中国文化》及该刊学术顾问聘书。

## 三月九日

耿庸邀去午餐，带给他咖啡一瓶，赠他和满子各人一本《短简》。

## 三月十日

晴转阴。得山东社科院文学所乔力来函，并《中华民族优秀传统汇典》顾问聘书。得王向峰撰《美学新编》一本。

## 三月十一日

承义约龚心瀚一家去花园饭店饮下午茶。郑煌来未遇，留下《珍宝录》一本。

## 三月十二日

早访小周。晓光在日本购得计步器一枚交小刘带来赠我。托小刘将《短简》带去日本赠晓光、冈村繁、合山究等各一本。又筷子一盒赠冈村等人。午后刘三富来，赠他端砚一方和《短简》。另三本请他带到日本赠兴膳宏、高木宏夫、今富正巳。又，《中国大百科全书·中国文学卷》上下二册赠町田三郎（福冈大学中文系主任）。得王运熙函。得叶笑雪函。

## 三月十三日

晴转阴。朱大可来。王大象代我从上海古籍取来《短简》四十本，并《短简》稿酬（扣除所得税和购书款后）一千八百元。得伍蠡甫函。晓明来晚餐。

### 三月十四日

阴。得武汉大学郭齐勇赠《文化学概论》一本。

### 三月十五日

晕。得李淼自东北发来的快邮，嘱撰写笔谈。高国平携来文艺出版社合同，并问及四十年代杂文事。往华东医院探望吴强病，他想和我说话，但已不能言，口中喃喃，不辨其意，可哀也。午后陈谦豫来谈所招博士生事。赠他《短简》一本，另三本请他分转许杰、徐中玉、钱谷融。

### 三月十六日

晕。访巴金，送《短简》一本。小陆来，送《短简》一本。复李淼函，以对其课题素无研究，辞谢撰文约请。寄还上海文艺出版社合同二纸。得户田浩晓日文信。小刘为晓光事来谈良久，令人挂心。夜间睡眠甚差。

### 三月十七日

二徐来，卧床与之交谈良久。夏写时偕戏院一女同志来，因客人多，未得便多谈即去。得彭恩华来信，介绍美国裴碧兰教授。此信寄自京中，想必是裴女士到北京后发出。彭未写地址，无法作复。近年人多引"人之于味同嗜也"，以证明人性的存在。此说未必切理。一、人之于味各有所好，未必同嗜。二、纵使假定人之于味嗜好相同，亦难证明人性之同。三、人性不应从感觉上的同异（仅仅从生理方面）来加以证明。

**三月十八日**

晓明来交博士论文。丁锡满来。留二人晚餐。清姐来，以香蕉和牛奶在搅拌器中搅拌成饮料，味甚可口。傅剑平推荐卫聚贤著《中国古代与美洲交通考》一书。

**三月十九日**

早散步一小时。寄沈希瑞函。赠《短简》给江陵文联、温流、樊克政、劳承万、陈敏之、刘梦溪（并附函）。又，托王大象赠张启承、褚钰泉、史中兴、施宣圆。又，托郑克强赠冯契、王亚夫、李志林。潘穆送来《家庭》评委聘书。小冷打电话来说学林出版某刊转载批《新启蒙》文。

**三月二十日**

萧华荣来谈胡晓明博士论文事。李志林带来《时代与思潮》（二）五本，托他带去《短简》赠萧莲父。华国璋来，赠《短简》一本。

**三月二十二日**

（昨日未记。）得刘三富函并附在沪所摄照片五张。得曾彦修函。得严北溟讣告，托王大象去电致唁，并购花圈一只，付十元。得浙江三门县粮机厂秋枫来函。此信别具一格，可发一噱，抄录如下："对先生书法十分羡慕，万望能惠赐书法，以纪念我和爱妻结婚一周年，不胜感激之至。"云，未复。

### 三月二十三日

转阴，天气燠闷。托钱钢将《短简》分赠维铮、蒋孔阳、吴中杰、姜义华。为孙树棻写书名《乱世浮沉》四字。为海鹰厂二同志及王大象代人请托共书条幅四幅。章念驰来谈海峡协会事，所谈种种令人心烦，颇悔挂此会会长之名。

### 三月二十四日

雨。午后李志林偕朱贻庭来，朱赠所编《中国传统伦理思想史》一本。得叶笑雪函，信中谈到《淮南子》诸版本问题，颇可参考。

### 三月二十五日

得仲联老人信，嘱题词。得杜琇、超冰函，征集王瑶生前书信，并嘱撰纪念文。今日始得文汇书展请帖，竟寄至淮海路旧址，而我迁居至此，盖五易寒暑矣。如此办事，可叹！

### 三月二十六日

托王大象自上海古籍取来《短简》六十本，打七五折，共计一百六十余元。瑞金医院包医生来，嘱介绍瑞典人，为其婿做保证人。收到《左联纪念集》一本。

### 三月二十七日

阴雨。复钱仲联老人函，应其所嘱，为他编的《十三经精华》题词（撰四字），并附赠《短简》一本，挂号寄出。复李淼信，应他所嘱为其译本（日人古田撰《中国文学对句艺术》）题词（集《文赋》句）。我在致他信中说，在再三催促下，无奈只得作此酬酢文，这是首次，亦是末一次，附《短简》一本寄出。上二信邮资甚高，且有附加，不贴邮票，又不开发票的缴费。与赵长天同去华东医院探望吴强。吴僵卧床上，见余至，紧握余手，眼中噙泪。我和他于一九三九年初在皖南相遇，迄今已逾五十年矣。笠征自日本托人带来其妻绿英夫人赠张可香水一瓶。

## 三月二十八日

得冈村繁函。姚芳藻来，要我谈谈老姜生平，她要为姜写传。付王大象二百五十元。得蒋经韬函，约我参加江陵端午之会。

## 三月二十九日

阴。钦晨来送传阅的报刊文件，并奖金九十元（扣买书二十三元）。请他带去赠领导的《短简》。王大象来，将赠北京和外地的《短简》拿去寄出。

## 三月三十日

晴转阴。晨与刘人寿一同散步，二小时后始返。

## 三月三十一日

承义今日回香港。上海文艺出版社顾伦来，送《中国戏剧通论》一本，并该社召开座谈的请柬一份。小马来坐谈良久。

## 四月一日

方医生来看病，留下药片三枚。姜丕之来，赠他《短简》一本。萧华荣来。胡晓明来。《读书周报》载记者吴育报道的文汇书展。文中谈到："此届书展还有一批相当有质量的新书，其中包括王元化先生的《思辨短简》及由他主编的《海外汉学丛书》、《剑桥艺术史》、《二十世纪西方美术理论译丛》，周作人的《永日集》、《看云集》、《夜读抄》等。我很喜欢王元化先生的书是因为他敢于求真，文思活跃，文如其人。收入《思辨短简》中的一五三篇论文，每篇不过千把字，却又时有独到之处，我以为这是和他的治学态度、为人准则密切相关的。王先生在后记中这样写道：'差堪告慰的是不管我走过怎样崎岖的道路，我写作是从自己的信念出发的。我有过犹豫和彷徨，但没有作过违心之论。'将真实的我体现在字里行间，这种文章自然会和人一样获得生命，我想书迷朋友也多是以此来择书的。"

## 四月二日

赠宋连庠《短简》一本，并托他带一本赠伊人。李子云与徐钤来，同访于伶。沈剑英、朱碧莲夫妇来，送乌龙茶二盒，回赠《短简》一本。

## 四月三日

阴。王仁志来，托他去日时带信四封（致冈村、三富、户田、晓光），书三本赠户田浩晓、小尾郊一、古田敬一。书一本寄温流（因他要我将此书赠在美国求学的小勤，勉其读书）。

**四月四日**

冷。早上去看民间艺术展览，购杨家埠木板年画日历一本，河南皮影戏面模一具，苏州木偶一个，托王仁志将以上诸物带日赠高木宏夫，以回其情。下午大连辽宁师大陆文采携彭定安介绍信来访，赠我张志勋著《郭沫若史剧概论》一本，彭定安《鲁迅杂文学概论》，张杰、陆文采合著《高兰评传》，陆文采、张杰合著《中国现代女作家论》，陆文采《女性形象初探》等。陆文采此行主要是为辽师大及社科院申请带博士生来向我介绍情况。

**四月五日**

洪泽偕季梅先来访，赠《短简》一本。为包医生事致信罗多弼。得苏州钱仲联函。得马白函。夜读晓明论文。

**四月六日**

读晓明论文（去找赵沛霖著《兴的起源》）。下午去上海文艺参加中国戏剧通论讨论会。得该社赠书一本。得樊克政函。得中国文化书院邀请书（纪念冯友兰冥寿）。得汕大刘叔成函。得卜桂林函。得柳肇瑞函，并附王润华赠所著书三本。

**四月七日**

读晓明论文。第二章《意境》较弱，不及第一章《比兴》。下午去华东医院探望于伶。得周振甫邀稿函。得辽宁丹东师专发来巴人学术研讨会请柬。

## 四月八日

阴。感冒，感觉不适，停止工作。清姐来。得黄仲达函。得香港兰海文《当代论语》征稿函。得曾彦修函。得林其锬函。得钱仲联函。得王向峰函。

## 四月九日

感冒加剧，卧床。得马亚中函。王纪人来，送《中国现代散文欣赏辞典》一本，回赠《短简》。宣传部理论处沈大勇来，送稿审阅，嘱二十六日前退还。

## 四月十日

感冒仍重，鼻塞。今晨八时吴强逝世，往华东医院向遗体告别。再去参加企业文化促进会，作简单发言。李子云来。张雷平来。

## 四月十一日

阴雨。感冒未好转。作协毛时安来就吴强悼词征求意见。托王大象寄书，计北京十三本，天津一本，杭州四本，福建一本，本市十六本。（名单略）

## 四月十二日

阴。感冒稍有好转，仍休息。读晓明论文第三章，不如第一章精彩。文中引台湾学者资料太多。萧华荣来，告系内通知胡晓明留校任教。刘叔成嘱其子将在汕大所摄照片送来。复马学鸿函，辞谢为历代爱国诗词曲名篇作概述。龚心瀚晚间来谈天，十时后始去。

**四月十三日**

感冒未痊，十时起床做少许工作。下午徐中玉来、徐俊西来。贾植芳偕苏州大学范伯群、沈雪洪等来，谈申请博士点事，并携来仲联老人所送碧螺春一听，宜兴寿星小壶一个。得陈辽来信。

**四月十四日**

读晓明论文。偕可同去衡山理发。得王春元寄来《文学原理作品论》。得复旦王超群寄来《严北溟教授生平纪念集》。萧华荣、胡晓明来。

**四月十五日**

读晓明论文。得光年函。得陕西汉中党委杨建民来信索书。

**四月十六日**

上午访姜丕之。朱正、陈子善午后来，留晚餐，各赠《短简》一本，并托带一本给李冰封。双山（王凡西）著有《毛泽东思想论稿》。

**四月十七日**

得光年函。得李淼函。上午读晓明论文上卷毕。杭大古籍所张翠霞晚间来，谈杭州提升教授嘱写鉴定事。

**四月十八日**

写成杭大崔富章著作鉴定稿。下午去作协谈文学基金会事。

**四月十九日**

上午黎焕颐偕吴正来访。得巢湖市安徽维尼龙厂何玉文索字信，不复。

**四月二十日**

胡铁生来，今年是他八十岁生日，拟出版书法篆刻集，希我为他写序。我以对书法素无研究辞谢，但他坚邀，无法拒之。此类事令人穷于应付。

**四月二十一日**

晚胡晓明来，在此晚餐。饭后萧华荣亦至。与二人谈至十时始散。

**四月二十二日**

得范伯群函。得黄仲达函。得蒋述卓函。

**四月二十三日**

感冒又起，忙服药，希望能压下去。下午去龙华参加吴强遗体告别。得冯厚生姑父信，即复。复述卓信。复黄仲达信。复王克平（巴人之子）信。

**四月二十四日**

徐桑楚夫人张庆芬逝世，其婿汪天云特来通告，去徐家吊唁。访洪泽。曹致佐来。为胡铁生书法篆刻集作序。

**四月二十五日**

冯契以学会名义邀去赴宴，为接待达摩学院张尚德也。徐钤来。得楼适夷信。理论处沈大勇将送我审阅之稿取去。数日前曾托王大象将书赠陶雪华。

**四月二十六日**

上午去华侨饭店听达摩学院张尚德谈禅学，赠他《短简》一本。晚携可同观电影。

**四月二十七日**

倬如来沪，时已夜半，飞机误点也。

**四月二十八日**

再托王大象购书二十本。先后为购买《短简》，已用去千余元矣。

**四月二十九日**

阴。得吴福辉函。托王大象去京时将王瑶给我的四封信带给杜琇，并致超冰信一封，再带信并书赠徐放。

**四月三十日**

阴。写纪念王瑶文。近日巫术式的气功在万体馆现身作法，有老同志两人作顾问，参加者络绎不绝。主席台旁座位，据说可受到气功师的放气治疗，黑市价已高达万元。气功师一登台，哭者、笑者、叫者，手舞足蹈，乱成一片。从本世纪初兴起的义和团运动到现在已过去九十年了，但是萨满式的巫术附体式的狂迷仍一如昔日。

**五月一日**

继续写纪念王瑶文。中午与孙树棻、赵丽宏在豫园内宴请周易。五年前中国作协访美代表团经旧金山时，周易曾接待我们，并为代表团做过不少事。

**五月二日**

得刘伟林索书信。

**五月三日**

纪念王瑶文未写成，来人不断，干扰太多。李亚军自蓉来沪，讲起高尔泰事，未得其音信已半年多矣。托李带《短简》赠高。萧华荣来。叶笑雪来。金韫玉来。吴长生来。

**五月四日**

得姜亮夫函。得郑涌函。数日前得庆甲未亡人刘琦函。为姜亮夫先生九十寿诞，拍电报祝贺。

**五月五日**

承义返沪。赠秦勤为《短简》一本。

**五月六日**

早访巴金，赠我特装本译文集一套。（每套均标有号数，赠我者为第九套。）梅朵偕姚芳藻来。丁锡满、龚心瀚来午餐。

## 五月七日

得江陵文联函。得户田浩晓函。得相浦杲函。文汇报徐启华来，拿去《短简》二本。

## 五月八日

参加张庆芬遗体告别。赴韬奋基金会理事会。晚请龚兰生医生看病，因身上有出血点紫斑，嘱去医院验血。

## 五月九日

多日来写纪念王瑶文，时写时辍，屡被干扰，至今始写成，全文不过三千余字而已。即将稿寄现代文学馆吴福辉。

## 五月十日

空腹验血。下午偕可同去秦山（市里所组织，陈至立所邀也）。见到柯灵，赠《短简》一本。晚与至立谈筹办文学基金会事，得她支持，至十一时许始回房睡觉。

## 五月十二日

全天参观，颇疲。今日从秦山返沪。得张光年函。得叶笑雪函。得劳承万函。得陈子善函，内附照片一帧。

## 五月十三日

得江陵文联请帖。中午艺术节酒会。晚香港文汇报宴请于锦江饭店。

## 五月十四日

由龚心瀚发起，焦阳出面，我作主人，邀请宣惠良一行六人，在七重天晚餐，我几次去深圳度冬时他均费心接待。

## 五月十五日

为纪念中国社联六十周年题词："涓涓细流蔚为大川"，上海社联当日派人取去。张绥送来十九日在雁荡大厦5A座谈的请帖。他不日将赴台，托他带去《传统与反传统》和《短简》各二，一套赠蒋勋，一套赠韦政通。

## 五月十六日

得刘琦函。

## 五月十七日

上午十时半后参加作协东厅座谈并午餐，晚《文汇报》在锦江宴请。此类应酬殊无聊。去年出版《新启蒙》的湖南教育责编龙育群来沪，为他找宿处，通过马林发介绍他去电影局文学招待所。赠龙《短简》、《传统》各一。

## 五月十八日

得白文讣告。抗战期间我在上海地下党文委工作，负责联系白文。那时他是佐临主持的苦干剧团唯一党员，解放后有人称苦干剧团是上海地下党领导即指此。白文回忆苦干的文章中说，我联系他时，曾交他在苦干工作三项任务。后白文因暴露，我通知他去苏北解放区。他是独子，只有一位寡母。老太太十分开明，我和她谈过话，动员她与儿子同去解放区。她毫无牵挂，爽快地答应下来。这都是四十年代上海沦陷区的往事。白文殁于五月七日，十一日举行遗体告别。讣告辗转送至，收到时告别仪式早就举行过了。

**五月十九日**

得江陵县萧代贤长途电话。托晓明拍贺电给江陵文联。上午社联之会不赴。得周振甫函。得施国英函。张绥送其所著《犹太教》。谭德睿（其骧先生哲嗣）送其所著《中国古代失蜡铸造》。赠杨小训《短简》一本。下午去雁荡大厦参加张绥举办的座谈会。晚金韫玉来。

**五月二十日**

中午偕可与承义、倬如同去静安宾馆午餐。家人难得团聚也。

**五月二十一日**

张绥午后来，送我著作五种，并留下催录像一盒。人民出版社金永华来，送书二种，一为韦政通著作，一为罗义俊编著之《评新儒家》。此书多收录"新儒家"本人之作，似未可言"评"，"编著"二字亦用得甚巧妙。

**五月二十二日**

下午汕头大学戴紫宸校长携职员庄戚凤来，再同去接顾廷龙，邀我们二人至静安宾馆晚餐。赠戴与庄二人《短简》各一本，赠汕大图书馆《文心雕龙创作论》及《文学风格论》各一本。

## 五月二十三日

与戴紫宸、庄戚凤同访汪道涵。得楼适夷信。得施国英信。

## 五月二十四日

得吴琦幸函。得陈方正函。

## 五月二十五日

得楼适夷信。

## 五月二十六日

偕可与承义同去瑞金医院看病。我的血小板聚集功能不达标准。李子云偕徐铃来。徐俊西来。得苏州大学请我担任钱仲联教授博士生魏中林答辩委员会主任聘书。（魏的论文为《爱国主义与近代爱国诗篇》。）

## 五月二十七日

得王运熙函。得周勋初函。得英国国际传记中心印刷件函。

## 五月二十八日

复周勋初函。

## 五月二十九日

得沈希瑞讣告，终年七十三岁。沈于抗战初在上海邮局工作，参加进步活动，后入党。我在地下党文委工作时曾负责与她联系。她与王季琛结婚后，在沦陷时期组剧团赴津，后一直滞留在北平。抗战胜利后，我去国立北平铁道管理学院任教时曾去访问过她。得陆晓光自日本发来的信（内附日元一万赠我）。得仲联老人函。得吴福辉函。午后华师大教授赵修义送来请我担任冯契博士生张节末论文答辩委员会主任的聘书及张节末之论文。

## 五月三十日

早与承义去博物馆观赏书画馆。午后写信给王季琛吊唁希瑞逝世。得许觉民函。

## 六月一日

加拿大领事邀去晚餐。领事不仅昧于中国事务，文化素养亦不高。领馆参赞为女性，名 Ruth。数年前复旦教授朱静曾陪她来访问过我。我知道她曾获博士学位，现在多伦多大学任教。但她似乎只对当代中国的小说有兴趣。此类应酬，甚觉无聊，悔未辞谢。

## 六月二日

谭德睿来，赠他《短简》一本。秦勤为来，王大象用小吴车，从上海文艺出版社取来《传统与反传统》三百本，并样书十本（前已收到十本）。此书出版颇为不易，先是编辑部要删削，我坚决不同意，争执结果，由市宣指定龚徐二人来谈，按字逐句讨论原稿，结果互作让步，就是现在出版的这本书的样子。

## 六月三日

　　钱鸿瑛来，赠《传统》一本，并托她转给黄源一本。邓伟志、李志林来，各赠《传统》一本，并请他们转给冯契一本。戴鹏海来，赠《传统》一本，另一本则请他转给贺绿汀。

## 六月四日

　　基金会事令我头疼。有人专喜弄权，令人愤慨。

## 六月五日

　　钱伯城偕魏同贤来访，留晚饭，各赠《传统》一本后辞去。饭后许纪霖来，坐谈多时。

## 六月六日

　　上午去展览馆赴陈至立与刘振元一起召开的上海文化发展研究会议，由徐俊西主持。这是一个小型会议，参加的人有谈家桢等十人左右。徐称上海文化发展规划，至立将"规划"改作"设想"，较妥切。会上我问：我在市宣工作时所报六五规划中有新建一座上海图书馆，中央已批准立项，并准备拨款一亿多，何以至今未见落实？刘振元答新建图书馆地方在淮海中路原牛奶房旧址，而牛奶房不肯搬迁，以致至今不能启动云云。谈家桢亦提出自然博物馆问题。得武大郭齐勇函，嘱我选几篇文章交去，以便译成英文收入他们所编的集子中。

## 六月七日

上午李子云来。又是谈基金会事，我已表示倦勤之意。

## 六月八日

托徐钤将《短简》、《传统》各一本寄斯德哥尔摩罗多弼，Frederic Wakeman。《传统》寄赠北京夏衍、李一氓、光年、荒煤、钱钟书夫妇、梅志、曾彦修、于光远、范用、朱寨、王春元等，南京陈辽、大连叶纪彬、广东劳承万等各人一本。下午四时与钱伯城、魏同贤同去市委汇报古籍小组事。

## 六月九日

在龙华寺与於梨华夫妇一起午餐。得荒煤函并送我的书一本。

## 六月十一日

承义离沪。得谭其骧文复制件。

## 六月十二日

上午访顾廷龙谈古籍小组事。去谭其骧家谈天，畅谈多时。谭与郑桐荪之藩有亲戚关系。谈话时，谭出示所藏郑桐荪纪念册。郑先生为父执辈，住在清华园西院。那时郑桐荪和熊庆来是清华大学著名的数学教授。华罗庚年青时因学历资历不足，无法在大学任教，经熊、郑二先生力荐，才被破格提拔到大学教书。当时在学界有影响的前辈，几乎无不爱才若渴，常常无私地提携后进，奖励人才。今天这种品格不大见得到了。郑先生是科学家，听父亲说，他在业余的时候研究清史，造诣甚深，常常有一些史学界人士亲往问学。这和今天一些科学家只知埋头自己的专业，很少过问文史哲的情况是完全不同的。一位在北方名牌大学任教的朋友告诉我，他们那里虽然已经恢复了文学院，可是那位学理工出身的校长（还是什么院士），对于人文学科一窍不通。人文学科的性质、特点、功能，会对社会发生什么影响和作用……他全都茫然不晓。他不明白学文史哲有什么用。据说，他曾说学文学的也许还可以做做宣传或者文秘工作，但学历史、哲学有什么用呢？这番话曾在大学校园内传为笑柄。今天像郑桐荪那样文理兼通的科学家愈来愈少了。因此许多只懂自己专业的科学家来掌校，大学文科多办得奄奄无生息。这并不是偶然现象，同类情况一多，其后果可知。人文精神的失落，文化水平下降，终将导致人民素质愈来愈低。须知人民素质很差，是无法实现现代化的，这是很浅显的道理，无须文理兼通如前辈科学家者也应该明白。但今天谈到人的素质问题，许多人只着眼于政治层面，而很少从人文精神的失落去考虑问题。在谈到郑桐荪先生时，我说的这番话颇得谭其骧的首肯和共鸣。我和他也说起童年的一些往事。那时我的父母和郑先生夫妇是很好的朋友，两家时相往来。他们的儿子士京比我略小，常在一起玩。他的身体比较孱弱，人也很文静。可是士京的姐姐士宁却像男孩子一样顽皮。他和我的两个姐姐是朋友。听二姐元美说，有一天一位外国教授去清华园访问郑先生，刚在沙发上坐下，士宁跑进来对这位客人的高大鼻子感到了兴趣，嘴里说"真有意思，真有意思！"就爬到客人身上在他的鼻子上捏了一把。郑先生自然被弄得很不好意思，但事后只是说了她几句，并没有严责。他们家就充沛着这样一种平和的气氛。今天士宁已是著名数学家陈省身教授夫人。前几年来沪时，二姐去看她，她还问起了我。

## 六月十三日

致荒煤信。致钱钟书信。致楼适夷信。

## 六月十四日

得杨明照函。全日阅读苏州大学钱仲联教授博士生魏中林学位论文。

## 六月十五日

上午写魏中林博士论文评语，下午去苏州。

## 六月十六日

上午在苏州大学主持钱仲联教授博士生魏中林论文答辩，下午返沪。抵家后见王西彦来函。

## 六月十七日

在苏州大学夜间因有蚊扰未睡好，今天起床很晚，下午又睡。全天休息。

## 六月十八日

读华师大冯契教授博士生张节末博士学位论文。午后徐俊西来。王大象来，托他寄出一批《传统与反传统》赠诸友人。

## 六月十九日

全日忙于阅读。华师大哲学系冯契博士生张节末及中文系钱谷融教授博士生吴俊二人的学位论文均读毕，将评语写好发出。

## 六月二十日

胡晓明博士论文今天上午在华师大专家楼进行答辩。我邀请了钱仲联、周振甫、徐中玉、王运熙、周勋初等七位教授组成答辩委员会，由钱老任主任委员。会上提问，晓明当场记下的似乎不多，且均答以"等下我来回答你"。最后投票时，某位老人大概在匆忙中漏掉一项，未填是或否的记号，以致形成一票弃权。

## 六月二十一日

大热，晚阵雨后热稍减。中午开空调放冷气。得陆晓光自日本发来的信。得武汉大学郭齐勇函，谓我寄去的信已收到，所选二文俱佳。去华东医院看望谭其骧，又去看望也住院的钦本立。二人病情均甚严重。但钦尚可在院中散步。抗战胜利后我与他丁沪滨相识，那时我在编《展望》，而他是《展望》一周经济专栏的撰稿者。我们每两周中午在八仙桥青年会碰面一次，共进午餐，借这机会谈谈为专栏撰稿的内容要求等问题。此次会面他因去年的风波，大概也知道自己得了绝症，心情殊恶。这些问题都是无法安慰他的。相对无言，甚觉凄凉。分手时赠他《短简》、《传统》各一本。前人诗"无言便是别时泪"，即此时心情的写照。回家后得陈方正电话。

## 六月二十二日

读今年六月十六日出版的《党史信息报》，有一篇标题为《打倒知识分子的标语》的报道。内称，一九三一年的一天，毛泽东在瑞金的叶坪村一个住户门口，看见贴着一张绿纸标语，上面写着"打倒知识分子"。接着记者写道："原来叶坪村农民非常愤恨本村一位经常帮助地主欺压群众，教过几年私塾的先生，由此对知识分子产生了恶感，视他们为被打倒的对象。这标语是乡苏维埃政府安排文书老谢写的。"案：上面虽也举出一种原因，但这问题似应作更进一步探讨。如：为什么农民一方面尊重字纸，一方面又讨厌知识分子？为什么历史上的农民起义多歧视知识分子？等等。

## 六月二十三日

下午四时去虹桥机场乘班机飞往北京，参加国务院学位委员会第三届学科评议会议。下午八时抵达，会议接待在京西宾馆下榻。学位委员会文学评议组中，我和李荣是从第一届连任到第二届的成员。其余均因年龄超过七十而告退。在第一届成员中，我是年龄最小的，现在则进入老人行列，成为较李荣小的第二号年长者了。其余皆新进文学评议组较年轻的成员。在这些新人中间，以北大文字学专家裘锡圭最为出色，其人品学问均为第一流。

## 六月二十四日

早与于光远通电话，约我去看他。在此之前与温流同去看望夏衍，他已年过九十，家居而不外出。他的居室很小，放置一床，一桌，两椅，已无余地。人虽削瘦，而两眼炯炯有神，谈吐清晰，记忆未衰，而对世事的关心亦不减当年，这在高龄中是很少见的。坐谈约一小时半，怕他多谈伤神，乃辞去。与温流再去访于光远。

## 六月二十五日

上午学位委员会学科评议会议开幕式。此次会议与过去同，会议地点设在京西宾馆，可减少两处分开奔波之劳。中午应中妹之邀，去她家午餐。下午小组讨论，情况和以前（第一届）不同之处，在于会议工作人员往往参与干预。所发博导候补名单，其人选往往不够准确。入选者有些水平并不高，而学识才具堪当博导之任者又往往遗漏在外。这一点下次开会时我当提出意见。

## 六月二十六日

今天竟日开小组会，阅读材料。会上我将意见提出，并问名单是哪里来的？工作人员答称，入选名单是初选讨论通过的。我问：什么人初审的。答：教委学位委员会。我建议名单可再议一议，我们可去掉一些不能胜任的，增补一些不应遗漏的。答：初审的名单不能更动了。这些新的办法，是八十年代所没有的。如果初审把人选基本定好，不能增补，我们能做的就大大受到限制了。于是我在会上说："如果初审的权力这么大，而我们可有可无，那还不如根本撤消掉。"

## 六月二十七日

竟日开小组会。这届学科评议会简直无法和上届相比。不仅参加成员在学识上相差很远，作风也两样。上届所有老先生都是认真的。每个人看资料，研究问题，直到深夜，一丝不苟，公正无私。现在却有请托说情种种徇私现象发生。结果在博导人选上劣进优退，不学无术者滥竽充数，而品学优异者却往往落选。这真使人为我国教育前途感到忧虑。我们开会时，在北京的高校有些未列入博导候选名单者

（如北师大的某某就是其中之一，他确实应该评上的），来到京西宾馆要求容许他到会申诉，但被拒之于门外了。更有一些人洁身自好，虽受到不公正待遇，却默默隐忍了。其中有两位后来我见到，他们对此事并无任何表示，这种高尚作风虽令人敬佩，但对教育界弊病的改革不利。今日午间休息时，《人民政协报》摄影记者纪红来摄影。（此照在他们报上刊出时，纪红用了十分有趣的标题。后来我又将他的摄影收入《文心雕龙讲疏》。）下午休息时间，湘云从中关村来看我，她说善澄亦在京西宾馆参加他们专业的学科评议会。晚上走访荒煤。再去张光年处，在他家晚饭。

## 六月二十八日

竟日开小组会。会后访梅志，再访李锐。李锐陪我在他门口附近漫步。木樨地、六部口等处是去年那场风波的重地，李锐边走边指周围各处，说此处如何，此处又发生过什么情况……回到他家中，用过晚饭后，继续畅谈，不觉已至十时许，正准备返回京西宾馆，大雨如注，在李锐家留宿一夜。

## 六月二十九日

上午仍开小组会，会上工作人员按惯例宣称，下午到人民大会堂集合。去做何事则未说明，仅嘱大家去时不要携带公事包或其他任何物品。会议即将结束，我知道这意思是说我们将要和国务院领导合影。我当即向工作人员说，明天我请假。工作人员愕然，一时不知怎样回答。我继续说，我每次都是请假的。我知道最后要和领导人合影，但我腰椎有病，不能站立过久。每次照相都要用很多时间排地位，排好还要一动不动站在那里等候许久，这样站几小时，我的腰病受不了。工作人员半晌未作声，还没有表态。李荣接着说，他也身体不好，也请假不去。他刚刚说完，几位年轻的成员也跟上来，说小组的一些材料还没看完，明天不如加个班，看材料，把扫尾工作做好。这时工作人员忍不住了，着急地大声说："他们两位老的不去，没有办法。你们也不去，小组全不去，那怎么行！"我们小组的年轻同志只得都去拍照，总算可以勉强交卷了。下午范用约定去他家玩并晚餐，由许觉民接送。范用还约了王若水、冯媛、李子云、倪子明等。

## 六月三十日

全日在京西宾馆休息，未出门。严家炎赠我他的新著一本。

## 七月一日

上午离京西宾馆，乘中午十二时班机由京飞沪。在家中见到倬如，她回来已一周矣。

## 七月二日

魏绍昌为上海画院四老（谢稚柳、唐云、张乐平等）做寿，假座和平饭店。我被邀去参加。

## 七月三日

王大象来。写字五张（皆辗转托人来索书法）。晚在家留公刘晚饭，邀耿庸夫妇、满子夫妇作陪。

## 七月四日

徐铃携来文学基金会缘起及会章草案，嘱审定（我作了一些修改），并嘱我写信给赵朴初，请他为基金会书写会名。

## 七月五日

去华师大参加冯契研究生张节末的论文答辩。

## 七月六日

大热，开空调。李子云来电话，嘱对基金会工作提意见。我提出三项原则：一、在征集基金上不要做恶丐强讨。二、基金使用上不要锦上添花（为给已有社会地位的作者补贴出书给奖之类），而要雪中送炭（为补助有成绩而出书难的青年作者出书，赠送老病贫的作者一些医药补贴等）。三、不要好大喜功，做切实可行的工作。全日为《短简》新版编选资料。

## 七月七日

参加中西文化研究交流中心举办的座谈。此会由冯契任会长，我任名誉会长。座谈有美国华裔教授唐力权参加，他是设立在美国的中国哲学会会长。他在发言中区别中西基本价值观念，他说，中国重良知，以天下为己任，重责任感。人际关系形成由责任确定的网络内。他举《赵氏孤儿》为例说，儿子是属于父亲的。这种价值观念压抑了创造力。而西方则重爱罗精神（？未听清楚），这种精神具有神秘感，不断追求等等。唐亦如海外有些学者一样，喜立体系，架构新的框架，这些方面则多牵强。下午去影像资料馆看录像，秦勤为接待。继续为《短简》续编整理资料。

## 七月八日

大热，开空调。继续为《短简》续编整理资料。

## 七月九日

热稍减，将空调关闭。

## 七月十日

下午戴厚英偕吴中杰约定来访。甫坐定，白桦即匆匆赶来与戴厚英接谈数语后离去。

## 七月十一日

罗洛偕小朱、小施来谈中国大百科全书上海分社出版丛书事。

［补记：后告吹］

## 七月十二日

大热。整理《短简》续编稿。

## 七月十三日

大热。得叶笑雪函。整理《短简》续编稿。

## 七月十四日

大热，夜间亦开空调，始可入睡。小吴代我去医院取药，唐力权来电话。

## 七月十五日

大热。气象报告三十七度，估计实在三十八度以上。严钧陪匈牙利人 Ernö Polgar 来，留午饭。整理《短简》续编稿。晚梅朵偕芳藻来。

## 七月十六日

大热。陈方正来，留晚饭。

## 七月十七日

大热。开空调。空气燠闷，夜间睡眠甚少。清晨给晓光写信即寄出。午后陈至立约谈，徐俊西陪去。得胡道静函。得黄伟经函。得王锡荣函。

## 七月十八日

大热，开空调。致黄伟经信。致王锡荣信。上午得刘三富电话要来，适值家中装热水器，敲敲打打，乱成一片，遂去锦江见刘，略谈即返。下午去社联与台湾学者座谈，晚参加在洁而精宴请的晚餐。得叶笑雪函，信中有诠释"众"字资料。现摘要抄下：《法华玄赞》一曰："众者僧也。"为梵语僧伽（Samgha）汉文意译。旧说四人以上为众，新说三人以上为众。《南海寄归传》三曰："凡有书疏往还，题曰求寂某乙，小苾芻某乙。"又曰："不可言僧某乙。僧是僧伽，同乎大众，宁容一己辄道四人，西方无此法也。"所谓"二众"，一道众，受具足戒和十戒者：一俗众，受五戒八戒者。佛经中又有"五众"，一比丘，受具足戒之男子。二比丘尼，受具足戒之女子。三式叉摩那，将受具足戒而学大法之女子。四沙弥，出家受十戒之男子。五沙弥尼，出家受十戒之女子。须注意一点，"五众"一词又为"五蕴"之异译。（罗什前译作"五阴"。罗什时改译"五众"，但有时亦译"五阴"，并非一律。至玄奘始定译"五蕴"。）笑雪信亦有感慨，认为今人病懒，很少有锲而不舍的精神，著书东拼西凑，学术质量高的稿件，稀如鸾凤云云。

## 七月十九日

大热，开空调。报称沪上酷热为百年所罕见。全日整理《短简》续编稿。

## 七月二十日

仍热。晨去贺绿汀家，贺他八十八岁生日。得陈辽函（附评《短简》文）。得黄仲达信。整理《短简》续编稿。

## 七月二十一日

仍热，开始起南风，尚微弱，炎暑稍退。陈修良大姐来谈。整理《短简》续编稿。

## 七月二十二日

大热。

## 七月二十三日

大热。

## 七月二十四日

大热。陈修良来谈天。致陈辽信。致劳承万信。致黄仲达信。撰评《辞海》扶桑释文。

## 七月二十五日

大热。赵朴初为文学基金会题字寄来。评《辞海》扶桑释文写就。

## 七月二十六日

得吴本厦函，答复询问晓光留日延长问题。吴是我抗战胜利后在北平国立铁道管理学院时的学生，当时曾将《横眉小辑》交他在交大发售，一九五五年反胡风，因此被审查，幸未株连。现为教委研究生司司长。得吴福辉函。得陈辽函。得天津人民出版社李君函。

## 七月二十七日

得黄伟经函。得吴福辉函。得美国传记研究所邀请函。得台湾杨汝舟邀请去台函，即复辞谢，附赠书两本。致朴老信为题字事致谢。早去作协谈文学基金会事。午后去医院探望谭其骧、吴建。

## 七月二十八日

东南风起，炎热渐退。黄万盛来。傅翔来。《青年报》记者李韧随总编来，留下表格一张。

## 七月二十九日

来人不断，诸多干扰，读写俱停，头昏脑涨，一天过去，一事未做。

## 七月三十日

寄回《青年报》表格。寄吴琦幸函。寄吴本厦函。寄陆晓光函。

## 七月三十一日

上午去龙华火葬场参加舒文追悼会。上海舒文有二，一男一女。这里说的是女舒文，乃八十年代在市委宣传部的同事。

## 八月一日

不适。

## 八月二日

腹泻十余次，体温三十八度二，入瑞金医院。补液。

## 八月三日

仍在院补液。得楼适夷函。

## 八月四日

在院补液，稍好转。得赵朴初函。

## 八月五日

梅朵、李子云、张军同来。得古籍郑学勤函。信中说杜维明《儒家思想》将"忧患"一词译作 anxiousness。有人亦译 worry。郑认为中国士大夫之忧患，是对个人身家之忧、遭遇不幸之忧与对君主国家之忧结合在一起。"前者（anxious-ness）多与 grief 有关，后者多含 worry 之意。concern 为关心之意，似嫌分量不够。"

## 八月六日

倬如来沪。

## 八月七日

得赵朴初函。

## 八月八日

得 Frederic Wakeman 函。得吴琦幸函。致陆晓光信。

## 八月九日

今日又腹泻二次。

## 八月十日

上午去医院就诊，请沈医生开药。致钱仲联函，请教王维诗义。

## 八月十一日

上午去康办参加朱镕基主持的双周理论座谈会。我在发言中提出三点：一、人的文化水平很低，素质很差，是无法建成现代化国家的。二、精神文明也有两个建设。过去只讲思想建设，强调政治挂帅，而忽视甚至完全不讲文化建设，这是主要弊端。"文化大革命"发难时，《解放军报》五论突出政治，甚至将政治做到业务中去的说法也当作反动理论加以批判。这一观点至今仍在流行。三、文化建设中应以教育为先。别方面要纠正偏差固然也困难，而要纠正教育失误则要花加倍的时间。今得赵朴初函。得何满子函。得劳承万函。得萧兵函。陆灏来函索《传统》。

## 八月十二日

得赵朴初函。晚饭后与可、倬如同去街上散步。

## 八月十三日

致萧兵信。致满子信，谢他寄来的剪报，我在信中有如下的话："《光明》之光甚昏暗，竟不知李某是反对新启蒙的。但这样一来使我不愿再回答李某反新启蒙的论点了。"

## 八月十四日

大热。报称三十六度，实际上室内恐在三十七度以上，中午太阳直射地面可能达四十度。下午中山学社约请晚餐，一直与唐振常通电话未接通，六时许去餐厅未见到人，折返。今天又腹泻一次。

## 八月十五日

得马白函，并附来为王瑶生前所定下的书稿一章。这一章是写我的。我按照编者所嘱自己去物色人，当时决定约请马白来写。现在稿子寄来，写得较匆忙，奖饰多于实际剖析，发表似不适宜，此事颇令我为难。今晨又腹泻一次。

**八月十六日**

今晨又泻三次，体温超出正常，下午再试则退去。整理《短简》续编稿。

**八月十七日**

寄陈平原信，谈马白稿子事。寄黄伟经信并附稿一篇。

**八月十八日**

徐钤偕少儿社二编辑来，徐携来文学基金会缘起等排印样嘱看。得陆晓光函。

**八月十九日**

下午赵启正偕其弟启光来访。启光赠日本清酒两瓶，他现在美国一家大学执教，要请我为他写一评介，以便携回作为申请终身教授的鉴定书。得朱正函，此函颇有内容。

**八月二十日**

宣传部理论处沈大勇（党小组组长）来谈填表事，并嘱月底交去个人思想小结。吴琦幸昨日打来长途，其姐已将美姐托带之物交讫。

## 八月二十一日

上午去作协为文学基金会事与设计院来人洽谈。致叶纪彬信。致陈辽信。致朱正信。致楼适夷信。托徐钤将《短简》寄美国杜、傅二人，年内拟偕可去港探亲，约王钦晨来谈办理出境事。

## 八月二十二日

胡晓明自贵州返沪，偕杨丽及圆圆来，赠酒一瓶、傩面具一个，留晚餐。

## 八月二十三日

整理发言稿。读《厄运》，俘虏命运之悲惨令人感慨系之。

## 八月二十四日

得陆晓光函，谈代查日本有关扶桑资料事。得王锡荣为《传统》一书所作勘误表。寄何满子信并附剪报。上午理论处小王来，将发言稿（一千六七百字）取去。大象回沪来谈湖南李冰封为《新启蒙》受累。龚心瀚来谈多时。晚又腹泻一次。

## 八月二十五日

清姐来电话说摔了一跤，下巴缝了两针，手臂肿大。下午钱伯城、魏同贤来谈古籍小组事。受巴金嘱于今晚代他宴请福冈市官员。

## 八月二十六日

清晨三时又泻一次。得陆晓光函。得施国英函。晚福冈亚洲文化基金会福永岩宴请我、李小林、李小棠。《新民晚报》副刊载有王维堤《龙的巫术意义》一文。作者释《国语·楚语》"绝地天通"为宗教改革，以改变原始宗教的"民神杂糅"状况。又称："图腾制废除以后，其他图腾只在传说、服饰、风俗习惯、艺术形式中留下一点痕迹。只有龙，由于它能升天，能降地，成了大巫教主沟通天地必须依赖的神物。因此，对于龙的崇拜，并没有因为图腾制时代的结束而削弱，相反，它在更大的范围内取代了其他的图腾宗教，它的图腾意义转化为超图腾的巫术意义，因而崇拜龙的人更为众多而广泛了。《大戴礼记·五帝德》说颛顼'乘龙而至四海'，也正反映了龙的巫术意义流布之广。《山海经》的四方神：东方勾芒、南方祝融、西方蓐收、北方禹强，加上一个河伯，都是'乘二龙'的，这表明在巫术意义上的龙崇拜都已深深印入民俗思想之中。"

## 八月二十七日

中午董秀玉代浦家麟邀至龙华寺食素斋。

## 八月二十八日

早杨金福送电影票来，将申请书托他带交宣传部支部。得陈平原函。得陈辽函。得李士非函。致劳承万信。致施国英信。

## 八月三十日

寄劳承万信，信封上误书"广州湛江市"，恐寄不到，再追发快邮（二十六元）。

## 八月三十一日

思想小结写好交支部。

## 九月一日

倬如为港商投资事请杨金福、文化局赵介纲在扬子江酒店晚餐，我偕可同去。

## 九月二日

为《文汇报》改发言稿样。上月十一日在双周理论座谈会发言后，不久市委办公厅来人说朱镕基书记要在报上发表我在会上的发言稿。我说我无底稿。来人说，他们录了音可整理出交我审阅。两天后办公厅将记录稿送来。我阅后觉得记录得准确无误。我考虑到要将内部发言作为书面文字公开发表出去，就主动作了一些文字上的修改，以免话太火气。孰料发言稿交《文汇报》后，报社编辑又删又改，剩下的原文没有几句，变成一篇言不及义的应酬文了。幸而事先我去声明要看校样。校样送来时，我看了十分气愤，向编辑说："你们把稿子改成这样，我不同意。全篇成了'今天天气哈哈'，这不是我的稿子，我不同意发表。"这样一争，报馆才将我的原稿送来，并答应不再改动在报上发出。

## 九月四日

将稿交《文汇报》。

## 九月五日

原上海科大校长、数学家郭本瑜陪一位法国女汉学家渥列丽

(Valerie Lavoix)来访谈《文心雕龙》问题。这位专家年纪很轻，但汉学根底不错。海外有不少这类年轻的女专家。听中华书局上编朋友说，"文化大革命"前捷克有位研究蒲松龄的专家要去访问。上编派人约好时间守候在门口，等到一辆汽车开过来，下来的却是一位年轻女士。他们以为是去参观隔壁京剧院的，没去迎接，哪里知道这位年轻女士就是来访的捷克汉学家。接待后，他们大出意料，年轻女专家提出的许多问题，包括蒲松龄生平及其著作版本等，其中不少是他们不能回答的。而接待人除社长李俊民以外，也都是中华上编有学问的人，如吕贞白、刘拜山等。

## 九月六日

上午徐俊西来。张荣明来，带来蒙文通《古学甄微》一本。

## 九月七日

早访陈敏之，还他嘱看之稿。午后赵如兰来。赵坚自多伦多打来长途，谈及他在多伦多大学图书馆内，看到我的几乎全部的书。又说，有一研究生拟以我的著作作为研究课题。

## 九月八日

《文汇报》刊出发言稿，这样平和的文字竟经历如此不平凡的命运，这是外人难以想象的。得朱正函。得李冰封函。

## 九月九日

得叶纪彬函。得劳承万函。

## 九月十日

致劳承万信。中午在家帮忙的阿姨离去。

## 九月十一日

得叶笑雪函。得陆晓光自日本寄来的有关扶桑资料并他的译文。

## 九月十二日

得纪红寄来的九月七日《人民政协报》。报上刊出他为我上月在京西宾馆所拍摄的近影，并附一简单说明，其文虽短，仅寥寥数语，而其词甚噱。盖抒心中之积愤也。

## 九月十三日

偕于伶同访巴金，谈文学基金会事。于伶谈论时颇神经质。寄赵朴初信，并附上他题名的文学基金会章程二本。

## 九月十四日

写一短文毕。得高尔泰长函，即复。人民出版社金永华偕张珏来，各赠《传统》一本。

## 九月十五日

早去化工学院应许纪霖之邀，参加文化研讨会。

## 九月十六日

偕可参加黄宝钢、段秋霞婚礼。黄是中医针灸医生（曾给可针灸），段是昆剧团女演员。俞振飞李蔷华夫妇亦来参加婚礼。

## 九月十七日

瑞金包医生来电话嘱明日偕可同去住院体检。

## 九月十八日

去瑞金住院，九舍，可三十四床，我二十一床。

## 九月二十二日

十八日至今天连续住院检查。今天上午与可同做心电图。下午二人请假回家。住院五天全靠长生送饭，使他甚为劳累。美姐、清姐来院看望。检查结果 B 超：我良好；可有胆结石。可做 CT，小血管有血栓，脑软化。我验血：胆固醇过二百、血色素高、红细胞多。

## 九月二十三日

元姐全家和清姐来。胡晓明全家来。家中积压来信一批，计有：刘凌函。孔令琴函。苏州大学寄来钱老博士生论文及答辩主任委员聘书。体委敏尚（不认识的读者）来信谈对《文汇报》那篇发言小文的反响。西北大学中文系阎愈新为鲁迅年刊征稿信。湖南人民出版社汪日辉来信并赠《毛泽东早期文稿》一本。李锐来信。纪红来信并附增印的照片。国家社会科学基金会邀请赴京开会通知（复信请假）。

## 九月二十四日

黎焕颐与吴正夫妇来访。为萧华荣配房事与赵启正谈。孙刚来谈思想小结意见，余不作妄语，亦未作违心之论。稿已留底。（下略）将《扶桑考辨》稿请陈念云转《解放日报》。晚十时阿姨按时返。

### 九月二十五日

上午假政协会议室召开古籍小组预备会。下午林其锬夫妇来。准备回医院安排家中诸事，甚忙碌。五时按时回到医院。

### 九月二十六日

上午吴邦国派办公厅两同志来，为宣传部人选事征求意见。下午美姐来。萧华荣来。朱学勤来送花一束。朱大可来。魏绍昌来为住房问题托我向有关方面反映。

### 九月二十七日

苏大钱老博士生马亚中来院探视，赠茅台酒一瓶（放家中）。东方编译所送来汇报文件。得劳承万函。得马白函。

### 九月二十八日

吴邦国派组织部人来征求宣传部人选意见。我谈了一些看法。

### 九月二十九日

医院结束检查，下午回家。访陈念云。朱大可来访，嘱为他的书写序。

## 九月三十日

梅朵偕芳藻来。为《文汇增刊》事打电话给张启承。启承为人忠厚，但压力一来，则茫然无措，无力抵御也。

## 十月一日

上午南京大学董、冯两位副校长受匡亚明嘱来访，为明年开文化国际会议事征求意见。（董副校长是余上沅之侄。）我请他们关心高尔泰去南大教书问题。访马承源为书法装裱事。吴正夫妇约至在上海西康公寓住所食蟹，同席有陈沂马楠夫妇和他们的女儿。《扶桑考辨》一文校毕，退《解放日报》。

## 十月二日

傅翔来。龚学平夫妇来。访赵启正。得劳承万打来的电报。阅《鲁迅全集》，见《墨经正文重阅后记》。五四人物差不多都在当时研究过《墨经》。一九七七年我尚未平反，家中藏书未启封，我请可在戏剧学院图书馆专借有关研究《墨经》的著作。前后数次，借来约十余本，其中很多都是在五四前后出版的。如章太炎、梁启超、胡适等皆有专著。今见鲁迅《重阅后记》，可知鲁迅亦在关注《墨经》。我在一九七七及一九七八两年，曾想下功夫对此书做些研究工作。但以今本为残章断句难以读通，加以我的自然科学又无根底，所以几个月后不得不中辍，至今仍留下几本未记全的阅读笔记。

## 十月三日

上午得承义自港打来的电话。为黄伟经书写对联寄去。为林炳秋写字。将魏绍昌托转的信、为人选问题写的报告并小结等，一并交小吴带宣传部。下午回医院，服泻药，准备明天一早灌肠后做纤维肠镜。

**十月四日**

今上午做了纤维肠镜，先需打气肠内，腹气胀甚剧，令人难耐。下午陈念云与夏其言来院探视，带来《扶桑考辨》小样。朱学勤带来他的履历并赠书一本。李国衡大夫之婿童文良（亦是伤骨科大夫）来，赠香蕉一袋。《扶桑考辨》小样校阅毕交长生送报馆。

**十月五日**

致朱正信。致李冰封信。致徐日晖信。阿姨送菜来并将高尔泰寄至家中的信并画携来。此外还有东方编译所的开会通知、赵丹逝世十周年纪念会通知。

**十月六日**

上午向医院请假回家。

**十月七日**

访龚学平。

**十月八日**

罗洛、赵长天、叶辛来。清姐来。陆行良、史嘉秀夫妇来托转信龚心瀚。香港《文汇报》记者小姚来送商城演出票二张。

**十月九日**

上午汪道涵召集东方编译所学术委员会会议。委员分港沪两地。在沪者有夏征农、李储文、罗竹风和我，在港者有安子介、利荣生、陈方正、潘光炯。此次赴会的人不全，中午假座和平饭店午餐。致黄伟经信附文。将剪报寄赵朴初、张光年。晚回医院。

**十月十日**

在院做脑血流测定。复马亚中信。

**十月十一日**

张荣明来，将报上发表后经增订的《扶桑考辨》带去，以编入他汇编的书中。他说此书年底看样，明年一季度出版。《社会科学报》盛巽昌来约稿。美姐、清姐来。黄屏来。夜小莲美国朋友 Steve 来。

**十月十二日**

做二十四小时动态心电图。长生来院探视送糯米藕一盆。王大象将高尔泰所绘钟馗夜饮图裱好送来。许纪霖来。稀恩自湖北来沪，到医院来看望。他谈到武汉医院曾派他去江陵协助医治血吸虫病。江陵一县患此病者高达四万，发病率为全国之冠云。

**十月十三日**

上午与可均做心功能测试。下午回家。将毕万忱寄来的文章改好第一部分寄还。萧华荣来。

**十月十四日**

为《学林》题词，并致施宣圆信。晚晓明及其母带圆圆来。金老师来。

**十月十五日**

下午赴夏衍创作活动展览会，寄车桂信并赠《短简》一本。回医院。

**十月十六日**

得赵朴初函。寄还劳承万稿第二部分。

**十月十七日**

得陆晓光函。得蒋述卓函。得赵朴初寄来诗作《故乡行杂咏》。清姐来。王大象捎来邵燕祥给我的信。朱学勤来。致劳承万信，并将阅毕改好他的稿子第三部分（连前共约五千八百字）寄还。

**十月十九日**

由医院回家。倬如来沪。

**十月二十日**

早访玉梅。胡晓明母亲约我与可在海底世界吃饭。

**十月二十一日**

早访蓝瑛。去龙华参加倬如祖母葬礼，送花圈。得劳承万电报。

请郑克强嘱中西文化研究中心发邀请函给劳承万。郑说已将信交中心负责人，估计邀请函明日可发出。

## 十月二十二日

早去医院。

## 十月二十三日

在医院检查全部结束，今天中午回家。得马白函。得劳承万函（此信是在发电报前寄出）。乔林自日本返，来访送酒一瓶。

## 十月二十四日

寄赵朴初信，并附《文汇报》发表的《短简》剪报。得北京人民文学出版社刘文忠函，即复，并将为牟世金文集写的序言附去。

## 十月二十五日

蒋述卓自广州来，送白木耳两盒，下午离沪去苏州大学参加会议。周采芝来，送酒一瓶。得张光年函。得马白函。《参考消息》（十月二十三日）转载美国《洛杉矶时报》发表记者托马斯·莫夫的一篇文章，报道埃默里大学遗传学家道格拉斯·华莱士于七月二十三日接受采访时称：南北美洲的印第安人同出一源。他们是一万五千年到三万年前从亚洲越过白令海峡来到美洲大陆的。当地球气温变冷，海水被极地冰块阻隔不能外泄而下降时，就形成了白令陆地桥。印第安人的亚裔祖先就是通过远道白令陆地桥来到美洲的。这一说法和前两年我向谭其骧请教时他对我说的大致相同。我们谈到玛雅文化，他说玛雅人自然不像传说一样是从外星来的，而是从中国去的。但不在殷商时代，时间要早得多。他也提到通过白令海峡去的问题，不过没有提到白令陆地桥。华莱士认为南北美洲所有印第安人同源是通过研究粒线体遗传学而得出他的结论的。粒线体是存在人体每一个细胞中能产生能量的组织，这种组织有一种独特的不同于细胞核中所包含的遗传信息。华莱士研究了三个相距遥远的美洲印第安人部落的血样，得出结论说，这三个部落都是一群为数不多（也许是四个）的妇女后代。这一新的证据有力地支持了少数陷于激烈争议的语言学家，他们一直认为现存的六百种印第安语言可能同出一源。

## 十月二十六日

清姐来，晚同去看电影。

## 十月二十七日

复石家庄市夏明芳（《经济论坛》）函。晚我们姐弟四人（霁、美、清、化）邀亲友在华夏晚餐。共二桌，每人各摊一百二十元。

## 十月二十八日

阅苏州大学博士生严明论文。

## 十月二十九日

阅严明论文。倬如父亲来晚餐，食蟹。

## 十月三十日

阅严明论文（乏味）。劳承万来。

## 十月三十一日

寄陆晓光、吴琦幸各人一信，均附剪报。高国平、劳承万晚餐。晚报载李坚写的四川三星堆出土的"神树"的介绍文。文称：神树共有三棵，二大一小，最大的四米高，十多厘米粗。底座是圆盘形，三方各跪一小铜人。树干挺直，似竹而有节，采用分段铸造而成。上分桠枝，枝上有花及果，长叶。还有小鸟和各种神人奇兽、铃铛之类的挂件。小挂件上的串扣和套在枝条上的圆环，制作十分精美。这棵神树已残破尚未修复。据四川考古队胡昌钰的想法，这是鱼和凫两个部落的图腾。崇拜鱼的氏人由西北高地入川，而崇拜凫的是来自东方的夷人，夷人又同时崇拜太阳，神树当是若木，即扶桑。据扶桑一日在上九日在下的传说，修复神树时应分三层，每层三枝，每枝一鸟。这鸟就是凤凰鸟、太阳鸟，而神树顶端还应有一个鸟，十个鸟象征十个太阳，正应了夷人的图腾。神树还有一条龙（现正在修复中），残长二米，顺干而下。这条龙正是氏人的崇拜物。以上报道似说明了神树（扶桑）的早期信仰和萨满是有密切关联的。

## 十一月一日

严明博士论文阅毕，写好评议书。

## 十一月二日

晚上锡满来谈。

## 十一月三日

得高尔泰函。下午二时半去苏州参加严明博士论文答辩。

## 十一月四日

苏州大学博士答辩在上午举行，下午三时回沪。

## 十一月六日

得郑漪园逝世消息。郑是熊佛西夫人，原从事医务工作，与熊结婚后在上海戏剧学院任教。生前与张可常相走动。

## 十一月七日

劳承万带稿来。第一部分改完，稿可定，以后不需再改了。此事总算告一段落。

## 十一月八日

气候转凉，终日下雨。得汪澍白信并赠书。

## 十一月九日

阴有风。下午三时在政协参加陶大镛代表《群言》杂志邀请的座谈。参加座谈的还有徐铸成、赵超构等。我的发言以市场经济与文化工作为题。得刘火子逝世消息，打电话给金端苓致唁。得香港寄来的赠书二大册。翻阅四川所出《文心》研究论文，其中剽窃者颇多。为林其锬写鉴定。

## 十一月十日

上午十时去内山书店，中午参加内山书店酒会。

## 附记：

一九九零年日记至此结束。十一月十日后未再记日记是因为我和可准备于下月赴香港探亲，去承义、倬如那里住一个时期。行前需要整理行装，办理各种需办的手续，安排离沪后家务处理事宜，采购带港赠送亲友的礼物等等。天天为这些事忙碌，无暇也无心再来记日记了。

# 一九九一年回忆录

## 小　引

　　一九九一年的日记只零零碎碎记了几天，就没有记下去了。这是由于我于一九九零年十二月间与张可同去香港，离沪前一段时间，诸事忙乱，无暇动笔。抵达香港后，我们住在承义家。他和倬如让出自己的房间，在起坐间内打地铺。香港居住条件困难，他们的家没有供我单用的写字桌。在这样的环境中，写日记只能停下来。（不过为写杨朱论文积累资料，我还是写了一点读书笔记。）在香港期间，得到辗转转来的杜维明的信，他邀请我于二月间去夏威夷参加中国文化研讨会。出国不是一件简单的事，需要去联系、去交涉、去请假、去奔走，去办理一些琐细又不得不办的事。等到从夏威夷开完会回到上海，人已经疲惫不堪，需要休息……没有力气再来记日记了。这一年的日记就这样停止了。为了补足九十年代日记的这一段空白，我写了一篇回忆录来代替。

　　以往我出门都是拿的公出护照，过关验证比较简单。这一次却不同，我们去香港拿的是探亲通行证。入境后，排队等候多时，我才被叫入一间房间，里面有几个穿着香港政府海关制服的男女职员，一个女职员手里拿着我的证件，盯着我看，用半生不熟的普通话问："什么名字?"我作了回答。"什么?"她再问，一连几次，一直听不懂我说的王元化这三个字。直到她看了看我填写的表格，才大声念道："哦！王——云——发——嘛!"好像在责怪我的发音为什么这么古怪。不过，她听普通话的功能障碍，幸而一下子就过去了。接着她又问了几个问题，这回对话进行得顺利了。最后她严厉地对我说："你不可以在香港久住，到时候不回去是不行的。懂不懂?"这种无礼的态度大概是一向对待大陆人的。我也不客气地回答："你怎么知道我不回去? 我并不喜欢香港，没有事我是不会来的。"

抗战初，我在上海租界住了四年，我早就见识过替洋人办事的各色中国人了。记得七七事变后，我随父母从北平逃难到天津。当我第一次踏上天津的法租界土地，就碰到一件令我难忘的事。那时我还是一个不大懂事的少年。我们刚刚经过日军占领的铁路线，在法租界惠中饭店安顿下来，劳顿不堪，惊魂甫定。这时几个戴着礼帽穿着黑衣裤的彪形大汉，突然闯进了饭店大堂，向一个旅客问话，没有三言两语，就朝着这个人身上狠狠地擂了几拳。我不明白这是怎么一回事。事后才有人告诉我，他们是法租界巡捕房的包打听，来饭店进行检查的。大概那位被殴打的旅客，也是初到天津，不知底细，没有答理他们，因而遭到了殴打。不过我对香港的印象也并不都是不好的。应该承认，英国人在市政规划和城市管理上，是有丰富经验的。香港的市政、环卫、交通各方面都管理得很好，香港的经济是繁荣的，居民一般都较富裕，也较有教养，马路和公共场所很少见到争吵，而且也都注意公共道德。这和日本人在统治东北时有着天壤之别。在那里，日本人所行的是敲骨吸髓的掠夺政策，一切资源和财物都被抢劫一空，民穷财尽，人人过着牛马般的生活。但是香港和英国本土毕竟两样，英国人并没有把他们的母体文化带到香港，这一点正像我过去在上海租界所见到的一样。虽然殖民者在上海和在香港并没有两种不同的统治政策，但是上海由于时代的特殊原因，形成了中国的一个文化中心。香港的情况却不同，尽管香港也有完善的大学，也有普及的中小学教育，也有各种先进的文化设施，也有卓越的学者……但是正如汪丁丁在《学术中心何处寻》一文中说的，香港却并没有成为中国文化的中心。把香港称为"文化沙漠"固然过分，但也不是完全没有来由。香港的传媒有着值得称赞的地方，比大陆好，其他方面则未免逊色。香港有着第一流的学者，但人数很少，影响有限，对社会几乎没有什么作用。香港学生上学目的是将来就业，只讲实用，不务深探。在学院中，一些重要基础学科和精深的学问，往往无人问津。图书馆里虽然也挤满读者，借阅的书籍则多偏实用和工具性读物。文艺作品出借的比重很大，但只限通俗性大众读物。我在香港期间为了查阅资料，曾去九龙中央图书馆看书。这个图书馆很大，设备也完善，但大量藏书都是经济和工具性方面的读物，我要借一本《吕氏春秋》却没有。倘要研究英国文学，这家图书馆也会同样捉襟见肘的。我说英国统治者没有将其母体文化移植到这块殖民地来，就是指此而言。过去我在上海租界居住时，法租界禁止电影《左拉传》公演，英租界禁止卓别林的《大独裁者》公演，这并不是什么稀奇的事。

　　我居港期间，由于借书的偶然机缘和中大教授刘述先会面了。这次来港完全为了家庭的团聚，我不打算和外界接触，所以当友人陈方正要我去中大演讲或座谈时，我都一一辞谢了。我的来往只限于几个熟人。其余的时间为写作杨朱的论文，大多用在阅读资料上了。我早答应陈鼓应为他编的《道家文化研究》投稿。有关杨朱的资料很少，《列子杨朱篇》是后人的伪托，虽然也有一定的研究价值，但远远是不够的。为了收集有关杨朱的更多资料，我用了一个多月的时间重读了《庄子》，作了较详细的笔记，准备再读《吕氏春秋》。既然九龙中央图书馆没有这部书，我只得拜托陈方正再向中大图书馆去借。那时承义住在美孚新村，我向方正说，中大如果有人住在美孚新村附近，就可以拜托他将书带给我。方正是熟朋友，他愿帮助我。果然过了几天有人把书带来了，这人就是刘述先。原来他也住在美孚新村，这真是十分凑巧的事。我们从此就来往起来，我几乎天天吃完晚饭都和他一起在靠近海边的行人道上散步，一边走，一边谈。他和夫人刘安云都在中大教书。刘安云是脾气十分爽快的人，她正在翻译一本美国出版的谈论中国文化的书，她说书中也讲到了我。刘述先的父亲静窗先生，和熊十力先生是朋友，时相过往，他们都是湖北人，二人常在一起谈学问。静窗先生也住在上海，但我去访问熊老时没有见过他。刘述先还告诉我，张之洞五世孙遵骝先生，现在北京中国社科院近代史所。他们可能是世交，很熟识。他说张遵骝曾向他推荐过我的著作。过了几天，他拿来上海文艺出版社出版的《文学沉思录》，打开书，指着上面的圈圈点点说："这是他圈的，他读得很认真。"我不知道张遵骝，从来没有人向我说起过他。听了刘述先的介绍，我除了知道他比我年长外，只了解了一些简单的情况。回到上海，我就写了一封信给他，不久他也写来了回信。正当我想通过书信来增加我们之间的理解和友谊的时候，我突然收到了他去世的讣告，一切就这样结束了。

这使我不禁为之惆怅。

在香港居住的两个多月中，我和方正、观涛、青峰一起吃过几次饭，此外和外面再没有什么接触了。家居时间多半用在为撰写杨朱论文读资料、写笔记上了。我的生活并不寂寞。我没有去看望什么人，也没有打电话把我在香港的消息通知一些熟朋友。我准备探亲时间一结束，就这样悄悄回上海。可是没有料到，我在香港竟意外碰见了马悦然和他的夫人宁祖。这次偶然的相会是由于他利用在斯德哥尔摩大学的休假，来香港中大讲学。陈方正向他讲起我也在香港，他打电话来说要见见我。几天后的一个下午，我们就在美孚新村承义家中会面了，马悦然和宁祖夫人一起来的。承义和俌如就留他们在家吃饺子。不知是不是异地遇故人的缘故，这一天我们都过得很愉快。

我和马悦然相识在八十年代初，他是由钱钟书介绍给我的。当时钱先生曾向我说："我不会把不相干的人介绍给你，这个人是不错的。"当时马悦然还不是瑞典皇家学院的院士。他当选为院士（同时也就成为诺贝尔文学奖的评委）以后，不知为了什么，钱钟书和他的交往逐渐疏远，以至断绝。有一次我听到钱钟书批评他说："他的董仲舒也搞不下去了。"马悦然第一次来找我，还带了个录音机准备进行采访。他要我谈谈大陆文学界情况，现在我还留有一张他在录音时的照片，当时他的关注似乎偏重于现代文学方面。他成为诺贝尔文学奖的评委以后，曾受到大陆方面的许多责难。一九八六年在金山举行的国际汉学研讨会，他也应邀前来参加。会上不少人提出中国作家从未获得诺贝尔文学奖的问题。马悦然在发言中试图作些解释，提到翻译的质量会影响评委对作品的理解。这一说法顿时引起了一场小小的风波，有人马上质问他："诺贝尔奖究竟是文学奖还是翻译奖？"话音未落，就引起一片谴责声，在群情激奋下，他显得有些狼狈。我看到他那发窘的样子，心中不禁对他有些同情。他的话倘从实际方面去考虑是有一定道理的。诺贝尔奖自然不是翻译奖。但是诺贝尔文学奖的十八个评委中，只有他一个人懂中文，其余十七位评委阅读中国作品全都需要依靠翻译，而作品是否可以获奖是要靠全体评委投票通过的。请你说说看，在诺贝尔文学奖的评奖中，翻译重要不重要？我不知道这些评委中有多少人懂日文？纵使有也不会多。日本作家川端康成获得诺贝尔文学奖，很重要的一个原因是靠翻译好。据说那一届诺贝尔文学奖颁奖时，他是带着他的译者一起去领奖的。他在获奖后的致词中，也特别对这位译者表示了谢意。大陆许多作品的翻译，纵使出于著名译者之手，恕我直言，往往是并不好的。翻译不仅需要母语与外语兼优，而且还需要业务的素养。一部好的文学作品有它的独特风格，有它的蕴藉、含蓄以及意在言外的表现方式，有它带有作者性格烙印的抒情写意的特征……这些都要恰到好处地表达出来，可以说是很困难很困难的。我相信马悦然的说法，中国作品能不能获奖，翻译是一个重要因素。但是每逢争论到情急的时候，就会出现以意气代替理性的慷慨陈词，所以他的多少含有善意的发言，被表示激愤的抗议声所淹没，最后只落得一个"马悦然对中国有成见"的坏名声。[补记：刚刚读到文洁若的一篇文章，提到一九七八年挪威汉学家伊丽莎白·艾笛访问萧乾时曾说，诺贝尔文学奖本来已决定颁发给老舍，但就在那一年八月，查明老舍已去世，此事遂寝。我可以证明这是确实的，因为马悦然也向我说过同样的情况。]我对马悦然是比较理解的。一九八九年那场政治风波后，我们再会面时，他曾问我："你看我要不要再去中国？"那时许多人不再来了。我建议他再到大陆来，后来他真的到北京去了一趟。我听到这个消息很觉高兴。他喜欢北岛的诗，但对北岛也不是一味赞扬。有一次，他对我说过这样的话，大意是北岛曾对他说不喜欢中国的古书，表示对传统的厌恶。他说，他不能理解，一个作家倘使把自己国家的传统文化，都当作是要不得的东西，还能写出什么好作品。我认为他向我说这话并非是酬酢语，他知道我不是一个民族主义者，也不会在文化问题上赞同返本的主张，而且我在那时还带有一些反传统的思想色彩。我和马悦然在香港会面后两年，又在斯德哥尔摩重见。这次分手不太久，就得到了从瑞典寄来的陈宁祖去世的讣告，讣告是罗多弼寄来的，其中还附有一篇马悦然用英文写的悼词，记述了宁祖的生平和他们两人的感情。我收到讣告后马上寄去一封吊唁信，表示了我的哀悼。我在斯德哥尔摩时，宁祖对我很好，几次请我到她家去吃饭，出门又多次为我开车。她患癌症已经很久了，开过好几次刀，这是她去世后罗多弼告诉我的。我从来不知道这件事，和她一起的时候，她总是精神饱满，从不显出病容，她是一个很坚强很有毅力的人。

　　我在香港原打算住三个月，得到杜维明邀请去夏威夷开会的信后，需要在一月内离开香港，回上海去办出国手续。张可一个人留下来，以后由承义送她回沪。我在香港最后逗留的时期，为出国事忙碌，人已经十分疲劳，别的事全都顾不上了。终于在上海办完最后一道手续，可以在二月中旬按时出去了。机票是由邀请单位（夏威夷东西方中心）寄来的，全程机票有两张，一张是先乘日航飞机飞东京成田机场，另一张是由成田机场再转乘美国西北航空公司飞机直飞夏威夷。过去出国都是乘中国航空公司的飞机，这次还是第一次乘外国飞机出国。

同机去东京的中国乘客很多，但到了成田机场，要找美国西北航空公司飞机的候机室却不容易。成田机场太大，旅客又多，我不懂日语，机场人员服务态度也差，问了好几次，跑了不少冤枉路，总算找到了。候机室里空荡荡的，我是头一个乘客。一会儿乘客陆续来了，都拿的是日本红色护照。现在正是学校假期，一些日本学生是到夏威夷去旅游度假的。飞机起飞的时间一点点临近，终于检票员放旅客进入甬道去上飞机，日本旅客差不多全上飞机了，只有我还被拦在候机室等候。正在着急的时候，一个日本机场人员招呼我跟着他走，他领我出了候机室，走了一段路，又下了一层楼梯，进入一个房间。房间内已有两个人等在那里，再看看他们的脚旁，正是我的那口旅行箱。原来他们要我打开箱子，重新检查我的行李。这很使我气忿，因为这口箱子是在上海上飞机前作为托运行李联运的，要到抵达夏威夷后才能取回，我一直没有接触过它，并且在上海已经检查过，为什么现在还要检查呢？这是没有理由的。以往我在国外旅行，有时要经过一两个国家，也托运过行李，从来都没有碰到这种情况，为什么这次是例外呢？当时虽然是海湾战争爆发的时候，但这样做总是不合理的。我又急又气，向机场检查员提出质问，他们不理睬，只是埋头在我那打开了的箱子里翻检什物。他们那么不慌不忙地细细察看，我真担心要是飞机马上起飞，我怎么来得及走完来时的那一段路程。这时机场检查员从箱子中取出一包中药和一盒黑色药丸，带着有些怀疑的神情仔细察看。这是吴琦幸的姐姐要我带到夏威夷转交给他的。我有些埋怨琦幸这位姐姐，竟想得出要我带一盒像大烟泡似的黑糊糊大丸子出国，偏偏又碰上了倒霉的日本海关人员来检查！我用英语解释这是中药。还好机场检查员相信了我的说明，就把药丸重新装进盒里，放回到箱子中去了。不过他仍继续在箱里翻检着。我想他要是一直这样认真查，真不知要查到什么时候。这时我的箱子已翻得很凌乱，里面的什物已高出箱口约一尺，等检查完我来收拾的时候，不知要花多大力气。我正在着急，看见机场检查员从箱子里翻出一本小册子在手里翻阅着。这是甲斐胜二发表在福冈大学《人文论丛》第二十二卷上的我的一篇论文的日译抽印本。我向他说我就是作者，我想这也许可以使他的检查快一些。没有想到这句话居然生效。他的脸上出现了笑容，还向我点点头表示友好，检查立刻停止，没有等我自己动手，他就帮我清理箱子。我把箱盖关好，上了飞机，飞机马上启动了。我的机票座位是在飞机的上层，那里座位宽敞，旅客不多，全是日本人。服务员是一个年轻的美国小伙子，他问我要什么饮料，我说茶。他又问是日本茶么？我没好气地说："不，中国茶。"接着我就靠在沙发座椅上休息了。飞机升高到云层的上面，澄蓝的天空一望无涯，显得分外明净，我几乎感觉不到飞机正在迅速向前航行……

　　夏威夷之会是在东西方中心召开的，会期由二月十八日至二十二日，会议的名称是《文化与社会：二十世纪中国的历史反思》(*Culture And Society: Historical Reflections on 20th Century China*)。大陆被邀请的还有汤一介、陈来、徐民和、董秀玉、沈昌文等（朱维铮因手续来不及办未能到会）。我的博士生现居洛杉矶的吴琦幸听说我参加会议，也申请列席参加。在五天的会议里，碰见不少的旧友新交，陈方正、金观涛、刘青峰、成中英、刘再复、傅伟勋、韦政通等都是熟人，其中有些久未见面，比如再复，他来美以前就有一年多未见了，这次重逢很是高兴。六十年代初，我就知道他了。那还是彭柏山从青海调到福建厦大去教书的时候。（这是柏山自反胡风以来，在流离颠沛中所过的最美好的日子，可是时间很短暂，不到一年就结束，就在这时期，他放假回到上海，我们见面了。）我向刘再复说，彭柏山很欣赏在厦大所教的两个学生，其中的一个就是他。过去我一直没有向刘再复说起此事，这次向他说了。他听了很感动，要我把我写的一首赠柏山的诗写给他，我找不到毛笔宣纸，就用水笔写在一张信笺上送他作为纪念。来开会的熟人中还有韦政通和傅伟勋，他们都是我在八十年代才认识的。韦政通在台湾，他在那里主编一个刊物叫《中国论坛》。他给我的印象厚实而朴素。傅伟勋在美国大学教书，他是研究老庄和佛学的，曾出版过一部谈阐释学的著作。八十年代来过中国，和我比较熟识。他在这次会上发言，很出我的意料，扯到他和另外五位教授在海滩游览时见到一个妓女，这个妓女问他要不要陪伴。他反问，如果同时接待他们一行五个人要付多少钱？我至今不明白傅伟勋在会上为什么要谈到这样一件与学术毫不相干的事，这样突兀而不合时宜，又是如此轻浮与为人师表的身份不相称？他是一个怪人。过去他到上海见面时总是十分讲究礼貌而客气。然而出我意料的是这次我来夏威夷和他相见时，他竟装作不相识的样子，我去招呼他，他勉强点一下头就转过身去了。但是过了两天，他的态度又变了。在杜维明举办的宴会席上，他被安排坐在另一桌，席间他站起身，举着酒杯走过来敬酒。有了前几次的经历，我认为他不会向我敬酒，所以没有站起身来。谁知他突然越过身边几个人来到我面前，举着酒杯说："向我们的大师祝酒！"面对这一突如其来的举动，我仍旧坐在那里，冷冷地回答他说："我不是什么大师，请你不要这样称呼我。"傅伟勋这次的举止和他在会上的发言，都是令我难以理解的。我始终不明白什么原因促使他这么说这么做。他在会上作了惊人的发言之后，夏威夷大学一位教授第二天就在会上声明说傅伟勋说的不是事实。因为他是傅所提到的和他一起去海滩的五个人中间的一个，这位教授声明他没有提过这类问题。我甚至觉得傅伟勋那些使人难以捉摸的言谈举止，很可能是一种玩世不恭的表现。他喜爱老庄，是不是受到魏晋风度不修拘检的影响？我对他的性格特点还很少了解。我从夏威夷回到上海不久，就收到他的一本著作（谈论老庄哲学佛学和阐释学的书）。第二年，杜维明又在哈佛大学举办了《文化中国：诠释与传播》研讨会。我和他都被邀请参加会议，可是当我到了康桥以后，听说他不能来赴会了，因为得了癌症。大家都为他担心，杜维明在会上报告了这个消息并默祝他恢复健康。这代表了参加会议的他的所有朋友的心愿。可是他始终没有好起来。当我听到他逝世噩耗的时候，心里多少有些愧疚。在夏威夷的那次宴会席上，我不应该对他那么无礼。

我来夏威夷的目的主要是想多了解一些海外的学术动态和结识一些新朋友。这次来开会的人我大多数都不认识，我还是第一次参加国际性学术会议，过去出国只是作为代表团成员进行礼节性访问。这次来开会的除来自大陆的，还有来自港台的，全是中国人。美籍华裔学者中有余英时、林毓生、张灏、李欧梵，我和他们都是头一次见面，但他们的文章早就读过了。后来这几位都成为我的友人，林毓生更是成为我的挚友。香港的劳思光是哲学家，我和他也是初次相识。台湾的陈忠信和王杏庆也给我十分深刻的印象。后来由于陈忠信投身政海，很少参加学术活动，见面的机会就很少了。王杏庆虽然见面机会也不多，但后来我去台湾时，却和他作了深谈。他曾以南方朔笔名撰写过有关《清园夜读》的书评。文字不长，但言简意赅。我以为他的理解是很深入的。

在几位美籍华裔教授之中，我和林毓生接触最早。我们在这次见面以前曾发生过一场论争，后来我在港台版的《思辨发微序》中曾谈到这件事。我说，我们之间的争论并不含有学术以外的动机，虽然我对他提过反对意见，但他并不以我的驳诘为忤。我们都持学术民主的立场和态度。在我们经过比较激烈的争论后，他成了我最敬重的朋友，虽然那时我们的意见并未达到一致，但心灵的相契有时比观点上的分歧更为重要。我抵达夏威夷的第二天，他也来了。我们见面后，他就约定当晚到我房间来看我。这天晚上我们的交谈持续了四个多小时，直到深夜十二时以后才散。他不是一个能言善辩的人，说话甚至时时会口吃。我逐渐了解到，他讲话的时候，对于遣词用语是非常顶真的。但这并不是为了语惊四座，扬才耀己，也不是为了刻意雕饰，炫人耳目。他是平实的。了解他的人可以懂得，这是由长期从事理论工作所养成的习惯。加上他那毫不苟且的认真性格，使他在讲话的时候，唯恐词不达意，尽量想说得最准确、最完善，因此他无论在与人谈话或在会上发言，有时都会讲到一半突然而止，口中喃喃，似乎在与自己商量，斟酌如何表达。每逢出现了这种情况，会场上总会有人发出笑声，但是他全不在意，下次仍然一样。后来我们接触多了，我发现这种认真精神在他修改自己文章时更为显著。经过催促，文章交来了，于是修改的漫长历程开始，他的传真一个个发来，约他稿子的刊物编者开玩笑说，他的传真永远是逗号，而没有打上句号的时候。他的认真被有些人视为"迂"，但我不这样看，因为我也有同样的性格，虽然在程度上我是比不上他的。我们在夏威夷最初见面的长谈中，他向我谈到台湾问题。他的谈话使我感觉到，他不是关在书斋里啃书本的学究，而是一个关心世事和人类命运的知识分子。他小时随着双亲到台湾落户，对台湾有着深厚的感情。（后来我听王蒙说，他在北平上小学时，林毓生也在北平，上同一个学校，在同一班级，而且两人都常被老师所称赞。）他关心台湾的民主进程，他是以一个超党派偏见的学者来谈论这一切的。他还谈到他到美国后和台湾一位青年学人的交往，当这位青年学者由于在台湾争取民主而被关进监狱时，他想方设法去救援，按时探监，送去书报，并共同学习讨论问题，长期不懈。

这些经历都使我产生了浓厚的兴趣。我陡然对他萌生了好感，我不知道这是不是由于他在谈论中，所显示的那种出于自然的对人平等的态度，这是许多人不容易做到的。因为那些人往往不自觉地流露出一种使人慑服，对人考量，或向人炫耀的居高临下的态度。他是质朴的，在他的身上你不可能找到任何矫揉造作的痕迹。人类的感情是微妙的，你对一个人的好感，往往不是对这个人经过了审慎的衡量或理性的分析，而是凭借着他所说的某些具有个性特征的话语，或在他脸上流露出来的某种情绪，它们好像是他的心灵窗口，把他的内在人格全部呈现在你的面前，而这一切又多半是在你还来不及思考的一瞬间发生的。那天他坐在我的房间内，夏威夷的夜晚仍旧炎热，虽然是冬天，却开着电扇。凉风阵阵吹到身上，我们谈得很高兴，忘记了一天的劳累。他谈到了自己的师承，谈到了他的老师海耶克，谈到了他的自由主义的信仰，他认为自由并不废弃纪律。他很注重躬行践履，使自己的行为符合自由主义思想原则。后来有一次，我和他在一个大厅中听演讲，我觉得演讲内容空洞，就约他一同出去在哈佛校园散步。没料到竟遭到拒绝，他认为这样做不好，他在这方面也是极其认真的，虽然我知道他对这类演讲也不会感到兴趣。他作为一个自由主义者，决不像我们这里的那些人一样，抢旗帜，立山头，拉帮结派，在行为上和自由主义背道而驰。他把自由主义原则贯串在自己的行动里，这是他值得敬重处。

这次会议是在夏威夷东西方中心 Jefferson Hall 的一间会议室举行的。会议讨论的问题并没有给我留下深刻的印象，但是在两个问题上我都提出了意见。一个是会上有人把当前思想界划为激进、自由、保守三种类型的问题。我对这种划分感到困惑。我在发言中说，在大陆上我们曾有左中右的三分法，把所有的人按照一定的模式去分类，穿上一样的号衣。这种机械的分类，将人的复杂思想化为一种简单的符号，阉割了人的有血有肉的性格与生命，再没有比它更粗暴、更违反真实了。我没有料到，来到夏威夷，也碰到了同样性质的分类法。在激进、自由、保守三种人中，如果要我站队，我不知道应该站在哪里。有些方面我的主张是激进的。但在另外一些事上，我又是很保守的。至于自由呢，我自认为自己的思想，基本上属于自由主义的。人的思想很复杂，很难装进一种简单的模式里。事实上早在十多年前，我在《知性的分析方法》（一九八零年载《上海文学》）一文中，就对"文化大革命"中风行一时的"抓要害论"（指对事物的分析主要在于抓主要的矛盾和矛盾的主要方面）感到厌恶。我在这篇文章中说，"抓要害"这一知性观点，经过任意套用，已经变成一种最浅薄最俗滥的理论。许多人以为抓住主要矛盾和矛盾的主要方面，就抓住了事物的本质。但事实上，由此所得到的只是与特殊性坚硬对立的抽象普遍性，它是以牺牲事物的具体血肉（即多样性的统一）作为代价的。有人曾从自然科学举出下面的例证：半导体材料主要是锗或硅这两种元素。这两种元素按照抓要害的理论，即半导体的主要矛盾和矛盾的主要方面，但是它们却不能形成所需要的半导体的导电性能。因为必须在这两种元素外掺进某些微量杂质（如锑、砷、铟等），才可以使半导体的特性充分发挥出来。只有对事物作出全面的考察，才能认识事物的整体，"抓要害"这种知性的分析方法，其实是支解了事物的具体内容，使之变成简单的概念，片面的规定，稀薄的抽象。由于我在十年前就有了这样的认识，因此在这次会议上我作了反对三分归类法的发言。不过我没有从上面所提到的哲学基础上去阐述这种分类法的错误，因为我的发言不能太长，同时我也担心过多的哲学探讨，会显得太学究气了。我的发言并未得到赞同，也未引起反对。也有别的人发表了反对意见，同样没有什么反应就结束讨论了。

但问题并没有完。九十年代中期后，大陆上也兴起了激进、自由、保守三分法的划分。关于这个问题的种种说法，几乎和我在夏威夷会上所听到的一模一样。其间差别只在于我们这里更多用它来作为一种批判手段，如称和自己意见不同的人是什么什么主义之类。一九九八年，朱学勤去哈佛燕京学社前来找我，说杜维明指定要他请我写鉴定和推荐信。他是申请去那里做访问学者的，因此必须有一个研究的课题，而他自定的课题就是关于大陆上学术界的激进、自由、保守。我当即向他说明我不能对这一课题写推荐意见，因为我在夏威夷曾发表过我的看法，许多人知道我不同意这种划分。可是他说课题已定，不能改了，要我还是勉为其难就这个课题写点意见。我只得勉强写了，虽然采用了一些委婉的说法，然而我毕竟不能完全作违心之论。学勤看后对我说，这会影响他是否被接纳，要求我重新写。最后我避开了他申报的课题，只就他的治学经历和研究成果作了一般的介绍。他满意了。关于激进、自由、保守的分类，在夏威夷会上提出这一观点的人，后来似乎没有再谈了，倒是在大陆上成了一个热点话题，直到本世纪末尚未消歇呢。

我在这次会议上的发言是复述了我向大会提交的论文的要旨，内容是关于农民意识问题的阐述。这个问题是被当时大陆上许多主张民主改革的人所共同关注的。我像他们中间的大多数人一样，认为中国主流政治中所含有的封建成分即来源于农民意识。如果要说明形成这一看法的历史背景和思想背景，我可以举出这样一些因素：一、早在六十年代初，大陆史学界在探讨农民战争性质问题时，就有人提出农民不代表进步的生产力，他们反剥削、反压迫而不反封建，所以中国历史上的农民起义，只成了同义反复的改朝换代。二、由于封建社会的长期停滞，封建意识的不断浸染，自然经济的封闭性，都使得反对封建压迫的农民阶级不能形成新的思想体系，而产生了以农民意识为特征的封建主义思想。（八十年代初我在北京，王蒙约我去看北京人艺上演的《狗儿爷涅槃》。后来我写了一篇短文，文章中说："一个具有强烈反压迫、反剥削意识的农民，在自己的思想深处，并没有逃脱封建主义的束缚。狗儿爷的最高人生追求，就是像他痛恨的地主一样，拥有更多的土地和房屋。"见《思辨随笔》六一节。）三、主流政治思想长期以来就已确立了以农民为主体的革命理论。在此以前，无政府主义者刘师培在二十世纪初，曾根据历史上层出不穷的农民造反运动提出了无政府革命必须以农民为主力军（见《天义报》：《无政府革命与农民革命》）。成为中国现代革命重要文献的《湖南农民运动考察报告》和《在延安文艺座谈会上的讲话》等，都是承袭了这一观点。从一九五四年毛泽东在中央文件中圈去了所有"小资产阶级"一词中的"小"字以来，就使农民从小资产阶级中超脱了出来，进入了无产者行列，与工人阶级并驾齐驱，从而在"文化大革命"时期出现了"接受贫下中农再教育"的口号。而原来作为小资产阶级的知识分子，则晋升为资产阶级。此后出现的根据思想意识来划阶级的理论等等，就将知识分子当作了无产阶级的专政对象。（当时根据经济地位来定性的资产阶级已不存在，唯一可以作为无产阶级专政对象的就只有资产阶级知识分子了。）所以解放后，历次政治运动都是先从资产阶级知识分子开刀。唯一例外的是，在六十年代初，七千人大会之后一段短暂的松动时期，周恩来曾在中南海紫光阁会议上，陈毅曾在广州会议上，先后发表了为知识分子脱去资产阶级帽子的讲话。（可是在八届十中会议上，毛泽东发表了"千万不要忘记阶级斗争"以后，又将情况完全扭转过来了。）

将农民和无产者一视同仁的说法和马克思理论是有分歧的。有人曾根据国情不同，把这种观点称之为中国农民特殊论。中国革命长期采取农村包围城市的特点，以及革命干部以农民成分占绝大多数的实际情况，更使农民意识成为中国革命理论中的主导因素。我交给夏威夷会议的论文，以及在会上所作的发言都是阐发此义。由于我不可能将上述背景材料加以详细的说明，甚至有些重要的关节也没有来得及提到，因此我的发言就显得只是出于我个人的感觉，而缺乏坚实的客观根据。我的话一讲完，就引起了余英时的批评，他认为不能把毛泽东思想归之为农民意识的影响。接着他发挥了他的看法。他的话现在我已记不得，不能复述了。不过，最后他说抗战初他在农村住过，他所见到的农民都是很质朴老实的。显然，这是针对我而发的。那时我读余英时的著作不多，我不知道他把农民和痞子分别开来，并在两者之间划出了界限。他的批评刚刚结束，我就起来申辩。我也以我于一九三九年初在皖南新四军军部的亲身经历为例。我说新四军的士兵多半都是出身农村的小伙子，他们对来到那里的知识分子抱着歧视态度，一见到戴眼镜的人，就叫"新闻记、新闻记"。他们还不懂知识分子这一名词，那时新四军成立不久，他们所能见到的文化人，只有从外边来的少数几个戴眼镜的新闻记者。可是按照传统习惯，人的姓名只有三个字，因此代表文化人的新闻记者也就变成"新闻记"，而"新闻记"的唯一表征就是戴眼镜了。那时嘲笑文化人是普遍现象。（林淡秋曾由上海去皖南新四军军部，因不适应这种空气，坚决要求返回上海。他回来后，讲到一些情况，除聂绀弩、陈辛劳等等之外，还有骆宾基。林说，骆宾基不告而别，出来后胡须满脸，狼狈不堪。）

我的辩驳大概并不使余英时满意。他没有再发言，这件事也就不了了之了。后来我发现在这以后不久，他在香港中文大学发表的演讲记录，对刊登在《人民日报》大半版上的我那篇为五四一辩的文字进行了不点名的批判。这篇文字措词激烈，很明显他是带着感情写的。那些尖锐的指摘，激起了我的恼怒。不过，今天当我回忆这段经历时，我感到奇怪，我和一些人开头因见解分歧发生争论，甚至双方都由此产生不快，而后来竟都成为朋友，这是我最初想不到的。我和林毓生的关系如此，和余英时的关系也是如此。我想能够出现这种情况，首先在于双方都必须具有追求真理的热忱和对于学术民主和自由讨论的原则的尊重，这才能够虚己服善，平等待人，而不是居高临下，意在求胜。九十年代下半叶开始，出现了一批酷评家，自以为真理在握，凡是和他们意见不同的就被当作异端，恨不得将对手打入畜生道。因此在大陆上很少有真正的理论探讨，更难得有争论后所产生的友情。学术领域原本是追求真理的园地，可是在我们这里却成了你死我活的斗争场所。

开完夏威夷会议之后两年，我和余英时在斯德哥尔摩举行的中国文化研讨会上又见面了。我们之间的接触比上次在夏威夷时要多一些。我交给会议的论文是根据我给友人李锐谈公意的信改写而成的，题目是《谈契约论的两种类型》。这篇文章是将卢梭契约论的大政府小社会和洛克契约论的小政府大社会进行比较，这不仅是当时而且直到今天也是我最关注的问题。我必须就这问题作一点说明。当我从夏威夷回到上海不久，就应朱学勤的要求去复旦大学主持他的博士学位论文答辩。他的论文为了研究罗伯斯庇尔而兼带涉及了契约论问题。这方面我不熟悉，不得不找些书来看。我像大陆的许多人一样，对于启蒙运动思想家的国家学说和民主思想，只知道一家之说，就是只从卢梭的契约论——法国大革命——巴黎公社——十月革命这条线索去理解，因为这是经典性革命理论所阐述的，而对于被批评为"不可知论"的英国经验主义者休谟、洛克等则不屑一顾。学勤的论文引证了为我陌生的一些观点，对我的思想发生了剧烈冲撞，促使我去找书来看，认真地加以思考和探索。其结果则是轰毁了我长期以来所形成的一些既定看法，对于我从那些教科书式的著作中所读到而并未深究就当作深信不疑的结论而接受下来的东西产生了怀疑。从这时起，我对卢梭的国家学说、对法国大革命的认识，发生了很大的变化。我开始去寻找极左思潮的根源，纠正了原来对于激进主义思潮的看法。我的反思虽然一进入九十年代就开始了，但到了这时候我才真正进入了角色。所以可以说，主持朱学勤的学位论文答辩这件事，是导致我在九十年代进行反思的重要诱因。他的论文引发了我对卢梭《社会契约论》的思考。这一思考延续到本世纪末，直至一九九九年我才以通信形式写了长篇论文《与友人谈社约论书》，作为自己对这一问题探讨的思想小结。但是完全出我意料的是，就在我进行反思不久，朱学勤却发表了一系列批判反思的文章。他认为九十年代的反思是对八十年代启蒙的倒退，其标志就在于反对激进主义。（朱学勤后来又发表了一篇文章，特地说明我的反思不同，但似乎只是出于感情上的对我尊重，而不是基于对问题的理性认识。他始终没有涉及我为什么要反思这一根本问题，很可能他对我批评激进主义是不理解，也没有去加以思考的。）大概他觉得经过一九八九年那场风波以后，有些人变得胆小了，害怕了，所以才对八十年代的启蒙甚至更早的五四时代的启蒙进行反思。至于对于激进主义的批判则被认作是受到海外学者（实际上是指余英时）的一篇文章的影响。（学勤看到我批判激进主义文章，曾打电话来劝阻，说这只会使"亲痛仇快"。但不久前他来看我，我再向他提起此事，他说他不大记得了。实际上，从那时到现在已过去了好几年，他自己的观点也起了变化。我以为这可能是在他宣扬自由主义以后，发现英国的自由主义思想是反对激进主义的缘故。这时他曾在一篇文字中，声称他和李慎之是不赞成激进主义的。不过，他没有提到他过去对这问题的态度，也没有提到在他们之前已有人反对过激进主义。）这让我感到，他对于那些进行反思和批评激进主义的人的立场的指摘，并不是根据坚实的论据进行充分说理作出论断，甚至也没有对这些人为什么要提出这些观点作不带成见的研究，仅仅凭借自己的推测或感觉就作结论了。我相信学勤向我所表明，他一直作为我的学生而从未怀有恶意。但是上述那些悬揣之词，到了诽谤者口中和酷评者笔下，却都坐实是我了。几位好心朋友劝我作些答复，以辨明是非，我没有接受。我不把互相詈骂的意气之争，当作理论的探讨和真理的追求。虽然造谣中伤，污蔑诋毁，也会淹灭真相，也会使人迷惑于一时。但"文化大革命"式的大批判是不能像林彪所说将人批倒批臭批垮的。只有恶劣的心术和不良的行径，纵使别人不去批判，自己也会使自己倒下去。

　　对于这些无谓的争辩我只想作这样的表白，现在还是回到前面谈到的斯城之会那件事上来吧。我估计大概是我在这次会上的发言使余英时对我有了一些了解，也许是和我和他都比较熟悉的邵东方的介绍也起了一点作用，余对我的认识和态度改观了。我在发言中不仅介绍了朱学勤的博士论文的观点，也阐发了我自己的观点，并且将卢梭契约论的私意、众意、公意与黑格尔逻辑学总论三范畴的个性、殊性、共性作了比较。这是大陆学者未涉及的领域，也许海外学者（据我所知而言）也还没有人讲到过。在这次会议的发言讨论中，我也谈到余英时的论文将诠释学中的两个概念 significance 与 meaning 作出划分是必要的。我认为 mean-ing 可译为底蕴，significance 可译为义蕴。我的意见得到罗多弼的赞赏。（我去哈佛时，林同奇在一次大会发言中也称赞过"底蕴"和"义蕴"这两个中文译名。）有一次在散会后，大家回房休息。我在过道走廊上见到余英时和他的夫人，我们互相点头致意。他走向我说他读了我的《文心雕龙》研究，并表示称赞之意，我回答说："我是被指为反传统的。"我并没有思索就脱口说出了这句有些不逊的话。但他不在意，沉吟了一下说："你并不全反传统，有的你并不反。"他是认真说出这句话的，表明他对我也有了一定的了解。（特别是经受了大陆上有些人在传统问题上对我所怀的偏见和所作的曲解之后，我的这种感受就更为强烈了。）虽然当时他大概只读过我的《文心雕龙讲疏》，恐怕甚至连这本书也没有读完。从这时开始，尤其当我读了他的一些著作之后，我对他也逐渐了解了一些，我觉得他对中国传统文化是有深切的理解的。他的许多观点引起了我的敬佩。

这里我想对我在夏威夷所谈到的革命主流思想具有农民意识问题作点补充说明，这是我近年来思考的结果。我在那次会上的发言中，把农民意识归结为封建思想，这一问题是很值得研究的。目前大陆上反封建口号几乎得到了普遍认同，在学术界也几乎没有什么人会反对。但究竟什么是封建主义？几乎并没有人对这个问题进行认真的探索。许多人还是沿袭五四时期打倒孔家店的观念，认为反封建主义主要就是反对孔老二。但是这里有个问题，五四时期并没有提出反封建的口号，当时提出来的是反对旧传统、旧礼教、旧道德、旧文化等等。就我有限见闻来说，在理论上把五四革命文学的任务定为反帝反封建的是毛泽东。他在《新民主主义论》中称五四是彻底地不妥协地反帝反封建。更早一些，在一九三五年一二·九学生运动时期，我从当时一本地下出版的小册子《西北印象记》中，读到了毛泽东和一位外国记者的谈话。毛在谈话中已经说中国是一个半殖民地半封建社会。当时中国学术界正经历了两场大论战：中国社会性质问题和中国革命性质问题这两场大论战。我还记得抗战前生活书店曾以这两场论战为书名出版了两本书。当时参加论战的人并未取得共识。把中国社会定为半殖民地半封建这种看法，纵使在左翼人士中间也还不大普遍。直到一九三六年北平成立了民族解放先锋队以后，我记得在民先讨论中国社会性质问题的时候，很多比我成熟有理论修养的大学生，都认为中国社会是资本主义而不是封建主义。直到抗战后，情况才有所改变。一九三八年初我在上海参加了地下党，入党前组织派人来谈话，考察我的历史和思想情况，其中一个问题就是对中国社会与革命性质的认识。如果我回答中国是资本主义社会是会被怀疑为托派的。最近我探讨了一下中共是何时判定中国是半封建社会的。这大致是在大革命以后，具体地说是在中共六大会议上作出决定的。我找来一九二八年在莫斯科举行的中共六大文献，发现反帝反封建最早是斯大林和布哈林提出的。据周恩来在六大会上的发言，过去中共方面并没有这种说法，关于中国的革命性质，只提出过"社会革命"或"工农民主革命"，直到中共六大才正式提出中国革命是反帝反封建的资产阶级民主革命性质。从以上这些考辨可以看出，把当时只有反旧传统、旧礼教、旧道德、旧文化等等说法的五四，规定为反封建是后来的事。但今天许多文章把反封建说成是五四时代就已经提出过的口号了。这是值得重视的一个问题。

第二个问题是以中央集权大一统为特征的君主专制的秦王朝建立以后，中国还能不能称为封建社会。有人根据西方的封建制度，作出否定的回答。但我的初步认识是，我们所说的中国封建制，不是照抄西方的概念，而主要是指宗法社会或宗法制度与宗法观念等等而言。至于这种说法能否成立，就有待学术界进一步研究了。不过关于五四提出的反传统问题，后来一般把它归结为反封建（即打倒孔老二），也是值得讨论的。封建传统至少可区分为以封建时期高层文化（即精英文化或士绅文化）为内容的大传统和以封建时期低层文化（即民间文化）为内容的小传统两种形态（所谓大传统与小传统是用文化人类学的概念）。而作为小传统的民间文化中又可区分为一般的大众文化和具有特定意义的游民文化等等。在这样复杂的封建文化传统中，它所蕴含的封建毒素究竟是什么？存在哪些方面？表现在什么地方？这是需要加以具体分析的。难道它们的区别只是"蓝色魔鬼和黄色魔鬼的区别"吗？不是这样简单的。如果对具体事物作具体的分析，就不能不分皂白，将它们笼统地称之为封建妖孽，一律加以打倒。这种简单粗暴的做法，不仅会斫伤封建时期的全部文化遗产，也会损害中国文化建设的未来。由思想家等所创造的经史子集等等大传统是经过作为小传统的民间文化的渠道传至大众中去的。大传统不都是原封不动地传入民间，而往往是经过小传统的过滤、取舍、增减、改造以至再创造等等有意或无意的加工过程。倘要区分封建文化的精华与糟粕，就需要具体分辨，仔细抉择，这样才不致将小传统加工过程中才产生出来的东西叫大传统负责（比如游民文化中的痞子气等等），或让大传统本身没有的据为己有（比如小传统中许多给大传统带来生气的民歌民谣等）。以上都是一九九一年我在参加夏威夷会议时并没有分辨清楚的。那时，我以为毛泽东主要只是吸取继承中国传统中的东西（在大陆学术界这种看法似乎至今仍占支配地位），其实这是很片面的。直到九十年代后半叶，特别是在我开始探讨《社会契约论》的那几年，我发现他以前十分注意苏联的理论概况以及由苏联理论家阐释的马克思主义著作。他读过不少这方面的书，比如在延安时期战前出版的里昂吉耶夫的经济学，亚历山大洛夫的哲学之类。延安整风时期刊印的"干部必读"，大概是经他指定的书籍，而这些书也都是同类性质的。作为他的哲学奠基之作的两论《实践论》与《矛盾论》，更完全是以列宁的《唯物主义与经验批判主义》、《谈谈辩证法》以及斯大林的《历史唯物主义与辩证唯物主义》为依据。两论是毛泽东思想的根本，其他政治、经济、社会、文化等等学说均以此为基础。两论中虽然也偶或涉及中国传统观念（如知行的模式，老子语录，孙子及其他兵法家的警句，《水浒》中的三打祝家庄的故事等等），但这些都只是他所谓的"民族形式"，或用来说明原理，或作为例证而加以援引，而并不是立论的根据。他在倡导人民公社时，想到的是张鲁传和巴黎公社，而人民公社的命名就是由巴黎公社而来。我觉得列宁的《唯批》对他的影响特别大。苏共与中共都曾以这部书作为训练高级干部的党校教科书。大陆理论界长期以来用唯物唯心两条路线斗争的模式来研究历史和历史人物，据以划线并判定高下，而其根基则是来源于《唯批》。

至于"造反有理"虽然主要是总结了中国历史上的农民造反运动的经验，但也渗进了法国大革命的影响。（一位友人曾对我说，他的思想主要来自传统。）但我认为并不这样简单。比如作为他思想中的一个重要部分"改造人性"，这是传统中没有的，而是很可能来自从苏联理论界传入的有关法国大革命雅各宾专政时期对卢梭理论的诠释和实践。再如斗争哲学也是他思想中的一个重要部分，孔老二没有这个东西，也许和法家传统可以沾上点边，但主要还是他对阶级学说的诠释和创造性的发展。他的思想渊源是错综复杂的，仅仅用传统去概括，就不免简单和片面了。其中有来自传统的（但需要对儒释道墨法种种传统加以分辨，更需要将大传统与小传统加以区分）；有来自苏联所介绍的马列主义理论的；也有对传统和外来学说加以创造性发展的等等。对于上述三个方面，大陆学界只强调头一种，承认第三种，而忽视了第二种。过去，我也是如此，在参加夏威夷会议的时期，我还不能认识到上面所说的那些看法。我的发言受到别人的质疑和反驳后，我开始了对自己的既定观念进行反思。海外所举行的国际会议有一种惯例，即在每个人发言后都划出一点时间，让别人提问或评议，这是大陆在当时很少有的。其实过去中国的书院也有类似的办法。在书院中师弟之间形成一种浓厚的互相切磋学问的风习，不但山长经常要向学生提问，进行指导，学生也可以向山长提问，表示自己的意见。清末朱一新的《无邪堂答问》就是这样一部记载他在广雅书院任山长时和学生讨论学问的著作。但是到了以后，这种良好的风气反而逐渐消失了。我要感谢杜维明对我的邀请，使我在这个会议上领略了自由讨论的风气，我在九十年代所进行的反思，也得益于在这些会议上的质疑和启发。可惜到一九九五年以后，我因身体的缘故，不能再去参加这样的会议了。

在夏威夷的时候，杜维明很细心周到，他让当时在夏威夷大学攻读博士学位的邵东方来照顾我。邵东方原来在国内北师大读历史。他和大陆同龄青年相比，要稳重成熟得多。次年我去哈佛参加文化研讨会时，杜维明又特地邀他参加会议，再请他来帮忙照顾我。我和他接触一多，增进了了解，从此成了忘年交。后来我编《学术集林》的时候，还特别请他担任了这个丛刊的"通讯联络员"。在夏威夷的同时，我还结识了另一位年轻朋友汪丁丁。他也是由大陆到夏威夷大学攻读博士学位的。夏威夷之会举行的时间是二月，他恰好在这时获得了博士学位。他的双亲到美国参加他的毕业典礼，我和他们在夏大校园内见了面。我们原不认识，但在异国很容易熟习。他们特地来看我，征询丁丁毕业后到何地工作为宜的意见。我以自己有限的常识，建议丁丁到香港工作，因为在美国大学找一个教书的位置的人很多，而香港的特殊地位使在那里的人和大陆、台湾以及国外的接触都比较便当，而且那里教书的待遇比美国要好。我不知道我的一番话是不是对丁丁选择就业的地方起了作用，后来他果然选择去香港，接受了一家大学的聘请。直到几年后，我读到他发表在《读书》上的那篇文章《学术中心何处寻》，我才猛然想到，我向丁丁双亲提建议时，对香港的大学并不怎么了解，丁丁文章中所揭示的那些情况，尤其是别人告诉我，他在那里所受到的歧视和排挤，都是出乎我的意料的。我没有想到香港的大学人事关系的复杂竟会是这样的。这时我不禁对当初的建议感到有些孟浪，并多多少少因此而感到了负疚。丁丁是个有才华的年轻人，前几年我请友人吴敬琏介绍一些有关市场经济的理论文章，他寄来几篇，都是汪丁丁写的，我读后确实感到深受启发。顺便说一下，吴敬琏有不同凡响的识人眼光，最近他介绍给我的李波（现在美国做律师），也是一位很有才华的年轻人。

不过我和汪丁丁的接触不及我和邵东方那样多。东方常来信，他每次回国省亲，总是设法到上海来看我。我们一起谈学问的时候也很多。在夏威夷时，我们是初交，我不善于处理生活方面的事务，他总是帮助我，为我解决了许多我觉得麻烦的事。会议的中途有一天休息，让大家参观游览。我因为出来后一直睡不好，准备利用这机会好好休息一下。可是东方在头两天就来找我，说杜维明特地为我和从大陆来的徐民和、沈昌文、董秀玉安排了到波利尼西亚文化中心（Polynesian Cultural Center）去游玩一天。他竭力动员我去，我推辞了。第二天杜维明又说："那里是夏威夷原来土著居民的遗址，很值得参观，王先生何不去看看？"东方也再来劝我，说去参观要付出一笔不小的费用，那里很远，乘车单程要一个多小时，杜先生主要是为你安排的，你不去别人也就不能去了。他们两人的盛情难却，我只得接受了这次的安排。

　　第二天一早，东方带领我们一行四个人，乘坐一辆出租小面包向目的地进发。这天的天气非常好，蔚蓝的天空，万里无云，阳光照耀着，我们沐浴在温暖清洁的空气中，感觉十分舒畅。汽车驶出城区，在没有人烟的空旷大地上奔驰。公路是沿着蜿蜒的海岸修筑的，但离海并不近。夏威夷的海边有细软洁净黄金般的沙滩，是著名的旅游胜地。来开会的人前几天就已经去过那里了。现在我很想从车窗探望一下，但没有看到海。汽车飞驰，我的视线常被一晃而过的树林和一排排热带棕榈丛所遮挡。去波利尼西亚的途中，车在一个小村落前停下来休息。村前的小屋是一家韩国人开的小小旅游商店，我们选购了几件旅游礼品又匆匆上路了。汽车行驶了一个多小时，抵达了波利尼西亚文化中心。一个波利尼西亚的导游，穿着本族服装，项上挂着成为夏威夷风光特色的大花环，一面作着讲解，一面把我们领进去。我们走近几间毗连在一起的宽敞的茅屋停下来。这些房子没有墙壁，一些游人正围在四周向里面张望。一个波利尼西亚人在房里席地而坐。他手里拿着一根有尖头的短棒，在那里钻木取火，还不时扮个鬼脸，向参观的游人说句俏皮话。他不但讲一口流利的美语，而且那种轻松活泼的举止、随时随地都要来点幽默的癖好，以及自然流露出来的文化教养，都显示出他是一个彻头彻尾的美国公民。除了形貌之外，他的身上已经没有留下祖先的任何痕迹了。他只是一个扮演蛮荒时代自己袍泽的演员罢了。这里所见到的原始波利尼西亚人，都和他一样是夏威夷大学或伯明翰大学的学生。我原想到这里来看看真实的古迹，但处处都洋溢着美国式的欢笑、轻松、幽默。人们来到这里不是为了访古，而是为了松弛一下工作中的紧张，寻找一点不动脑筋就可获得的乐趣。这是美国人的度假消闲方式。

　　八十年代中期我在洛杉矶迪斯尼乐园所见的也是这种情况，那一次我向同游的人告别先退了。我的性格还不适应这种娱乐方式，它引不起我的兴趣，正如西方的酒吧、流行歌曲、舞蹈引不起我的兴趣一样。至于大陆的情况，则更甚焉，我已经很久很久不再去影剧院了。我的审美趣味停留在一些中外古典艺术作品上，现在时髦走红的东西已经打动不了我了。在波利尼西亚文化中心，我们又去看了集体的草裙舞，时间已过中午，就在中心的餐厅进餐，餐费是包括在参观券之内的。吃完中饭，我就向邵东方提出要求先回住处去休息。东方为我另雇了一辆出租车，将面包车留在中心供同游的人回去乘用。由中心到夏威夷大学，车费要百余元，使我未免歉然。经过回程的长途跋涉后，终于到达住处，这时已近傍晚了。胡乱吃了点东西，我就倒头睡在床上，希望恢复连日的疲劳。

　　离开夏威夷前，胡雪桦和他妈妈听说我在夏威夷，特地来看我。雪桦刚刚在夏威夷演出结束。他父亲胡伟民是话剧导演，在上海戏剧学院时和张可很熟悉，常到我们家来玩。他年富力强正可以在戏剧事业上作出更多成绩的时候，却不幸逝世了。雪桦继承父业，在表演艺术上已有一定的造诣。他在这里演出的是一出英语小剧。我和他母子二人在异地相逢是十分偶然的。他们见我一个人关在房间内哪里也不去，十分奇怪，竭力劝说我出去看看。第二天一早，他们就开了一辆敞篷汽车来，接我出去玩。我们昨天已经谈好，去珍珠港参观。雪桦为了让我看看夏威夷的市容，将车速放慢，在市内街道上慢慢行驶。夏威夷市内的高楼大厦不多，街上的行人和车辆也不太多。夏威夷和我去过的美国其他城市最大的区别是它的日本风味。街上的商店十之七八都用的是日文招牌。我不知道这些店哪些是美国人开的，哪些是日本人开的。如果美国人开的商店也用日文做招牌，可见夏威夷人口中日本人的分量了。许多日本老人退休后就移民到此来度晚年，因为此地比日本舒适，费用也不贵。据说现在夏威夷的房产价是美国最高的，原因是大批日本人在这里购买房产，把房价炒高了，但纵然如此，还是比东京便宜。街上来往的日本人也决不比美国人少，连现任夏威夷州长也是美籍日人。这使我想起，这次我在成田机场转乘西北航空公司客机来夏威夷时，机上乘客几乎无一例外都是执红色护照的日本游客。后来，我曾向一位美国朋友开玩笑说，二战时，日军偷袭珍珠港，他们并没有能够用武力占领夏威夷，可是现在夏威夷快成日本的殖民地了。日本人很喜欢夏威夷，但我对夏威夷却并无特殊的好感。我不适应四季一样温暖的气候，大陆的昆明，美国的洛杉矶，也都四季如春，可我不欣赏。我生长在北方，又是俗话说的"火底子"。我不怕严寒，喜欢北方的大雪。在冬天我觉得头脑清醒，一到炎夏我总觉得昏昏沉沉，人变懒了。初到夏威夷时，见到有些学生赤膊穿一条短裤骑着摩托车在校园内奔驰，就觉得这里是冬天里的夏天。夏威夷人却不这样认为，他们说夏威夷天气没有太冷太热的时候，一年到头都在三十度左右。所以夏威夷不装空调，不需要冷气。可是我却受不了那闷热的气候，我成天都得用电风扇。夜晚也并不凉爽一些，躺在床上如闷在蒸笼里。有一天晚上我睡熟了，忘记关掉电风扇，吹了一夜，第二天醒来才察觉，我想准会得感冒，幸而平安无事过去了。但以后每晚上床时我再也不敢吹电风扇睡觉了。

　　从市内到珍珠港并不近，我坐在雪桦开的敞篷车上，一边遐想，一边随便和他母亲谈几句。我想在珍珠港应该拍张照留念，但他们也没有带相机。不过雪桦说不要紧，可以请在那里参观的美国游客拍一张。珍珠港建有纪念馆，位在海湾中。那里正是被日军炸沉的美军战舰丛集的地方。由于海湾的海水不太深，沉在海底的战舰历历可见。浮在水面上有一座长方形白色建筑物，我不知道它是利用原来舰只改装的，还是仿效舰只的形状而建成的。这就是珍珠港纪念馆了。从岸边到纪念馆需乘渡轮，游客分批搭渡轮前去参观。我们到达岸边时，有一批先来的游客正在等候渡轮。他们开走后，我们再搭乘驶回岸边的渡轮向纪念馆驶去。我们在海湾中航行了十来分钟，到达了目的地。纪念馆完全像一艘卸了武装的战舰，我伏着船边的栏杆，透过清澈的淡蓝色海水，俯视下面的沉船，沉船铁板上的斑斑锈迹也都清楚可见。这些沉船躺在那里已经有半个世纪了。它们好像在无声地诉说人世的沧桑和自己的悲惨经历。我一个人默默地面对这些历史见证的庞然巨物，心中不禁升起一种宛如凭吊古战场的苍茫之感。当我从怅惘中醒来，走回到甲板上，发现那里却是轻松的、欢快的，四周不断传来游客的欢声笑语，处处都有一种节日的气氛。他们来到这里是旅游，是为了散心，寻找欢乐。活泼的美国人几乎都是天生的乐天派，他们不喜欢沉重，不喜欢过于庄严肃穆。对于他们来说，"现在"比"过去"更为重要。记得有一次，一位在大学里教书的年轻美国朋友，和我与我的几个年轻友人，一起到杭州去玩，一路上说说笑笑，偶尔也谈谈学问，我们都觉得过得很轻松，不料这位美国人却说，怎么中国人聚在一起总是喜欢谈论严肃的话题？她并不是一般只知嘻嘻哈哈的美国人，而是一位勤奋用功且有一定造诣的学者。来到珍珠港，使我想起，八年前我曾去日本到广岛原子弹死难者纪念馆去参观，一走进那座宏大的建筑物，就觉得一股庄严肃穆之气迎面袭来。大厅内鸦雀无声，前去参观的日本人，脸上都笼罩着严肃的神态，好像都怀着一颗沉重的心。临别前，我在广场上为死难者所建造的马蹄形纪念碑前，拍了两张照片作为纪念。这次参观珍珠港，我也想留下同样的照片作为纪念。纪念馆的后面相当于后舱部位，树立着阵亡将士的纪念碑。几面墙壁镶着整块洁白大理石，上面密密麻麻镌刻着成百上千阵亡将士的姓名。我想站在纪念碑前摄影，但游客很少到这里来，终于雪桦找到一位伴同妻子女儿来参观的游客，他同意为我拍照，并答应将来照片洗印好，就按照我写的通讯处寄给我。他是一个很随和的美国人，脸上常带微笑。后来我们在回程的路上又相逢了，他也开着一辆敞篷车，妻子和女儿坐在后座，他的车子比我们快，几乎擦肩而过，我们在车上还互相招手示意。可是我回国后，他一直没有把照片寄来。为了弥补我的遗憾，东方后来买了一套珍珠港纪念馆的明信片赠送给我。我的夏威夷之行就这样结束了。

二千年十二月十四日

# 一九九二年日记

**一月一日**

（在白藤湖）将《达巷党人与海外评注》以挂号快件寄刘梦溪。下午小朱来接，去井岸购物。在赵锋强处晚餐。回白藤湖后得匡亚明电话，谈古籍小组事。

**一月三日**

晚义、倬来，八时始至，携来港刊一本、刘述先函及其论文两篇。

**一月四日**

仍阴冷。已连续十日，此地人说是数十年所罕见。翻阅承义带来的港刊。此刊虽为学术性，但喜议政，见解率多浮浅。又追逐新潮，以为不新不足以领导时代潮流。此种风习最初尚有改革开放气象，日久生弊，但求花哨，多稗贩，少创见。

**一月七日**

晴。喜见阳光。晨散步回来，承义已去。倬如早两日返。草就

《思辨发微》跋，交阿华中午上班时付邮。下午为撰写《子见南子与前人注疏》作准备。夜又雨。海外有人称，无文化难以推行民主。诚然！

## 一月十日

西风劲吹已数日，偶露阳光，但阴冷胜昨日。小孔寄来《文艺研究》，上刊有李某一文责我反鲁迅，此人以舞文打棍发迹起家，含血喷人，诬栽构陷，其惯技也。

## 一月十一日

今日放晴，气候恢复正常。写作时间极短，进展亦缓慢。外传某推翻独裁总统的革命领导人称："只有用不民主的手段才能实现民主。"政界多此类欲达目的不择手段的政客，其后果可知。夜看电视《勇敢的罗宾汉》，系荒诞派或黑色幽默之类，颇无聊。

## 一月十二日

晨阴雨，暖和。据说人类遗传基因约五万，目前能识别者仅二千余。电视科技片称，至二千零八十年左右，将有宇宙飞船驶向太空，可载人五十名云云。

## 一月十三日

晴而有风。得李子云长途，告上海前时奇寒，积雪成冰，成琉璃世界。得小孔七日来函，告家中收到贺卡多有题词。如："欲传春消息，不怕雪埋藏。"又："文心善雕龙，启蒙促反思。君有烟云笔，足可压霜发。"等等。又：录《创世记语》："上帝说要有光，于是就有了光。"等等。

## 一月十五日

清晨骤寒，降至十度以下。日出后，风力稍减。《明心篇》批释氏日损之学云，佛以贪为惑者，"其实彼所谓惑，尽有不必是惑"。此语精审，极是。熊氏谓佛氏一切修行德用均为对治一切惑而设。又引《大学》，言修齐治平一段有五欲字，并释孟子所欲所恶，以申明所欲毕聚，人道大畅之旨。但又称孟子仍守小康，以圣王治天下为谬想。

## 一月十六日

晴。熊氏谈欲，颇堪玩味。其"以大戒小，以公戒私"之旨，尤应细玩。

## 一月十八日

晴。熊氏文章重逻辑，思辨性强，善用比，足征晚年仍受佛家文风影响。唯笔力渐衰，不及《通释》精练，多芜蔓。其文凡探寻幽深处，皆写得好。而一入伦理之域，则不免平庸陈腐。如所作义利之辨、公私之辨、理欲之辨皆此类。

## 一月十九日

晴。全日休息。熊氏所说的反己体认即儒家之内在超越。所谓仁心无一毫私意掺杂，实与尚同去私传统思维模式无异。熊氏称佛为反人生对抗。又称僧肇深于老庄，谓其栖神累冥之方不能破除冥相。其称顾亭林虚己服善之语颇可采。又称，"小己之私欲，莫大于贪财"。

## 一月二十日

晴。写作仍缓慢。《明心篇》颂庄子语颇多。如称"其思深微，其识高远，肤学之徒，或疑庄子反对科学，是犹大鹏升云霄而揽六合，小鸟卑视于薮泽，不信大鹏之所见也"。此可用来评关锋之书。熊氏论惠庄关系极动人，令人心胸豁然。

## 一月二十一日

晨阴冷。读熊氏书使人引发出一种精神力量，此近人著作所无也。

## 一月二十二日

晴。今日完成《子见南子与前人注疏》一文（草稿）。夜间为助张可活动手指与思维，借来麻将牌，玩至夜九时半。阳明诗："个个人心有仲尼，自将闻见苦遮迷。而今说与真头面，只是良知更莫疑。"熊氏谓，古代学人尊孔子者，多视为如今之不可升。阳明此诗便指出孔子真面目是一切人各自本有的。熊氏至晚年仍反对专制是基于此种认识。

## 一月二十三日

（在白藤湖）晴暖。今日成《子见南子与前人注疏》初稿。近来写作须先写草稿。再据以写成初稿，再据初稿写成定稿。如此周折，始能成文。

## 一月二十六日

晴。自十二日拟草稿开始，已历半月，费时费力如许，思维力衰退故。

## 一月二十七日

晴。午前完稿。珠海环境幽美，人所称道。此地经济开放，与思想封闭适成对比。报端常有奇谈怪论，如称颂海湾战争时将石油倾入大海中的萨达姆，赞美民族主义等等。

## 一月二十九日

晴，热。黑格尔称霍布斯为政治学创始人。《利维坦》反对分权，主张绝对权利。

## 一月三十一日

晴，有风。昨日再写《子见南子与前人注疏》文，已第三稿矣。

## 二月二日

小雨。长期处于希望、失望，再希望、再失望，交迭起伏中，哪里还会有什么"乌托邦"幻想？隔海庸见，竟自信不移，为之一叹！

## 二月三日

先晕后晴，阳光遍地。辛未除夕。义、倬来此共度岁末。仍改《子见南子与前人注疏》文。得适夷长函，诉周夏事甚多。文坛老一代结怨已深，难以化解也。

**二月六日**

俾如午后返港。《子》文改竣。先后持续近一月，已四稿，得六千言。爱因斯坦说："不少新的知识正在跨越学术的疆界。"

**二月七日**

阴雨。寒冷甚于昨日。早起感到疲倦。启蒙运动曾借助于洛克反教会，他主张人是上帝造的，生来是自由平等的。洛克崇尚自然，强调服从自然规律，即服从理性。《论政府》谓合法政府来自人民认可，主张政府权力应有限制。其权力分离说，开美国政治思想之先河。

**二月八日**

多云。早再读《子见南子与前人注疏》文，改数字，稿可定。拟写《思辨发微序》。据报土耳其雪崩死数十人，中东酷寒。

**二月九日**

阴冷。又将带来厚衣穿上。今早清姐至好景门乘汽车去穗，次日再改乘火车返沪。自去岁十二月二十三日来此，共逗留一个月又十七天。

**二月十一日**

阴雨不止，已数日，寒气逼人。写序文尚顺畅，手冻而止。

**二月十二日**

午后雨停。数日未散步，四时出门，行至好景门折返，甫抵舍，又雨。傍晚义、倬离去，何时再来未定。续写序文，颇顺手，从考据材料中解脱，甚觉轻快。

## 二月十三日

阴雨。写序文酣畅痛快。

## 二月十五日

晨起散步，又遇雨而返，今日写序文笔涩，且放下再说。午后沐浴时不慎伤腰。

## 二月十六日

多云。晨起出外散步，午后又雨，序言写作顺利。休谟（托利党即今之保守党的理论先驱）主和平。博克为法国大革命之激烈反对者，但赞成美国独立。

## 二月十七日

阴。我在思索过程中多枝蔓芜杂，似在迷宫中行走，往往颇费周折才理出一点头绪或得出一点看法，所以只能不断修改，我不能作即兴发言即是这缘故。序文完稿。

## 二月十九日

今日雨水。农历节气十分准确，今天果然下雨。宣惠良打来长途，他说将陪伴徐迟、洪洋于周五或周六来此。序文抄写成二份，抄写时又略作修改润色。

## 二月二十二日

　　早发李小林、陈昕函，订正序文。寄陈昕函用的不是白色信封，投入邮箱后，始见到上面粘有名片大的一张小纸，上面写满密密麻麻的小字。邮局通告寄信人只准用白色信封。此地邮局订出许多土政策，前寄信香港因不合它所订出的许多特殊规则而常被退回。略有小小权力，即显示自己的权威，而不惜扰民，良可浩叹。午后宣惠良陪徐迟、洪洋来，晚上留徐迟一行在家吃饺子。

## 二月二十三日

　　有雾。上午与徐迟一行游白藤湖、井岸等地。午后应小蒋之邀同去珠海。到达时，太阳出来，使人精神一爽。晚餐后，小蒋约去卡拉OK厅听歌。我对此毫无兴趣，陪同闷坐而已。徐迟亦觉歌词无聊，向我说："唱些什么?"言下大不以为然。

## 二月二十四日

　　晴。大好天气。一个月来少见的万里晴空，阳光遍地。早茶后，徐迟一行返回深圳，小蒋送我回白藤湖，二时抵达，至好景门进餐。

## 二月二十六日

　　雨。腰疼至今未痊。边沁有愚蠢的监狱设计，但他的功利主义思想，却是主张民主反对专制的（约翰密尔继承之）。我过去受《资本论》影响，对他的看法不免片面，评论人物应审慎，不可用第二手资料，纵使是权威意见也是一样。今天对过去许多思想家还缺乏不带偏见的公允评介。我将此意托人转告为文化建设办刊的编者，无回应，且得到"他们对身后的二十一世纪太陌生,只有回忆过去才适合老人心境"的评语。

## 三月三日

阴雨。早去井岸,在赵锋强家午餐后,小朱开车送至珠海。夜宿水湾空军招待所。

## 三月四日

阴,有时有雨。上午离珠海乘气垫船至蛇口,宣惠良派车来接,午餐后去西丽湖,与徐迟同住一室。港三联黎锦荣来电话,明日送稿样来。

## 三月十一日

阴雨。午后偕可飞沪。

## 三月十三日

阴雨。周振甫寄来信卡,有诗一首:"去岁相邀多成愧,迎新贺柬聆佳音。仰承尊著话风格,辩证论文意自深。"下面是信:

先生译《文学风格论》,拙论《文学风格例话》即据先生《文学风格论》。先生论文用辩证观点,令人钦仰。

俚句呈

元化先生一笑

周振甫上  十二、二零

**三月十四日**

阴。与李锐通电话，他的书稿及黎澍的书稿交港三联，已致函陈昕。

**三月二十日**

阴雨且湿冷。天空白蒙蒙一片。《论学集》校样阅毕。书店校对常以意妄改。有错未改正，未错反而改错，比不校更令人吃力。如前版将前人所谓"以弹说弹"妄改为"以禅说禅"。我更正后，仍固执己见，现在新版又将"弹"改回为"禅"，真使人哭笑不得也。

**三月二十三日**

从深圳购回无线电话机，价值六百元，为两月薪金之数。未用几天即坏，发票未找到，颇懊恼。回沪后常头晕，情绪低沉，老年殊痛苦。

**三月二十五日**

阴雨。匡亚明约去晤谈，在座有舒文、吴建、罗竹风、高章采等。座中罗颂匡而批李（一氓），言多不逊，颇令人反感。一氓老人去世，匡由胡乔木、邓力群举荐继任古籍小组长。一氓在世时对成立华东社联不愿表示支持，故而结怨，但在学识上、为人作风上，我以为皆胜于匡。

**三月三十一日**

阴雨。得李锐信，内附黎澍遗著目录及李本人《早年与晚年》目录。晚读《汤用彤集》。

## 四月一日

阴。午后李子云、赵长天、徐钤来谈文学基金会事。蔡惠康来谈他所办的民营古籍研究所是以商养文，并出示斯波六郎信来炫耀。语多浮躁，使人生烦。

## 四月五日

晴。连日来访者甚多，迄今未能安定下来读写。阿姨至今未来，家中伙食只能乱七八糟吃一些，果腹而已。

## 四月七日

阴雨。陈昕来沪，约定明日上午来。与李锐、徐滨谈出书事。考虑将晓明文作为《思辨发微》跋附于书后，与陈昕商量再定。

## 四月八日

阴。午后黄万盛来。晚约晓明来晚餐。读《东壁遗书》，拟将致东方信发表，投何处，未定。

## 四月十三日

晴。从赵太太（杨步伟）一书可见其性格与赵先生（元任）截然不同，一个动，一个静；一个喜热闹，一个不喜热闹；一个话多，一个话极少。赵太太的书勾起我不少儿时回忆。

## 四月十四日

晴。上午读《东壁遗书》。午后长生来帮助清理信件。晚读《负暄琐话》，余不喜其文。

## 四月十八日

阴。崔述是先在东瀛受到注意的。明治三十六年（一九零三），那珂通世校订《东壁遗书》，三宅米吉撰文，以崔述比配日本阐明古典的本居宣长，谓其所著《古事记传》一书，排中古儒佛之僻见，而崔氏《考信录》亦斥古来百家之异说曲解。三宅谓崔氏发挥古传之真面目，议论精确，超绝古今儒家者流，而清代学人不知重崔述之学，可知清代学界不及日本国学兴隆，其颓弊已久矣云云。日本推重崔述，可能给予胡适及《古史辨》派一定影响。早在胡适以前，光绪戊申年（一九零八）《东方杂志》第六期载蛤笑《史论刍论》一文即称："天下学问之途，皆始以怀疑，而继以证实。"这可以说是"大胆的假设，小心的求证"之先声。

## 四月二十二日

晴。致一位友人的信："观点分歧是可以容忍的，而人格的侮辱是不可以容忍的；态度的激烈可以原谅，而手段的卑劣是不可以原谅的。"

## 四月二十七日

晴。满子来电话说毕朔望要我地址，去信告之。

## 四月二十八日

晴。上午去上海师大出席《中华大典》教育历史两卷论证会之开幕式。此书上海古籍参与编辑。教委古籍小组周林董其事，编务由任继愈主持。此部丛书系将古籍纳入现在的学科分类。殊不知当时并无现代分工极细的分类法，无论在历史领域或教育领域内，现今之新学科或某些学科的细目尚未出现，怎能强令古人学术照样划分？我认为这种"现代化"做法是大有问题的，并建议仍以古人的经史子集四大类划分为妥，顶多在书后附索引，在每一部内按现在学科分类做大体划分。可纳入现代学科者纳入，阙遗者任其阙遗而不可比附。晚陈方正来访。

## 四月三十日

晴。继续读黎澍文稿，以便清出一部分交港三联出版。汤季宏来谈印刷字形问题。

## 五月一日

晴。将黎澍稿交沪三联。得姜昆武信。

## 五月四日

阴。复昆武。夜读李学勤《东周与秦代文明》谈《周礼》有三事可记。（一）周礼所谓三易：夏之连山，商之归藏，周之周易，很可能是真实的。（二）汉高祖时，高堂伯在鲁教礼。周礼是献给河间献王的。原书六篇缺末篇，献王以《考工记》补之，进于汉武帝。（三）景帝时，破孔子旧宅壁，得古文《尚书》、《礼记》、《论语》、

《孝经》共数十篇。较晚出之《孔丛子》断为孔鲋在焚书时所藏，未
必是事实。壁中书的发现载于《汉书》、《说文》，前人有详细讨论，
不容抹煞。吕思勉《先秦史》，甚至以为并无其事。其说不足凭信。
唐兰则认为孔壁出古文经，其事无可疑。

## 五月七日

去华师大与古文字诂林编辑室人员座谈。

## 五月九日

为博士生出考题。陈谦豫、萧华荣、胡晓明来。

## 五月十一日

晴。光年夫妇午间来。得国务院古籍小组会议通知，得适夷信。

## 五月十九日

晴。得兴膳宏信并附日本京都于明年三月举行文化研讨会邀
请函。

## 五月二十二日

晴热。龙育群、彭润琪来。读邹嘉骊赠其所编的《韬奋》。韬奋
在工作上的勤奋是他在出版事业上成功的重要因素。艾思奇于一九四
四年十一月所写悼念韬奋文章说："知识分子走向大众是有一定过程
的。他首先必须清算了自己思想中的各种个人主义因素，然后用集体
主义的思想来武装自己的头脑。"延安于一九四二年开始整风，两年

后艾思奇就有这种认识，说明他学毛泽东思想学得很好。毛所提出的知识分子改造运动的关键，首先在于批判中国近代启蒙思想所倡导的个性解放（因为它必然导致个人主义，所以称"个人主义是万恶之源"，而提倡集体主义）。抗战前后，在国统区因避新闻书刊检查，往往将马克思称为卡尔，列宁称为伊利奇，而共产主义则称为集体主义（或康敏主义）。当时是把集体主义和马克思主义或共产主义视作同义词的。我没有去探讨这一说法的起源以及它出于什么原因。我估计这是来自苏联理论界的说法。（二战前罗曼·罗兰给苏联作家格拉特考夫的回信中，曾就个人主义问题进行辩论。当时罗曼·罗兰称自己是个人主义者，而反驳了格拉特考夫反个人主义的观点。）苏联理论界则可能是根据对卢梭公意说的理解而提出的。

## 五月二十七日

晴。复曾彦修函。鲁迅小说《孤独者》称魏连殳"常说家庭应该破坏"。这是五四反礼教、反旧道德、反传统精神的反映。午后，华师大陈谦豫、萧华荣、胡晓明来，一起阅卷评分。《子》文嘱托晓明交《学术月刊》发表。

## 五月二十八日

晴热。鲁迅小说《孤独者》叙魏连殳在祖母丧事中，不拘礼法，坐草荐上，双目在满脸黑气中闪闪发光。丧礼毕，他仍枯坐不起，突然失声痛哭，如受伤的狼长嚎。这段描写颇似阮籍故事。阮亦不守丧礼，但举声一号，吐血数升。

## 五月三十一日

晴。午后四时五十分，由小吴送我和可去新客站。五时开车，八时三刻抵杭，由小柯、小杨接至创作之家。此地位于灵隐寺外，坐落在一片绿色茶园中。空气新鲜，景色秀丽。创作之家饮水是用山泉，在沪时用惯经漂白粉过滤之自来水，一旦改用清洁山泉，令人大觉爽快。光年夫妇已来二日矣。

## 六月一日

晴。谷斯范、高光来访。读熊老《新唯识论》。绪言谓本书"所用名词有承旧名而变其义者，有采世语而变其义者。自来专家论述，其所用一切名词，在其学说全系统中，自各有确切之涵义，而不容泛滥，学者当知。然则何以有承于旧名，有采于旧经乎？名者公器，本乎约定俗成，不能悉自我制之也。旧名之已定者与世语之新成者，皆可因而用之，而另予以新解释，此古今言学者之所同于不得已也"。熊氏曾说自成体系之学者，皆有其专名与术语，纵使与他人所用之名同，而其义殊，盖有其特定涵义也。故读其著作若入一具有独立语言之国土。熊氏此种见解，颇与马克思《资本论》及恩格斯《费尔巴哈论》，论述专门名词之意见相侔。但许多理论家对这一问题却很少注意，近来学人对此则更不关心。

## 六月二日

晴热。熊氏释"见心乃方见体"曰："见心即心自见故。"注云：《中庸》所谓诚者自成。《易》所谓自招明德。《论语》所谓默而识之，皆即心自见义。心乃熊氏哲学之本原。

## 六月三日

昨夜雨。天骤寒，向谷斯范借夹克，又借《新文学史料》三本。读其中有关胡适的文章。他是一个以自由主义贯彻始终的人。斯范携其子来摄影。

## 六月四日

携可与光年夫妇同去参观杭州新发现的南宋官窑遗址。读《新文学史料》中胡风与路翎通信。所指现象并非不存在，但批评似嫌太过。余过去亦有同样的问题。

## 六月五日

晴热。上午携可同去茶叶博物馆，后去龙井。两处饮茶皆佳美。后者用泉水，前者不详，但较龙井似乎更好。夜读萧乾回忆录，甚佳。

## 六月七日

晴。还斯范《新文学史料》三本。读北大所出寅恪纪念册。冯友兰袭用余英时文化遗民说。（冯文写于一九八八年，晚于余文。）过去我亦从此说，但读卞慧新文获知过去未悉之新资料后，不禁质疑。纪念册中有人谓寅恪之中国文化本位思想，乃在遵奉三纲六纪。寅恪以三纲六纪为儒家思想之本原而加以重视，至于尊崇之以用于今日则未必也。

## 六月八日

晴。上午携可与光年夫妇游云栖梵径，在修竹丛中漫步。林中有参天古木，苍劲挺拔。放眼远眺，见处处绿荫，浓淡相间，如叠玉集翠，景色如画，幽静宜人。再去九溪十八涧，至龙井折返。午后休息。寅恪不信中医。胡适谓寅恪有遗老遗少气，其文章也写得不好。此评失实。寅恪与王国维皆心仪沈曾植。王诗有"一哀感知己"句，知己谓沈曾植也。

## 六月九日

晴。携可游郭庄，郭庄又名汾阳别墅，建于一九零七年。再去孤山，在园内散步。寅生谓寅恪学术研讨会论文集无可观，而独推荐其中某教授一篇论文。但我读后，觉得论文集中某些文章提供史料颇多，反较某教授文章佳胜。光绪二十三年，即一八九六年陈宝箴巡抚在湖南行新政，开民智，公官权。官钱局以朱昌琳领之（朱以义侠闻四方），江君标为学政，徐仁铸继之，黄遵宪盐法道署按察使，梁启超主时务学堂，参与变法。时寅恪六岁。

## 六月十日

晴热。寅恪挽观堂诗云："中体西用资循诱。"所谓中体西用乃一极广泛概念，可作截然不同诠释。寅恪并非重复南皮纲常名教之说，不过主张保持中国文化本色，仅此意义而已。

## 六月十二日

晴热。上午与光年夫妇同去绍兴。因旅程较远，道路不好，恐张可不适应，未同去。参观鲁迅故居、纪念馆、三味书屋。我还是头一次来参观。再去沈园，有六朝、唐、宋、明所修建的池塘（葫芦湖）、亭阁、小山等。有陆游与唐琬会晤的遗址，陆游题词的照壁已毁。再去兰亭，见康熙墨迹碑。小溪流觞尚在，但此处是否为王羲之等修禊处，尚有争议。返杭时，自萧山开始，道路为汽车长队堵塞，绵延数十里，钱塘江大桥成为拥挤的交通瓶口。由绍返杭，时间竟达三小时以上，幸而未携可同行。

## 六月十四日

阴雨，燠闷。上午携胡晓明、傅杰同去灵隐。中午留吃饺子。

## 六月十五日

上午在阴雨中乘七时四十分车由杭返沪。中午到家，上海晴。

## 六月十八日

晴。连日腹部气胀。日前作协有二人来杭要我写所谓"一级作家"推荐书，今天又来人提同样要求。此类事实在令人厌烦。

## 六月十九日

晴。前数晚及今天全天读朱学勤博士论文（关于法国大革命与罗伯斯比尔）。晚写评语。论文第二、三两章论卢梭《社会契约论》写得很好。而对异化问题（不平等起源与基础）、民粹主义问题的论述，则较粗疏。关于《新哀洛绮思》、《爱弥尔》诸书未作较深论述。

## 六月二十日

晴。上午去复旦主持朱学勤博士论文答辩。下午赵人俊来交李锐托带之《晚年》稿。

## 六月二十一日

雨。上午《晚年》读毕，与李锐通电话谈意见。陈念云来，交胡绩伟赠书一本。阅后与胡通电话。

## 六月二十二日

有时有雨。为《晚年》写意见书，共六纸。内容分两部分，一谈斗争哲学，一谈民主政治。

## 六月二十三日

阴。得钱理群赠《周作人传》。

## 六月二十四日

阴。连日天气凉爽，不到三十度。致邵东方函，其文题目拟改作《崔述的疑古考信与古史研究》。文章则由一万五删削至一万左右。夜十一时后始将此文处理完毕。

## 六月三十日

晴转阴雨。上午偕可去瑞金检查并拿药。下午傅医生来推拿。得张树年赠书，寒波赠书。傍晚腹部气胀甚剧。萧华荣全家来。《吴宓与陈寅恪》一书读完。吴宓似难与寅恪比肩。

## 七月一日

晴转阴。读罗素西哲史中卢梭、黑格尔、马克思诸节。文甚平夷，娓娓而谈，如对故人。见解亦可取。

## 七月五日

晴。晚去元姐家晚餐。继续修改《中国京剧之我见》，交杨丽打字。

## 七月六日

晴。写《谈汤用彤》。读浦江清日记作为休息。

## 七月七日

晴。继续写《谈汤》文，完稿约二千字，交杨丽打字。西彦偕周雯来赠《焚心煮骨的日子》，记在"文化大革命"中之经历也。得朱则杰函，毕万忱函。

## 七月八日

晴。《谈汤》文寄一介，以作上次交去正文之附录。回访西彦。浦江清日记读毕。对乃师有微词，无怪也。吴诗无佳作。

## 七月九日

晴。读《一士类稿》，记孙思昉与姜亮夫谈太炎之学。查阅鲁迅三十年集，为《鲁迅与太炎》一文作准备。

**七月十日**

    阴，燠闷。得李锐赠书。读宾四《师友杂忆》，所记之事，颇堪注目。得朱则杰函。与晓明通电话，嘱关照《文学季刊》将稿转《学术月刊》。

**七月十一日**

    多云而闷热。复毕万忱、复朱则杰（为《中华人文》写寄语）。诸事匆匆做完，近十一时半，上午已无时间读书。下午李子云转来洁民赠书。得邓伟志函即复。得建侯函。寄承义函。

**七月十二日**

    薄云蔽日。应《学术月刊》嘱，为邵东方文撰写小序，交林炳秋转去。续读宾四《师友杂忆》。

**七月十三日**

    阴，热稍退。致建侯信。学勤晚饭后来。我与他谈卢梭思想与列宁思想、毛泽东思想，谈社会公意与集体主义，谈寅恪有文章论及中法文化思想颇为接近。（陈文说："法人与吾国人习性最相近，其政治风俗之陈迹亦多与我国同者。美人则与吾国人相去最远，境势历史使然也。"）学勤大感兴趣，请我出示此文，摘录而去，时已深夜矣。

**七月十四日**

    晴热。挥汗写《鲁迅与太炎》。翻阅《文史笔记》，其文佳者平庸者互见。

### 七月十五日

　　晴热。午后开空调降温。《师友杂忆》读毕。宾四认为美国家庭不及中国家庭，美国文化不及中国文化。此论尚需研究。至于因历代有好皇帝遂断言中国无君主专制，则近陋见。但谓美国无闲适之趣，虽在玩览之时，亦忙忙碌碌，则颇为中肯。毓生曾有比慢之说，认为学术、艺术不可比快，亦同此旨。

### 七月十六日

　　晴热，气温在三十五度以上。写《鲁迅与太炎》。今天始得到杨遇夫回忆录。其中记其兄曾割股疗母，时为一九三五年。余幼时闻母亲云，外祖母亦曾割股疗亲。此风至今始绝。

### 七月十七日

　　晴，气温仍在三十五度以上。写《鲁迅与太炎》进展甚缓，炎夏易疲劳故，中午开空调降温。继续读杨遇夫回忆录。

### 七月十八日

　　万里无云，酷热难挡。近日曾与晓明谈，前人注疏（汉人尤甚），以找出出处辄止。范注《文心》，仍不离此习。但作者何以用前人此一说法，命意何在，是引申本意，还是借喻取譬，而于所用旧说中寄寓新义又如何？凡此种种，有千变万化之情况，皆须探索之，而不能因袭旧惯。

### 七月十九日

　　炎热。撰写《鲁迅与太炎》，仅数行，不克继续，酷暑难耐也。

遇夫回忆录有赠寅恪诗："朋交独畏陈夫子，万卷罗胸未肯忘。一别五年萦寤寐，辱知三世岂寻常？攻金敢望追荀羡（彝铭考释近代孙仲容最精，章太炎亡命东京时，仲容与通书，自署荀羡），请序犹思效懋堂（段氏说文注，请王怀祖序之）。闻道苍梧好山月，不知游盖几回张？"

## 七月二十日

热稍退，仍在三十五度以上。陆灏来，将阅好的校样及《鲁迅与太炎》携去。得李锐信即复，得朱则杰信。

## 七月二十一日

今又大热。全日开空调降温。上午谈古籍小组事。下午万承厚来，谈至晚饭前始去。致魏承思函、致赵坚函、致金华函。（赵自加拿大来函三次，长途电话一次，复信不可再拖也。）

## 七月二十二日

晴而大热，今日大暑。复裘克安函。上午记笔记。下午震坤来研究《讲疏》封面。学勤来。得港大邀请函（为十二月纪念该校亚洲文化研究所成立十周年举办的演讲），拟与港中大邀请参加文化研讨会事一并辞谢不去（港大拟刊登海报举行公开演讲）。梦溪自京打来长途称赞《讲疏序》。

## 七月二十四日

晴大热，入夜稍缓解。遇夫回忆录读毕。此书论其同代学者及自己思想与治学方法，极有参考价值。遇夫每日记日记，均不离文字训诂之学。前人读书之勤，令人佩服。

## 七月二十五日

晴大热。早陪林其锬看眼科周医生。得唐弢夫人沈絜云邀撰文信。得徐季穆（柳亚子秘书）信。得余丽嫦信，即复。上午得《读书周报》，《谈汤用彤》仍未刊出，已逾三期。

## 七月二十六日

晴。夜间起风。得陈昕函即复。陆灏来函望我不要抽回稿子。

## 七月二十七日

晴大热。午后气候骤变，阴霾四布，飓风突起。但霎时即止，天气更为燠闷。发出辞谢港大邀去演讲函。近数日因酷热读写暂停。得一介长函，剖露心迹，读后颇感动。

## 七月二十八日

炎热胜于昨。陆灏持校样来。重读《积微堂日记》，更觉可观，拟以此为题撰一小文。鲁迅后来曾撰文以纠太炎"州"字之训诂，可见他对太炎的国学并不是漠不关心的。

## 七月二十九日

大热，气温已超过三十八度。上午王震坤携来《讲疏》封面设计稿，同去古籍出版社谈封面事。午后，赵自、晓光、晓明来。仍读遇夫回忆录并晓明携来遇夫百岁冥诞纪念文集。遇夫为人与治学颇有可写者。

## 七月三十日

大热，仍在三十八度以上。上午去作协谈基金会事。我只望全力放在读写上。会上我说今后不想再管基金会事。再三推辞不掉，最后折中，只去做几件事。将哈佛燕京之会所索之论文寄周勤。

## 七月三十一日

大热，继续在三十八度以上，读关于遇夫的资料。倬如晚间自港来家。午间阴云密布而不雨，云散后更为闷热。

## 八月二日

有风，气温下降。近日电视报纸均报道奥运消息。体育上的锦标主义已到狂热地步。拿不拿金牌竟与爱不爱国等同。女排之败，传媒一再斥责，若民族之奇耻大辱，体育界责某出国打乒乓的前国家队员获冠军是"为我"。如此喧嚣，体育精神将丧失殆尽。

## 八月三日

天气转凉，清风习习，从窗外吹来，令人精神一爽。昨得陆灏信，并附《周报》四张，今复。

## 八月四日

凉爽。偕可去衡山理发。继续读遇夫回忆录。晚报标题日趋以新奇古怪惑众，以收一时之效，而不顾对社会对文风的长远影响。近几年，短期行为已蔚然成风，观此可知社会心理之衰弊。得吴江函。

## 八月五日

凉爽。得邵东方信，并部分珍珠港图像明信片。酝酿写《积微翁回忆录》文。复吴江。

## 八月六日

较闷热。得束沛德信并赠书，即复。

## 八月七日

降雨辄止，动手写《积微翁回忆录》。前三天起又感到腹胀。陆灏来电话，周一来取稿。

## 八月八日

燠闷。续写《积微翁回忆录》文，得二千字。港三联寄来《思辨发微》五十本，请小吴取来。

## 八月九日

热。胃不适，《积》文完稿，约三千字。午后陆灏取去。文中未谈三事：一，人多以史家二陈并称，实则不尽然。五十年代初，援庵致书遇夫，劝其不法高邮而法韶山。遇夫不覆，函告寅恪。寅恪讥之。二，《回忆录》出版时有删节。三，遇夫出书受阻，认为是郭沫若刻意挑剔。

## 八月十日

热。三十三度。昨日腹泻七次。易蒙停已送人。改服"乙酰螺旋霉素片",(现在药名存心要人无法记住。幸好日常生活不如此,水还没有改名为"氢二氧一",吃肉也还未改称为吃"氢氧碳"。)服用三次后,泻止。上午梅朵夫妇来,留午餐。午后晓明全家来。陆灏寄来《周报》四张。

## 八月十一日

蝉鸣不已,燠闷难耐。早陈鼓应来,刚下飞机,尚未用餐,留他随意吃些东西。读毓生赠书。陆灏送来样稿,当即校阅毕,陆携去。晚关迪谦、愚谦兄弟来。

## 八月十二日

大热,夜有阵雨。上午去瑞金看病后,顺路往上海古籍出版社访李剑雄,谈遇夫《回忆录》删节一事,李为此书责编,知之甚详。据云,遇夫无顾忌,日记中有诟人语,出版时被删去。遇夫记毛泽东谈汉语拼音问题,亦被删去。得一介函。

## 八月十三日

昨夜雨,今阴有风转凉。晓明来晚餐。纪霖来。读《寒柳堂集》。得尤西林函。

## 八月十四日

风雨俱来。读陈著《论再生缘》。

## 八月十五日

阴雨转凉。读《论再生缘》，拟去美开会回来后以此为题材撰一文。整日来人不断。胃又感饱胀，头晕。孙道临来电话，约周一去看电视三国访古再座谈。学勤留下万言文嘱看。

## 八月十七日

雨后转热。读知堂回忆文，文字优美。

## 八月十八日

热。为机票订座奔走。由于性急，耐心不够，我不善于更不喜处理事务性琐事，但琐事迎面而来，无可回避也。

## 八月十九日

阴。杨医生约去午餐。胃病未愈。寄赠书给季羡林、汤一介、庞朴。得张森函并附"知侠讨论会"邀请书，即电话复张。

## 八月二十一日

晴转暖。读知堂回忆录。王兴康送来《文心讲疏》十四本。印刷甚精美。兴康此事做得颇认真。

## 八月二十二日

暖，三十度。上午携其锁去上海宾馆看望潘重规。杨克平赠白兰地一瓶，月饼一盒。承义以快件寄来《法言》、《子见南子与前人注疏》稿费港币六百元。编者霍韬晦对此文颇有赞词。

## 八月二十三日

阴而闷热。全日未出。晓明来。

## 八月二十四日

阴。小陈拿来机票，明日下午二时起飞。得罗多弼函，邀请明年六月去斯德哥尔摩参加学术研讨会。胡河清来。

## 八月二十五日

阴。四时醒来。托清行将赠罗多弼书代邮。小张来为日本邀请书回执事。今日中午去机场，二时起飞。上海时间凌晨一时二十分美国旧金山时间九时四十分，飞机在旧金山机场着陆，约十时半出关。

## 八月二十六日

赴哈佛之会，于旧金山转机去波士顿康桥前，借宿中秋家。此处位居半山，清晨云雾喷涌游动，进入门窗。户外松林随风送来阵阵凉意。傍晚寒气愈重，如初冬。读胡适书信集。信中谈及学人多不满北伐战争。任鸿隽信中称，"广东工党曾宣布在君（丁文江）死刑"。当时梁启超、王国维亦感惊恐。胡适函中有关清室善后及人权问题言论，殊令人反感。

## 八月二十八日

晴。翁文灏于战前致胡适函云："教育如不能供给国家所需要的人才，则教育为虚设。如更努力造就事实上不能致力之人，而使之另走不正当道路以扰乱治安，尤为非常可惜。"其议论不啻发自今日某些佞人之口。胡适复信，直言此说之妄。关慰来长途。心雄晚八时将我接到他家。

## 八月二十九日

阴。住心雄家。昨夜睡得不错。单独一人在心雄所住公寓大院内散步，觉心胸舒畅。卜午他开车带我去奥克兰城（Oakland），观光市内。心雄访友，我一人去附近伯克莱（Berkeley）大学，在校园内散步休息。因时间有限未去访友。前日起双脚有红色风疹斑点，不知是否因皮肤过敏引起。

## 八月三十日

晴。仍在心雄处，他要用气功医治我失眠。昨夜未服安眠药，心雄为我医治有一定功效，可入睡，但睡不熟，时时醒来。晚饭后，心雄开车送我回中秋处。

## 八月三十一日

阴。早长春开车，中秋送我至候机室门口。航班误点，九时检票登机，十时起飞，五小时后抵波士顿机场，波士顿与旧金山亦有时差，当地时间为六时。周勤驾车到机场来接。下榻康桥哈佛酒店 The Inn at Harvard，房间是一零九号。杜维明邀至附近葡人所开餐厅 Dolphin Seafood 进晚餐。十二时入睡。

## 九月一日

晴。五时半睡醒。早餐后一个人出外散步。康桥是座小城，可称为大学城，类似战前我国故都北京，是大学空气甚浓的地方。不过康桥只有一座世界闻名的哈佛大学，这座小城与美国一些现代化城市不同，没有摩天大楼，建筑较古朴。居民均与哈佛大学有关，街上来往行人多是该校的教职员工和家属。美国几所有名大学都弥漫着知识分子的自由空气。不修边幅，不遵守清规戒律，生活作风较随便散漫。来访者一眼就可以看出这些特点。我是一个初来乍到只逗留几天的人，自然所得印象甚浅，都是浮光掠影式的。长住下去也许可以获得较深入的看法。我散步时，走直线，以为只要记住方向就可以找回哈佛酒店。谁知这座小城的街道曲折而丛杂。折返时我以为方向不错，其实变了，再也找不到原来路线。在慌乱中向人问了三次路，最后一次，一个人指着前面不远处说，这不就是哈佛酒店。我一看果然不错。这次经验教训使我以后再也不敢一人出门乱闯，我对自己辨别方向和认路的能力算是领教了。晚上又是杜维明陪我去晚餐，他是个忙人，如此接待使我甚感。饭后如兰夫妇与新那夫妇已在等候，谈至十时始离去。劳思光来。亦住哈佛酒店。

## 九月二日

晴。上午与萧萐父、劳思光谈至中午，劳说卢梭思想来自亚里士多德的目的说，而黑格尔固然在历史哲学中有专制主义思想，但强调理性自觉性。劳认为西方乌托邦思想为追求绝对完满，而与过去决裂。其说我有同意者，亦有不同意处，讨论中屡杂争辩。午后常青霞来。晚会餐。谈至十一时。连日皮肤过敏出现的红色疹斑发得更厉害，周勤、东方代购药膏二管。

## 九月三日

　　晴。今日会议开始。劳思光等五人发言。毓生发言谈到创造性转化。我对他所提出的五四是一元化式的封闭系统及全盘反传统问题质疑。毓生批判儒学时说，应将其人文色彩与人权观念严加区别。又说应区分公民社会的不同形态，公民社会如无法制和法律制衡，就会变成消极的东西。其说甚是。

## 九月四日

　　阴雨，不久放晴，又是阳光遍地。全天开会。下午发言未尽，因时间已到，遂止。休息时先退，由邵东方陪去看宪文姨母，她是母亲表妹，已年近九十，长期居美国，为哈佛燕京图书馆创办人裘开明夫人。我们有半个世纪多未见面，在中国分手时，我还是个孩子。此次重聚，她还习惯地以昔日的态度待我。我去拜访时，恰巧她女儿也才从洛杉矶赶来看她。从宪文姨母处回到住处，小慰已驾车来等候。我们马上赶去看望五姨母。她是母亲的五妹，上代亲人中她是健在的长辈。由哈佛酒店驶往五姨母处，正常情况下需两小时，可是小慰因路径不熟，沿途问路，多花了一个多小时才抵达。这时已是夜晚九点多钟了。五姨母按照美国人的习俗，未和表弟妹同住，而是单独一人住在老年公寓。她知道我要去，一直坐在房里焦急等待着。房间里的电视屏可以察看下面铁门进出的人，她一直开着电视屏察看着，却老等不到。怕我出车祸，就不断打电话问小慰的母亲，直到我们到了。我和她也有二十年未见了。她是在反右时随姨父去美国的。如今她已近九十了，人尚健。她告诉我有时她还一个人站到凳子上去取柜顶上放着的东西。她子女多，各人境况都不错，有的十分富有，有的还是医生。我不懂为什么她非得一个人住？中国家庭虽在五四时期被视为必须铲除的恶物，但它也有好的方面，而不像美国人家庭那样缺少亲情和互助。五姨母告诉我，在此如果昏倒，手上戴的电子仪器就会发出警报，使在远处的亲人可以及时赶来。我一方面感到先进技术的优越性，另方面也为使用这种仪器的老人感到了凄凉。告别五姨母出来已是半夜了，小慰还要花两小时开车送我回去，然后再开车回到自己的家里。她这样热心为我服务，实在使我过意不去。

## 九月五日

晴。上午会议。下午金春峰趁空隙来邀我同去哈佛燕京图书馆参观。可惜时间太迟，未几图书馆就关门了。我们在哈佛校园漫步，那里绿草成茵，树木葱郁，几只小松鼠在草地上怡然自得地跳来跳去。一小时后，去大礼堂参加演讲会。演讲者四人都是参加我们会议的人。其中，林同奇、张隆溪两人的讲话都提到我提交大会的那篇论文《达巷党人与海外评注》。他们赞许这篇文章，认为考据训诂之不可少。会间我一人出来在校园漫步，园内除我外似乎没有别的人，我很喜欢它的恬静幽美，使人感到置身物外，远离尘嚣。也许我漫无目的在园内兜圈子的举动有些古怪，不久有一位魁硕的黑人警员驾着一辆警车开来，尾随我缓缓行驶。这使我产生了疑虑。后来我把这事告诉一位熟人，他向我解释说，两天前城里一位日本人被杀，警员驾车跟着你，多半是为了保护你的安全。晚上，毓生来谈，至十一时后始去。

## 九月六日

晴。上午常青霞来拍照。小慰十一时驾车将我送至美春家。她是五姨母的第四个女儿，约我来吃中饭，她把母亲也接来，让我们再聚会一次。她的家是一座郊外别墅，有许多房间，宽大而舒适。她先生徐家麟是位医生，过去也在上海。美春自己烧饭给我们吃。大家谈笑甚欢，不觉已至下午四时，告别时，五姨母将一百元交小慰，嘱她开车后给我，这是作为长辈的一点心意。离开了美春家，小慰把我接到她家，见到了她母亲裕伦和她的两个漂亮的小儿女。我们一起去一家名叫鹿鸣春的中餐馆进餐。饭后小慰再将我送回哈佛酒店。临别时她将我托她代购的一条金项链交我，这是我准备回去送给张可的。原来她有的那一条，"文化大革命"时期承义生病住院，兑换作医药费了。小慰自己也买了一枚金十字架送给她的干妈。这次来美她对我很亲热，把自己一点空余时间都用来为我开车了。分手时她拥抱了我，依依不舍离去。午夜我已睡在床上，先得到罗多弼自瑞典打来的长途电话，约我明年去斯德哥尔摩参加学术会议，接着小勤又打来长途电话，说她不能来看我了。

## 九月七日

　　细雨。今日是美国的劳动节，休息一天。中午东方带我到一家名叫香港的中国餐厅用餐。饭后同在康桥城内逛街，购得印有哈佛字样的 T 恤衫一件，九美元。回去收拾行李时，袁嘉按约定时间到达。他是华师大袁校长之侄，现居康桥，以出售自己的绘画为生。他开车陪同我们观览波士顿市区后，把我们送往机场。事前已说好，东方和我一起飞旧金山，然后我回沪，他回夏威夷。在波士顿机场发现我们乘的班机起飞时间延迟了。这几天美国的几家航空公司职工罢工，影响了机场运作秩序。我们等了好几个钟点，飞机才起飞。登机时秩序也不好。一位美国青年因伤足架着拐杖，由通道进入机门时极为困难，但机门口的空姐并没有助他一臂之力。等机时，东方趁便了解到由旧金山到上海的飞机是隔三天一班，最早要十六日才可确认机票，那就是说我到旧金山后，要等九天才可飞回上海，而八日、十一日、十三日只可以候补，即到时要看情况而定。这使我很着急，我不可能再在旧金山逗留这许多天，我带的钱用得差不多了，在旧金山也没有熟人处可住这么多日子。怎么办呢？幸有东方在旁，使我有所依靠，他可以代我设法弄票。我们一路谈话，不知不觉过了六个小时。夜色苍茫中，飞机已在闪烁着点点灯光的机场徐徐降落，我们到旧金山了。

## 九月八日

昨晚子夜后一时许始入睡，未几即醒来。整日昏昏然。订票事毫无把握，全赖东方临时去张罗，难免心中忐忑不安。东方和我在机场先试联合航空公司中午八五七班机，这是原来早就购好的机票。在康桥曾以电话去确认，但航空公司未输入电脑，现在只得候补，等到飞机将要启动，还没有得到通知可以轮到我。这时我十分着急，幸而东方以他的信用卡临时向中国国际航空公司购得候补票一张，而将原来联合航空公司的票退掉，将来由他和周勤处理此事的费用问题。我登上这班飞机，乘客早已坐满，我的座位在上层。刚刚安定下来，飞机已在跑道上滑行。我在座位上可以心无旁骛静静地阅读带在身边的《帝国论》了。在飞机上我是无法睡觉的，我还得熬过十一二小时才能到达上海。

## 九月九日

（回到上海）天气较在美时暖和，改换单衣。由旧金山起飞时是当地二时十分，次日（即今天）凌晨二时抵达上海，而上海时间则已是下午五点钟了。到家后颇疲倦，已经二十多小时没有好好睡上一觉了。寄来的信件报刊等已积压成堆。现在拆看的有陈辽谈王元化文，李锐秘书将我致李锐信复制寄来，王镇远来信，朱则杰来信并附《清诗史》。柏彬、清姐、蓝云、大象来。

## 九月十一日

晴。今日中秋。与中妹通电话，告诉她在美与小勤通电话事。中妹则说庆道将由俄抵沪。翻阅《清诗史》，午后晓明与傅杰来，蓝云携娇娇来，留在此晚餐，清姐烧菜。今晚突得中国社科院张遵骝讣告。张为张之洞五世孙。我与他从未谋一面。前年在港时听刘述先告诉我，张曾向他推荐我的文字。刘并将张所藏《文学沉思录》一书出示我看，书中有张的密密麻麻的圈点。回沪后曾与他通过一次信。未几讣告至。我未能在张生前与他见面，时间太仓促了，他去世也太骤然了，这使我深深感到遗憾。公巖夫子曾是张之洞广雅书院的弟子，后入张的幕府。

## 九月十三日

晴，热未减。街上竟有赤膊者。疲劳未恢复。为黄药眠九十冥诞题字，集《文心》句："百年影徂，千载心在。"寄其夫人蔡澈女士。得王北秋信，得叶纪彬信。

## 九月十四日

晴。仍在休息，调整时差。清姐来，饭后始去。读胡适口述自传。

**九月十五日**

阴。回沪已一周，疲劳渐恢复，三天后可照常读书写作。王北秋来，刘祖慰来。偶见《文学报》某公文，翻出半个多世纪老账，揭发《香粉铺》一文对某大家不敬。（我在文中批评他书中太多俏皮话和"掉书袋"，如先引西门庆赞潘金莲语"好一块肥肉"，再举塞尚赞其模特儿也是"好一块肥肉"。此书重印时，此等地方皆经作者本人删除。）读胡适自传。

**九月十六日**

阴。刘祖慰来，请他将《讲疏》赠李约瑟。王北秋来。郭美春来。蓝云来，请她代购所需之日用品。晚九时半，承义回家，其岳父中风在港住院。

**九月十八日**

晴。偕可往衡山理发。将《扶桑考》寄《法言》。午后李子云陪黄育海、李庆西来组稿。允将近两年论文编集交其出版，下月可将目录先寄去。拟集中写杨朱考辨，以应陈鼓应所办道家刊物之约。

**九月十九日**

晴。晚上乔林来访，谈海峡两岸文化交流促进会事项。陆灏来，纪霖来。

**九月二十日**

晴。读胡适口述自传毕。夜感觉疲倦，未服药可入睡。致五姨母函并附照片。

## 九月二十一日

晨有飓风，风停后又突然而起。午后朱学勤来。晚承义邀至洁而精晚餐。夜未服药可入眠，此是第二夜也。

## 九月二十二日

晨飓风夹雨呼啸而来。天色惨淡，看书需开灯。昨夜亦未用药而可入睡。

## 九月二十四日

昼晦，飓风，终日阴雨。昨日起开始工作，为写《胡适与国学》作准备工作。午后许国良来，写访问记。

## 九月三十日

晴。上午清姐来，傅翔来，杨丽来。中午晓明约至梅龙镇午餐。自晚间断药后，每夜一、二时即醒。今夜醒来后读《杂忆胡适》毕。

## 十月一日

晴。读安徽出版的胡适年谱。晚，偕可去元姐家祝寿。

## 十月二日

晴。上午出席浙江文艺社假座新闻出版中心召开的座谈会，与会者多王瑶弟子如钱理群、吴福辉等。晚高国平来，谈及不久前在济南参加美学讨论会情况。聚餐时众人得悉"理论权威"死讯。

## 十月三日

　　晴。得东方二信。去岁范泉来组稿，题材为谈老年，辞谢。老年乏善可陈，体质变弱，精力衰退，须时时当心照料自己，稍一不慎，即会引发旧疾，每逢此刻始体会到力不从心之苦也。

## 十月五日

　　晴。傅翔来聊天，早上又无法读书。午后平路自海外来访，纪霖接踵而至，谈至九时始离去。读胡适年谱。

## 十月六日

　　晴。寒流至，气温骤降。晨沐浴时，腰背突觉抽紧疼痛。因平路约好今日来，勉强支撑，但疼痛转剧，不得不卧床。平路来，卧床与之谈，去后感到下肢僵硬，无法动弹。晚请傅医生来推拿按摩。

## 十月八日

　　晴。腰痛略感缓解。自美回沪后，对面建筑工地的冲击钻凿地声，耆耆不绝。连日继续读胡适资料。

## 十月十一日

　　晴。下午略坐片刻。继续读胡适资料（胡本人论文）。午后孙刚来。

**十月十五日**

晴。早在床上翻身时，又突觉腰部抽疼，只得卧床休息。于伶偕柏李来。傅医生来推拿。

**十月十六日**

晴。有客来谈，最近外地举行文艺座谈，一位湖北与会者批评了《沉思录》中所说倾向性不能超越真实性之外的观点。北大诸人（王瑶弟子）不同意这种意见而加以反驳。

**十月十八日**

晴。仍未出门。午后晓明、傅杰、萧华荣来。我曾提出每两周举行一次读书心得的交流，这是第一次。

**十月十九日**

晴。连日清姐来帮助照料家务。傅医生来推拿。复香港法住文化书院十二月举行学术研讨会之邀，辞谢不去。读契诃夫小说，如昔日深好之。

**十月二十一日**

一九三九年同去皖南的王敏、梁山夫妇、王甄（连奎）、王婴、刘勋来晚餐。得何西来信。

**十月二十二日**

晴。晨得于光远电话，告已来沪，住衡山，约去一谈。午后戴厚英偕姚欣保等人来访，约至对面百花厅晚餐。得吴福辉信并赠书。

## 十月二十三日

转冷，晴。与李锐通长途电话，将魏克曼论毛泽东的英文著作向他介绍。得陈平原信并赠书。

## 十月二十四日

晴。复何西来。复陈平原。复吴福辉。午后钱伯城、魏同贤、李玲璞、汪寿明来谈诂林事。

## 十月二十六日

晴。邵东方托人带来日历、信、文稿，请蓝云取回。海蓉托人带来信及礼物，由其弟陪陈先生送来。

## 十月二十九日

晴。早与林炳秋同去社联参加于光远报告会。下午周策纵偕兄弟策横来访，晚邀在家吃饭，约纪霖、晓明作陪。

## 十月三十日

晴。得公刘信。得关裕伦信。下午参加作协接待周策纵的座谈会，晚聚餐。参加者有黄裳、徐中玉、钱谷融、王辛笛、罗洛、林秀清、蒋星煜、郭豫适。

## 十一月一日

晴。午后是约定双周读书交流的时间，晓光、傅杰来，晓明缺席。复东方信。请晓光将《文心雕龙讲疏》寄赠冈村繁、兴膳宏各一册。

## 十一月三日

晴。午后傅艾以借张禹来。自一九五五年反胡风分手后，我与张禹近四十年未见面，如今均垂垂老矣。寄东方函。

## 十一月四日

阴。有时有雨。上午去医院做腰部 CT 检查无异状，腰椎老年衰退而已。午后徐中玉、李子云、赵长天、徐钤来谈孤岛文学座谈会事。

## 十一月五日

阴，有时有雨。午后重读胡适资料，恐伏案过久再引起腰痛发作，一小时后即停止。

## 十一月七日

晴转暖。得王北秋信即复。长生来作助手帮我写字、画卷小序、为北秋写条幅，一小时即止，怕腰疼再犯也。有这样想法：最近令人感受到可怕的事，莫过于各行各业的人都对自己的工作毫无感情，采取了马马虎虎敷衍塞责的态度。我不知道这是不是即上海人的流行说法"淘浆糊"。这比怠工还要坏。倘国民素质不思改变，长此下去是十分危险的。我曾向人提到阿 Q 身上固然有许多劣根性，但他性格中也具有一些质朴的成分，和劣根性夹杂在一起。当他被枪毙的时候，他的冥顽无知，糊涂愚蠢，不禁使人产生一种在悲哀中混合着愤怒的感情。但当法官责令他在判决书上画押的时候，他很想把圈画圆，可是手一抖画成瓜子形了，为此他感到了遗憾。我每逢读《阿Q正传》读到此处都改变了自己对他只是谴责的态度，因为人类渴仰完全的潜能并未在他身上泯灭。不管它是多么微弱，也不管它含蕴在多么可笑甚至是愚蠢的形式之中。可是这种萌于人性的美德在许多现代人身上找不到了。这才是最大的悲哀。

## 十一月八日

晴转冷。报载寒流即将南下。上午去看于伶。下午晓明和傅杰来，留晚饭。收到《读书》与文献出版社所出的《中国历史研究》。

## 十一月九日

晴，夜起风转冷。晚联合报系张作锦、孟玄、黄年来，邀我至衡山晚餐。记下近日所想："群而不党"的主张是有道理的。群体观念是需要的，但党派性（宗派性）则不可取，这往往使人陷入偏见、僵硬，它永远需要以教宗的言行来限制自己，因而也就不会有发展和创造。

## 十一月十四日

晴。早去华师大参加陆晓光博士论文答辩。午后阿达偕阿联来。与阿联已三十余年未见，变化甚大。林其锬为陈凤金评职称，要我写推荐书，写就。周玉常医生自美回国来访，他是一位很好的精神病医生，但在美甚不得意。江陵县萧代贤来电话。

## 十一月十五日

晴。上午访方行。朱学勤来电话。近日嘴唇四周红肿，据说是干燥所致，两天尚未消退。下午约定为双周读书会，晓光、晓明、傅杰、学勤来。留晓明、傅杰吃饭。

## 十一月十八日

晴。前天秦川来电话，约定今天去看他，未值而返。得朱寨信。下午去华师大见古文字诂林同人。周振甫为研究生作报告。

## 十一月十九日

细雨。午后去政协应《群言》之邀，参加座谈，作有关当前文化问题的发言。发言稿交《群言》，拟于明年第二期发表。

## 十一月二十日

寒流至，西北风。为姚欣保准备港文汇报画刊《中华风采》稿，午后姚取去。秦川中午来便饭，二时半离去。得林同奇函，他说准备写一英文稿 *Self and Culture: an Interpretative Survey of the New Intellectual Discourse in China*，由哈佛大学出版，其中论及大陆学人百余名，十人为重点，我是其中之一。他希望我提供一些自己的资料给他。

## 十一月二十一日

晴转暖。请王征将信一文二带给承义。今日写《关于当前文化问题答问》稿。三千言。

## 十一月二十二日

晴。为林同奇写我的简历、学术思想、我在反胡风中的经历，傅杰记录我的口述。全日工作。

## 十一月二十三日

晴。继续口述，傅杰笔录。前日清晨卧床未起时，想到两论所谈的同一性问题。两论认为共性寓于个性之中，共性与个性两者可以相等，二而一，在共性之外无个性，所以没有抽象的非阶级性的人性（即在阶级性之外的共性），只有阶级性的人性。而个人的个性也是被阶级性完全浸透的。因而"私意"——"众意"——"公意"中的"公"是完全涵盖"私"的。这也是卢梭的哲学。

## 十一月二十四日

晴。理发。兼访住在衡山的冯牧。继续请傅杰笔录。

## 十一月二十六日

晴。与傅杰继续工作，中午毕其功。自二十二至二十六（其间二十三日未工作），全程三个半天，字数达万言以上。开始对口述办法不习惯，后逐渐熟练。

## 十一月三十日

晴。上午如兰自美来沪，鹏海陪同来访，留中饭。资料请如兰带美转林同奇。晚晓光、晓明、傅杰约至古籍，请厨师烧几样菜作为生日的会餐，可与清姐同去。

## 十二月二日

晴。文化问题答问一文发表于《解放日报》第三版。托徐铃寄海外贺卡，国内贺卡交蓝云代发。

## 十二月五日

晴。路莘携来张中晓《无梦楼随笔》稿复印件，嘱写序。去后，即读中晓遗著，为之唏嘘。

## 十二月七日

阴雨重雾。王亚夫来。明年三月日本国际高等研究所邀我参加会议，去函辞谢。小莲自美回沪，来访。

## 十二月九日

阴。全天来人不断，应酬殊疲倦。张珏来为东方台将出文集约写序言。适晓明、傅杰在此，嘱晓明代笔。清姐来，留晚餐。

## 十二月十日

阴，晨大雾弥天。下午一时由焦阳陪送去机场。飞机延误四小时，六时方抵深圳机场。毛青柏驾车来接。抵西丽湖麒麟山创作之家，安顿下来已十时矣。深夜入睡艰难，服舒乐安定二粒。

## 十二月十一日

晴，深圳温暖如春，二十度。徐迟夫妇、舒谭夫妇、林焕平夫妇均在此度假。午后睡了一小时，疲劳恢复。

## 十二月十四日

阴雨。修订《夜读》原稿。

## 十二月十六日

晴。万里无云，天空湛蓝，使人有辽阔深远之感。黄仲达医生携王女士来，送菠萝三个，邀在此度假者共食之。毛青柏说承义早间来电话，明日来此陪我与可同去白藤湖。

## 十二月十九日

晴。可、义、我一行三人，上午十时半乘气垫艇去珠海，十一时半抵达，即雇出租车去白藤湖，车价二百二十元。中午一时一刻到达。阿华不在，借隔壁邻舍荣先生处歇脚。三时后阿华始返，迁入黄庐。此处房屋主人黄运基为美籍华裔，居旧金山经营印刷厂，代《人民日报》做在美的印销工作。他常来大陆，是宗福先朋友，愿将他在白藤湖所购的一座别墅，借我使用。阿华是替他看房的小阿姨。住进黄庐始安定下来，但已极为疲倦。晚倬如、钱小姐、刘工来。十一时后就寝，服药一粒。

## 十二月二十日

白藤湖较麒麟山更为暖和，穿单衣即可。午后义、倬回港。

## 十二月二十一日

晴。多日晨起散步已停止，今天开始恢复。写《无梦楼随笔序》，笔涩不畅。

## 十二月二十二日

晴。仍未能顺利写下去。光年曾云作文如唱歌一样，先需定调。音调定得好，就唱得顺畅，定不好，则感到处处别扭，总是唱不好。这话说得很对。

## 十二月二十三日

半夜起风，温度骤降。请邻舍保姆阿苏为我们介绍的帮工，今日来此。写信给郑克强托他转告柏彬代为料理家中一些事。

## 十二月二十四日

阴冷。义、倬偕倬母嘉范、侄女湘珩于晚间九时许抵此。

## 十二月二十五日

阴，潮湿如上海黄梅天。晓明昨将代笔的序文寄来，删去不少，中间论公意一段全部改写。与蓝云通长途。

## 十二月二十七日

阴雨潮湿。此地气候令常居北方者不惯。阿苏先后介绍两个保姆来，均因言语不通只做半天即离去。此事颇烦人。午后义、倬返港。

## 十二月二十八日

放晴，潮湿可望减轻。可腰疼，腹部感到不适，为之使用消痛栓。我的腰疼已有数日。

**十二月二十九日**

又阴雨，潮湿甚重。为保姆事发愁。至今无着落，再托刘工媳妇去找。

**十二月三十日**

天气仍未转暖。写《无梦楼随笔序》。

**十二月三十一日**

晴。上午应小蒋之邀，由崔志雄驾车偕可去珠海。陈逸峰邀去晚餐，饭后回白藤湖，义、倬已来。《无梦楼随笔序》写成。

# 一九九三年日记

## 一月十一日

（在白藤湖）阴。重抄前数日起草的《读樊著龚自珍考》一文，已不可卒读，尽成废纸。写作如此艰涩，恐非外人可测知。清晨散步竹林中，闻鸟噪甚喜。湖面水波耀动，在阳光下嬉戏，极富生趣。但白藤湖处处动工，垃圾遍地，已非过去面目。

## 一月二十三日

阴，仍有凉意。今天为癸酉元旦。过去谈近代翻译文学者，如鲁迅与秋白之《通讯》，施蛰存之《导言》，罕言王国维，仅谈及严复、吴汝纶、林纾等辄止。当时对西学的见解，当以王国维最值得注意。《静庵文集》谓："今则大学分科，不列哲学，士夫谈论，动诋异端。国家以政治上之骚动，而疑西洋之思想皆酿乱之曲蘖。小民以宗教上之嫌忌，而视欧美之学术皆两约之悬谈。且非常之说，黎民之所惧；难知之道，下士之所笑，此苏格拉底之所以仰药，婆鲁诺（布鲁诺）之所以焚身，斯披诺（斯宾诺莎）之所以破门，汗德（康德）之所以解职也！"这是何等精神！何等见识！纵在今日又何以易之！

## 一月二十四日

阴，间断有雨。《静庵文集》另一篇文章《论新学语之输入》应视为近代翻译文学理论的重要文献，尤不可忽略。文中评严复译事，造语虽工，而不当者亦多。如译 Evolution 为天演，Sympathy 为善相感，Space 为宇，Time 为宙；倘对原文本义，天演与进化，善相感与同情，宇与空间，宙与时间，"孰得孰失，孰明孰昧，凡稍有外国语之知识者，宁俟终朝而决哉？"又谓严复译述"古则古矣，其如意义之不能了然何？"王氏主张适当引进日译名，但又批评了对新名词"好奇者滥用之，泥古者唾弃之"的倾向，此评至今看来仍切中时弊。王氏之通达深邃率多类此。

## 一月二十五日

阴雨而冷。气温在十度以下。魏晋时，佛教传入，在一定程度上动摇了王权的绝对权威，如梁武帝三次舍身同泰寺，沙门不敬王者论兴起等等皆是征兆。

## 二月二日

（在井岸）晴暖。早沿大街散步，至尖锋山下折返。此地无法借书是一憾事。读带来的胡适著作。好趋极端的哲学思想，强调同一性时便完全否定个性（如只承认有共同的阶级性）。但反过来，在强调特殊性时，又完全否定共同性（如只承认有特殊的国情、特殊的价值标准等）。

## 二月五日

晴朗。胡适以中学比附西学，基于以西学为坐标。他同意陈序经的全盘西化论，应从这一角度去理解。

## 二月六日

清晨有浓雾，午时化开。读胡适书觉过时，读王国维书却不觉过时。胡吸取西学新义未融入中国文化中，王不仅能融入，且又自生新义。

## 二月十五日

阴。楼上装修，喧声震耳，近十天已不能读写。

## 三月三日

阴。开始写《读胡适》文。

## 三月四日

时阴时晴，转暖。写《胡传唐注》，得二千字。

## 三月六日

晴暖。改换单衣。《胡传唐注》二稿写毕。

## 三月九日

续写《论胡适之学》。查对资料颇吃力。

## 三月十三日

阴雨。《胡适的治学方法与国学研究》完稿，得六千言。明日去珠海转深圳回沪。

## 三月二十五日

大雨如注。午后雨稍小，参加上图新建馆址奠基仪式。在会场遇北图赶来参加的唐绍明。绍明乃唐篑芳先生之子，篑芳先生是我儿时在清华园时的父执辈。闲谈中言及六十余年前清华往事。绍明告我篑芳先生曾云彼之寓所昔时为我家所居。

## 三月二十七日

阴。晚伯城邀至其家晚餐，在座尚有陈念云。清行将两篇论胡适文抄稿送来，即将《读胡适自传唐注》寄陈平原。陆灏来约稿。

## 三月二十八日

雨止转多云。校阅抄写稿。午后访巴金。谈及中晓事，见他眼中噙一颗泪珠，由颊边徐徐滚落下来。

## 三月三十日

昨始见阳光，今又转阴，傍晚复晴。沈剑英来赠书。傅杰约定午后来，未至。徐钤来。早上陪可去瑞金，请黄医生拔牙。

## 四月五日

晴冷。清行带来誊抄的《与友人书》文稿。写一函，并附谈胡适二文，寄罗多弼。又另一份赘数语寄邵东方。整理书稿，再抄改《自述》。

**四月十三日**

阴冷如昨日。室内用煤气炉取暖。偕炳秋同访李储文，谈拟办《中华学术集林》事。得东方长函，并复制件数篇。

**四月十四日**

阴冷，仍以煤气炉取暖。承义今早离去。晌午降雨，窗外景色似秋。晚王震坤来。

**四月十六日**

晴转多云。祖忠人来摄影。得罗多弼传真，云已邀请维铮，邀请东方事则以经费不足辞。得东方九纸长函。致江陵图书馆姚家松函。

**四月十七日**

多云。上午去社联谈《中华学术集林》事。作协送来东方传真，并《与友人书》英文译稿，拟投寄成中英在美所办之英文哲学杂志。复东方函。马亚中、周泰携钱仲联老人信来，赠《清诗纪事》一部，共二十二册。

**四月二十日**

论文英译稿寄罗多弼，作为会议论文，由清行带去发邮。得港刊编者打来长途，她在电话中说，稿已收到，在处理中，其言骄矜殊甚。

**四月二十四日**

晴暖有风。上海无春天，冬去便是夏至。寄李锐信。

## 四月二十六日

晴朗。午后杨金福来，赠酒一瓶。蓝瑛来。得周策纵所寄文章复制件。得林同奇函，即复。托清行将近文一组复制寄赵坚。

## 四月三十日

多云。上午由束纫秋作东，邀孤岛时期同在上海工作的蓝瑛、刘人寿、郑仲芳夫妇、包文棣、徐尚炯、宗政文、陆文达、黄月华等，在《新民晚报》报馆座谈聚餐。

## 五月三日

晴。读梅志记吕荧文，令人不胜感慨。

## 五月七日

多云。昨晚腹泻二次。作协送来赵丽雅传真《读樊著龚自珍考》校样。连夜校阅，至十一时始毕。

## 五月八日

阴。早发特快专递将校样退赵丽雅。李庆西自杭州来电话云《清园夜读》已交港付排。前日打电话给姚欣保，今始将借去已久的照片一帧及手迹一纸退回。其余照片及几册剪报本，至今仍拖延不还，不知何故。

## 五月九日

东运揭幕前夕，市容多采取临时应急措施。记得儿时，北平接待国联李顿调查团时，在东华门大街两边树立无数木桩，再覆以宽大白布，以遮掩后面杂乱肮脏。《水浒》中王婆曾云："一床锦被遮盖则个"，亦即此类。这种陋习不知何时得改？

## 五月十日

晴。寄东方函。得赵新那信谈元任先生日记事。

## 五月十二日

晴热，气温升至三十度。得江陵长途，云吴副县长偕姚家松等人即将来沪。当即告以来沪日期最好延至二十日后，时交通管制可告解除。撰《清园夜读后记》。

## 五月十四日

晴。《后记》完稿。傅杰来帮助清理藏书。

## 五月十六日

阴。傅杰来继续帮助清理藏书，直至夜晚十二时，倦甚。翻阅杂书作为休息。胡适曾引梁启超《新民说引论》论破坏一段文字说："我们在那个时代读这样的文字，没有一个人不受他的感动的。……他很明白地提出一个革命的口号：'破坏亦破坏，不破坏亦破坏！'"

## 五月二十四日

晴。读胡适《四十自述》。偶然想到：律诗格律与戏曲程式乃同一性质。胡适称律诗最宜作没有内容的应酬诗。这固然是对的，但不能

因此将格律诗都视为言之无物。同样道理：戏曲演员固然可以借程式
在演技上敷衍塞责，但也可以通过程式去进行艺术性创造，表现个性
特征。

## 五月二十八日

　　晴。读借来的《明报月刊》，编者潘耀明称该刊所载《解构与重
建》一文论中国商品大潮和文化空间的拓展，对文人下海等问题都作
出了"精辟的阐析"。编者所推荐的这篇文章大意说："马克思早已提
出商品是天生的平等派。市场本身永远倾向于摆脱任何人为的限制。
在这个意义上，如果社会商业化的过程必然伴随着腐败，而商业化又
是现代社会所不可缺少的，我们为了走向现代，也只好付出这个代
价。其实这也是任何一个传统社会向现代社会转化的必然过程。问题
是如何减少腐败，而不是消灭腐败。……许多人争相辞官，奔向'钱
景广阔'的商海，半个世纪来党和政府一直去做却没有见效的精兵
简政，通过市场经济而一举实现了。商品大潮在制造腐败的同时，也
可以洗涤腐败，这也是不争的事实。……现在把这方面的文化产品从
政治的钳制下抢过来，还它商品的属性，这不是错位，而是复位。"
就在此文披载得差不多的时候，吴敬琏等编写的《寻租——权钱的结
合》出版了。这书与上文观点恰巧相反，认为商品经济是建立在平等
竞争基础上的，腐败则违反了平等竞争的原则，而产生在钱权结合的
寻租活动上（大意）。在这种情况下，不是"争相辞官"，而是千方百
计甚至以不正当手段去买官做。二战后发展中国家在现代化过程中出
现的腐败（如经济学家指出的菲律宾的马科斯陷阱、拉美现象、印度
病等等），都并不是市场经济的必然结果。有的发展中国家在建设现

代化过程中，并没有这种弊端，比如新加坡的经济就没有腐败现象
（虽然在其他方面这个国家也有不少可议的地方）。《明报月刊》及其
所推许的那篇文章揭示了二事：一、大陆许多作家学人虽不懂经济，
却以为只凭常识即可高谈阔论，逞臆乱说。二、有些港刊编辑则喜爱
领异标新，在评选来稿时，凡调子新奇嗓门高大者，皆视为"精辟阐
析"的好文章。

## 五月三十一日

　　晴热。仍全身乏力。《解放日报》读书副刊编辑查志华来索稿。我
以《思辨发微序》交她，这篇序是我着力写的。序中谈到王船山知情意
之说。下面我作了这样的发挥："思想是古怪的东西。思想不能强迫别
人接受，思想也不是暴力可以摧毁的。"未几，这位编者将此稿退回。

## 六月一日

　　雨转凉。钟沛璋来，与他同去探望赵朴初。朴老南来，下榻龙华
寺新建宾馆。现已八十又八，尚健，思路清晰，唯耳重听。言及抗战
初，佛教协会办难民收容所事。朴老说国军撤离后，拟将青壮难民送
到游击区，为此去找共产党。经人介绍得一字条，谓可执此条去找潘
汉年，第一次所见者乃刘少文，第二次始见到潘。朴老说他后来才知
道，那一字条是张爱萍所写。连日读白吉庵《胡适传》。小陆送校样
来。梅朵、芳藻来访，留晚饭。

## 六月三日

　　热，温度高达三十度以上。元美偕许立人来，碧清接踵而至，午

饭后均离去。得林同奇函，并附他在 Daedalus 杂志一九九三年春季号上发表的 *A Search for China's Soul*。文中有谈及我的一段话。晚作书致温流、东方，并附剪报，明早可付邮。

## 六月六日

晴。中午由小吴送至机场，准备由京换机赴瑞典，参加罗多弼出面邀请的斯德哥尔摩大学所举行的"当代中国人心目中的国家、社会、个人"研讨会，上海起飞误两个多小时。抵北京机场，有徐钤、吴殿熙来接，下榻北京饭店，晚与孙长江通电话。他亦将参加此会，欲与我结伴而行。

## 六月七日

晴热。北京温度至三十三度，较上海高出七度之多。中午午睡时将饭店席梦思床垫卸下。午后访夏衍，谈了一个多小时辞去。晚间至饭店近旁一小馆进餐，粗劣难咽。

## 六月八日

晨六时甫过，长江即赶来。七时由徐钤与吴殿熙送至机场。候至十时二十分飞机起飞，晚七时半抵哥本哈根。飞机降陆前，从机窗下望，丹麦多岛屿，每个岛屿均为蓝色海水所围绕，浪花在岸边激荡成一条蜿蜒颤动的白色长带。到哥本哈根，当地时间是中午一点二十五分。机场大厅极宽广，与长江携行李穿过大厅的长甬道，去办理换机票手续。飞往斯德哥尔摩的飞机，准时起飞。当地时间二时二十五分抵达。罗多弼已在机场迎候。由他自己开车，送我们往住宿处。汽车迅速驰过田野和村镇，无法看清楚窗外景色。行驶了将近一个半小时，到达下榻处，会议就在这里举行。这是瑞典的一家著名饭店，名字叫做萨尔舍巴登（Salsjobden）饭店，罗称康有为流亡海外时来瑞典曾下榻此处。饭店傍海湾，前临村道，稀稀落落的房屋散布在远近绿色的林木间，较远有通往市区的轻便铁路，可行驶小火车。饭店后面有一湖泊。斯城各处都可见到这样不大的湖泊，湖泊与湖泊之间有水道可通，直接流入大海，湖水清澈干净，斯城就是由散布在许多大小湖水中的岛屿组成。饭店后面，在荡漾着蔚蓝湖水的岸边，停泊着一些形状各异十分清洁的白色游艇。环湖有一小道可供人散步。林木葱郁，绿色成荫，在连绵起伏的山坡间，点缀着一些建筑风格各异的别墅。萨尔舍巴登饭店就建在这片风景迷人的地方。我在到会者中间年岁居长，被安排住在共有两间的套房里。我只能睡硬板床，服务员用一绿色塑料制成的薄板，放在软垫上，我试了一下甚安稳，七时左右服两片安定，上床就寝。

## 六月九日

晴。早五时起来。六月昼长夜短，瑞典一年中很少有阳光遍地的时候。六月是瑞典人认为最美好的白夜季节，可以享受明媚的阳光。今天会议尚未开幕，可休息一天。早上与维铮在沿湖小道散步。此地清洁无尘，人烟稀少，环境幽静。我们沿湖走完一圈，仅见到一年老妇女牵一小狗而已。晚间罗多弼在饭店宴请已报到诸人。饭菜为法式，侍者多为年长者，蓄须，穿大礼服。我小时喜西餐，年长则不喜欢西餐。我尤不喜欢作为西餐名菜的鱼子酱、蜗牛等。晚服安定一粒就寝。

## 六月十日

今日仍可休息一天，在饭店各处参观。饭店外形古色古香，内部装修亦极雅致，讲求舒适，而不事豪华，无金碧辉煌的俗气装饰。电梯仍用的是本世纪初旧物，仅可容三四人，门为铁栅栏，此种旧电梯在上海久已废弃不用，但我觉得它别具风味。前次来瑞典，在马悦然寓所见到的电梯，亦属同类。中饭后再去湖边散步，甫出门，未行数步，忽腹泻（大概是饮食习惯改变，平日家中很少油腻），甚狼狈。匆匆回房沐浴，再洗濯衣物，诸事完毕已筋疲力尽矣。

## 六月十一日

多云。今天会议开幕。上午三人发言，下午六人发言，我列在下午。金观涛亦在下午，其题目为《实践论》与马克思主义儒家化。金发言后质疑者颇多。李泽厚提出何以不说墨家化？然此说亦可议。我对金所举《实践论》中所谓"要知道梨子味道就去吃一口"的例子，提出疑问。盖此例并非出于儒家，而是出自恩格斯引英国谚语：The proof of the pudding is in the eating。（见其所著《费尔巴哈与德国古典哲学的终结》。此书战前由张仲实译出，在生活书店出版，故毛可读到。）我自己的发言乃概述所提交论文《契约论的两种不同类型》（据与友人书《谈公意及其他》改写）的大意。张灏所提交的论文亦谈同一问题，其观点与我的论文大体一致，这可说是不谋而合。会后张拉我坐在一起，叙谈多时，对我的观点表示赞赏。我向他和林毓生介绍了学勤及其所著《道德理想国的覆灭》一书。

## 六月十二日

阴，有时有雨。上午我主持会议。一时午餐后回房略事休息。三时继续开会。会后与陈平原谈天。陈是王瑶高足，所办《学人》杂志内容扎实，不搞花架子，也不自我炒作。北方学界渐染海派风习，《学人》无此弊也。七时按会议议程，全体乘游艇游湖，并在游艇上进餐。与陈方正、余英时夫妇同桌。十一时半回饭店。十二时服安定一粒上床就寝。

## 六月十三日

阴，有时有雨。早与林毓生同进早餐。谈及杜维明所引西方某思想家的话："因为人性是善的，所以民主是可能的。因为人性有幽暗面，所以民主是需要的。"林说这是经过深入思考得出的简明概述。晚间在斯德哥尔摩留学的高建平、李明夫妇陪同乘小火车至市内中国饭店进晚餐。高建平懂瑞典文，亦擅英语，研究中国传统画论，曾撰论文数篇，任大会接待。高在瑞典得博士学位后，将返国就业。

## 六月十四日

多云转凉。上午全体去瑞典市政厅参观并午宴。李庆为我摄影留念。其中有一张是我与他、高行健合影（高赠我《灵山》一本）。李庆原在复旦攻读学位，五年前去日本，现在日本金泽大学执教。下午由高建平夫妇陪同去市区参观，先去大教堂、音乐厅及数年前被刺身亡的瑞典前总理墓。我们在墓地逗留片刻，见有一位妇女将一小束花朵放在墓上致哀。天色将晚，遂至步行街，在商店购得皮夹克一件，价四百克朗。镀银器一件，价五百七十克朗。高氏夫妇将我送至步行街一家饭店后即离去。这是一家老式饭店，门面很小，并不引人注目，内部亦不宽敞，可容纳就餐的客人也不多。但据说在斯城是很有名的饭店，文化界多在此宴会，惜未问清饭店名称。我来此是参加瑞典皇家文学院之宴请。诺贝尔文学奖的十八位评委均为皇家文学院院士。此次即由马悦然代表作东。被邀请的人不多，除我以外，有余英时、林毓生、张灏、李欧梵、杜维明、陈方正，及大陆留在美国工作的苏绍智、李泽厚，在瑞典教书的刘再复等。席间上菜甚精致，惜我不是美食家，不能细辨其味。饭后至休息室饮咖啡或茶，侍者捧出一木盒名贵雪茄烟享客，人各取一支。我以不吸烟辞。席散已午夜十二时矣。今日读余英时在此所赠其本人著作。

## 六月十五日

晴。开会者纷纷离去。午后维铮返沪。下午三时罗多弼来接我去其家，途经一家银行，我将开会所交论文（拟发表在《斯德哥尔摩大学学刊》英文版）之稿费三千克朗，折换成四百美元带回上海。抵罗寓后，尚可依稀记得六年前对其家宅之模糊印象。那时是晚上，房里光线甚暗，只放置着一些闪耀微光的小蜡烛。现在是白天，发现沿着墙壁，排列着许多摆满书籍的书橱。此时罗氏继马悦然为斯德哥尔摩大学东亚语言学院院长。来时他曾带我去参观他的办公室，室内挂有我以前书写赠他的一副对联。对联是录许寿裳赞鲁迅语："皭皭焉坚贞如白玉，懔懔焉劲烈若秋霜。"罗甚喜此联。他赠给了我一份斯德哥尔摩大学校刊，在介绍东亚语言学院栏目中，有一整页罗氏的肖像，这张照片就以这副对联为背景。趁天明亮，罗让我和他家人一起到院中拍照。我先与他阖家同影，又与其女苏菲亚及苏菲亚请来的小友合影。罗指着身旁一头小狗对我说，我们家又添了一个新的成员。于是又由苏菲亚抱着这头小狗一起合影。苏菲亚现已是一个活泼可爱的小女孩，胖乎乎的脸上常常展现出天真的笑容。六年前我看到她时，仅三岁，还是一个怕生的瘦弱的小女孩，我想抱她，她一害怕，哭了出来。现在她已经九岁，在上小学三年级。这次见到我，她很大方，对人也十分亲热。她爸爸说，她已在集邮。回去后我将寄邮票给她。她的小朋友是和她一般大小的小女孩，长得很瘦。罗夫妇拟试烧中国菜请我，由于这个小女孩会拿筷子，所以把她请来陪我一起吃中国饭。晚餐则由罗夫人亲自烹调中国饭，每人一盆汤，一碗饭。然后罗夫人端出一大碗用几样蔬菜丁和肉丁炒成的杂烩。虽然简单，但我吃起来却颇有味，解除了多日来对西餐的不惯。这是很可爱的一家人。罗是一个脾气温和性情善良的人，总是轻声细语地说话。他中文口语说得很地道，曾将戴震《孟子字义疏证》译成瑞典文，由此可知他的汉语的造诣，因为这不是一本容易理解、更不是容易翻译的书。

## 六月十六日

晴。上午十一时斯大盖玛雅女士来送我、陈平原、张志扬去机场搭乘 SAS414 航班飞机。飞机准时起飞，一小时后准时抵达哥本哈根。换机前有一小时空暇时间，我们去机场商店购物，我买了几件印有图画或文字的 T 恤衫，又购买了一只绘有丹麦建筑与地图的瓷茶杯。我们还在商店挑选东西，播音器已在播放我们准备搭乘的 995 航班即将起飞的消息。我们三个人慌忙拖着行李，连奔带跑赶到检票入口处，总算上了飞机，大大舒了一口气。由哥本哈根飞往北京，全程四千四百五十公里，飞行时间需八个半小时。

## 六月十七日

晴。上午六时五十分抵北京机场。吴殿熙来接，仍至北京饭店下榻。午饭后与上海家中通长途。冰夷来，同去松鹤楼晚餐。多年前，范用请客，曾与李一氓、夏衍等在此同饮。后得氓公所赠条幅，上面是他手书的一首五言绝句："文酒足风流，倾杯松鹤楼，几时摇画舫，一夜到苏州。"旁书："一九八五年春日寒夜，宁沪旧友，聚饮都门松鹤楼，率成短章，时元化同志亦在座。同年夏日游沪，录请两政。"如今氓公已逝，其余各自西东矣。

## 六月十八日

晴热。穿 T 恤衫尚觉闷热。午后汤一介、庞朴、张少康先后至。与少康谈文心雕龙学会事。晚六时王蒙邀至他家吃饺子，九时返。

## 六月十九日

晴。上午由吴殿熙送至机场，十一时四十分起飞。徐钤来接。下午清理离家后所收信件。即将来回机票及北京饭店发票寄瑞典罗多弼报销。晚未服药即入睡。离京赴瑞一行，前后共两周，今告结束。

## 七月一日

多云，凉爽，气温开始下降。午后朱学勤来，谈他将写一篇回应平原的文章，阐述思想史不能孤立研讨，社会中其他因素有时亦作用于思想。如仅从思想立论，将一切归之于五四时期知识分子在选择上的错误，则不妥。朱学勤曾向我谈及，认为我说的不能用逻辑推衍历史，他很赞同。今天我再向朱学勤谈到这一看法，批判过去自己也十分相信的逻辑与历史一致的观点。此说之根源乃来自黑格尔的同一哲学。

## 七月二日

有时有雨。午后古文字诂林诸人来谈。清姐、阿达来。得徐迟赠书《江南小镇》。昨夜又做噩梦，如"文化大革命"再现，一群一群人围在一起，落入不可知的命运。情绪很紧张。

## 七月五日

阴雨。姜丕之转来郑涌赠《批判哲学与解释哲学》。读李庆西寄来《清园夜读》校样。

## 七月八日

时晴时阴，由冷黄梅转入热黄梅，极燠闷。仍读校样。广东《大时代》编者来访，谈二小时离去。

## 七月十二日

清晨醒来即觉酷热难当。午后去龙华参加杨石平骨灰安放式，送花圈致哀。

## 七月十三日

酷热已连续五天。今日气象报告为三十八度，似不止此数。据报美国遭热浪袭击，死亡约四十人。

## 七月十四日

晴转多云。阅胡适书信集。午后先停电，复停水。如此炎夏，水电俱无，苦不堪言矣。读一九二零年胡适书信集，始悉《中国哲学史大纲》上卷出版后，曾得吴虞、熊式武、饶毓泰、张难先等人赞扬。

## 七月十七日

阵雨。连日开冷气，空调未停。承义购回一小松鼠，活泼可爱，但在笼中跳跃不停，庄子所谓"不祈畜乎樊中"也。许国良来，访问记修改毕抄好交我复阅，当晚阅毕，又作了修改，增加一页文字。

## 七月二十一日

阴，天气凉爽。得庆西信。成中英打来长途电话云，已由美来沪，约定明日午饭后来访。文忠从北京回来已数日，自维铮处携来余英时赠我的《中国文化与现代变迁》。

## 七月二十三日

阴。读余英时赠书，其中某些看法与我暗合。海外学者著作，我很少看到，纵使看到亦不及时。相同意见先我而言者，尚不知晓。前读海外学人一篇谈胡适文，亦发觉有同样情况。

## 七月二十六日

阴。连日甚凉爽。吴云溥、黄屏来。早上访刘人寿，访蓝瑛。晚报披载大众文化与精英文化研讨会消息，其中有我说的一段话，不够准确，亦有遗漏。现大致纠正如下："大众文化通俗文化在历史上也起过一定作用。如元杂剧、明清小说等，当时都是大众文化。莎士比亚戏剧在他那时代，甚至以后较长时期，也被认为是通俗文化，直到伏尔泰，还称他是野蛮人。我国小说名著《红楼梦》，当年也不能登大雅之堂。可是如今这些作品也都从俗文化变成了雅文化，由低层文学作品变成了高层文学作品，通俗文化随着时间进展，一些无价值的东西会被淘汰，而有价值的则被保存下来。它们将遭受到历史的检验。高层文化与低层文化处于文化结构的不同层面，它们之间发生着交互作用，而前者在整个文化领域中，起着导向作用，决定一个民族的文化水平和文化素质。"

## 七月三十一日

晴。撰写《文心雕龙综览序》。

## 八月一日

晴热，温度又升至三十四度以上，《综览序》完稿，约一千六百字。开始读杜亚泉资料。

## 八月二日

阴雨。晨去富民路探清姐病。午后大雨倾盆，雷电交加，近处马路，尽成泽国。

## 八月四日

晴转雨。继续读杜亚泉资料，读得越多，就越感到杜未被当时以至后代所理解，更未被注意。

## 八月六日

暴风雨。继续读杜亚泉资料。得樊克政长函。

**八月七日**

昨夜又大雨。今日立秋。读杜亚泉资料。休息时读林毓生所赠书，某些观点颇难悟入。寄樊克政函。得瑞典人龙德信。田建业又拿来杜亚泉资料。

**八月九日**

阴。与黄育海通电话谈《夜读》校样问题。史中兴来赠所著书二种。

**八月十一日**

晴。读杜亚泉资料。应徐桑楚邀，去电影局看《三国梦》。《夜读》二校样以特快专递寄到。校改至午夜。

**八月十三日**

晴热。上午将《夜读》校样用特快专递寄庆西。得张灏快件。内信二纸，文一篇。陈兼来沪，约定明早来访。

**八月十四日**

阴。继续读杜亚泉资料。陈兼来，送《发微》一本，另一本托他带去赠张灏。

**八月二十日**

阴雨。气压甚低，令人气闷。昨夜庆西以特快专递寄来《夜读》封面样稿。阅毕托清行将封面样稿退庆西。致林毓生函。

## 八月二十一日

阴雨。续写致林毓生函毕，共十一纸，六千余言（谈读他的书感想）。早上寄出。得马来西亚吴天才函。吴已多次来函为其将出书索稿，此次来函责我何以不复，即以其书名以墨笔写鲁迅赞三字寄出。观其寄来此书梗概，实在难赞一词，故数次未复也。昨夜在书房睡，北窗临通衢大街。来往车辆日夜不绝，汽车鸣笛尖声刺耳，载重大卡车奔驰而过。噪音骚扰，整夜难眠。

## 八月二十二日

阴。为酝酿撰写杜亚泉文，读《东西文化论战集》。早间清理书报信件，倦甚。午后《新民晚报》送校样来。

## 八月二十四日

晴热，气温三十五度。继续读《东西文化论战集》。书内转录陈嘉异文，颇引人瞩目。唯不详陈之生平。

## 八月二十五日

热渐退。仍继续读《论战》及《梁漱溟答问》。来人不断。李庆、刘祖慰、钱文忠先后至。又王礼锡之孙等三人来赠书并嘱题词。写作很少，甚着急，盖交稿期日近也。

## 八月二十八日

晴。王震坤来，为封面设计好两种样稿。读《梁漱溟答问》毕，已近十一时矣，作笔记。午后姚家松突然而至。原去南京公差，弯道上海来访，姚伀恿我于九月下旬去家乡江陵。家乡多次邀往，均因有事未果。此次有些心动，但能否成行，需到时再说。

## 八月三十日

晴。炳淑来电话，邀于九月一日观她演出《白蛇传》。晓明来晚餐，饭后在楼下院内散步，谈近日读书感想。

## 八月三十一日

将已阅杜亚泉各文重读一遍，记笔记，为撰文作准备。

## 九月一日

阴。继续读杜亚泉文并记笔记。晚间与可同往人民大舞台观剧。炳淑较前更圆熟，无火气，增加新唱腔，水袖功夫亦佳。

## 九月二日

晴。何天发来访。继续做杜亚泉资料笔记。

## 九月四日

晴。较前数日热。午后特快专递送来《夜读》三校样，放下正在读写的杜亚泉资料笔记，连忙校对，五时萧华荣来，未谈话即帮忙一起校对，至夜十时半。

## 九月五日

晴。温度仍在三十度以上，一早将清样交清行，以特快专递退回杭州。得叶纪彬函，附博导申请书，嘱向评议组推荐。我与叶无交往，只通过几封信，但读过他的书，颇有见地，在今天文艺理论著作中称得起是上乘之作。我在国务院学位委员会评议组的职务，满二届后已退。前年在京开会时，已感到远不如第一届认真严格，评定博导人选，往往由才学以外多种因素及关系所决定，当时我曾感叹，长此以往，恐怕水平将日益下降。推荐叶函虽寄出，恐无效也。得樊克政函。

## 九月七日

晴。新加坡留美攻读学位的刘慧娟携李欧梵信来访。李是她导师。刘还携来现在海外的魏承思函。

## 九月八日

晴。继续为撰写杜文作笔记。甚觉头绪纷繁，梳理艰难。偶然想到：今日青年，唯新唯洋是从，此种风气与四十年来教条主义的感染不无关系。教条主义与趋新猎奇之风看来相反，实则相成。两者皆依傍权威，援经典以自重，而放弃自己独立见解。沿习既久，惰性已成，个性日丧，创造力终于斫伤尽净。殆至无权威依傍时，则不能创一说立一论。沉迷其中，而不知自省，悲夫！

## 九月十日

晴。继续做撰杜文准备工作。下午《上海文化》催稿。午后二时工作至夜晚，稿改动较大，倦极，但明日可望交卷。此稿整理者似潦草，现全文共七八千字，而出于整理者之手者尚不满一页。此事竣工，明日争取撰写杜文集序。

## 九月十一日

晴。上午准备材料，下午动笔，得六百字。写作亦如竞技或表演艺术，需放松，效果方好。

## 九月十二日

阴雨。继续撰写《杜集序》，今日得千余字。中华文学基金会寄来顾问聘简。午后邵燕祥来访。

## 九月十三日

阴雨。继续写《杜集序》，得千字左右。腹泻。

## 九月十四日

放晴。继续撰写《杜集序》，得千五百字，午后刘慧娟来，朱学勤来。将纸一卷、笔十支、颜料二盒，请刘带回，小雨所需也。晚饭后傅杰来，阿达偕其俄友来。

## 九月十五日

晴。继续撰写《杜集序》。下午五时赴科学会之会。《文学报》本月扩大版，该刊载毛泽东生日（六零年十二月二十六日六十七岁）讲故事，颇见性情。连夜均服药始能入眠，写作疲劳故。

## 九月十七日

晴热。开冷气空调。继续写《杜集序》，得二千宁。晚罗洛宴请梅志，邀贾植芳、何满子和我作陪。家乡嘱题词。书一条幅：悠悠荆楚，忠烈之乡。灵均遗范，世德永芳。

## 九月十八日

气压甚低，夜雨。继续写《杜集序》，将完稿，即以另纸再写第二稿，边抄边改。

## 九月十九日

阴雨，转凉。继续撰写《杜集序》第二稿。中午应《文汇报》张启承之邀，去和平饭店。报馆宴请美《国际日报》董事长陈韬父子。在座者尚有美领事滕祖龙暨其华裔夫人。滕国语极流利，能以纯粹京白说绕口令，并能作中文诗。

## 九月二十日

阴，凉。继续撰写《杜集序》第二稿。来访者多，只得抢时间，以争分秒。伏案时间过长，思索耗神，甚感疲倦。晚间徐钤、李子云、陈思和、金永华等络绎而来，谈基金会事。连日来约会颇多，看校样亦多，实应接不暇。九时客人散去，再继续写第二稿，未完，夜已深，遂就寝。

## 九月二十一日

阴雨。杜文集序《杜亚泉与东西文化论战》于今日午后完成第二稿。五百字稿纸三十五张，共一万七千余言，为近年所撰最长之文。连日撰写不辍，实觉精疲力尽。

## 九月二十二日

阴。再改《杜序》，删去约千余字。傅杰来，未携稿去，因尚需修改。晚吉林作协宗仁发来，取去照片十八张，拟刊于《作家》上。夜王震坤拿来《海上文坛》校样，当即校阅，由震坤带回。诸事做完，已近十一时矣。

## 九月二十三日

晴。按事先约定，今日偕清姐同去江陵。上午五时起床。六时乘小吴车去机场。七时二十分准时起飞。八时四十分抵武昌，庐音、嘉年及江陵萧旭副县长、刘耕伐局长来接。下榻珞珈山宾馆。下午三时去武大宿舍探望舅母许海兰。舅母已九十又三，仍健。她与舅父结婚后，居华已久，能说一口湖北话，但此次见面只用英语谈话，而头脑亦不如上次见面时清晰。舅母住庐音家中。我们去时，庐音与车锐、稀恩与秉兰、嘉年与王仁卉及第三代桂钢、车音及嘉年之女均在，济济一堂，十分热闹。第三代中除车音外，其他尚初次见面。我和他们都谈了话，直到九时始尽兴返珞珈山宾馆。

## 九月二十四日

晴。江陵开来两部小车供我们乘用。早上七时许起程，自汉阳上高速公路，入荆州地区。经仙桃、潜山、丫角，其中有一处地名夵山（夵读若渣，裂开也。小时候家里人称布鞋裂开即云夵开）。高速公路长一百五十多公里，可惜只有中间一段，再前进仍转入普通公路。据云二年后高速公路可直达宜昌。抵江陵下榻县招待所。黄发恭县长、萧旭副县长等已在招待所迎候。中午萧副县长等设宴招待，晚则由余世先副书记招待晚餐。饭后，黄、吴县长来访。江陵乃祖辈生养之地。我在北京长大，从未到过祖籍，此次来到故土，不免思绪起伏，深夜仍难以入寐。甫入睡即醒转。前些时为撰写《杜序》夜夜服安眠药未断。今夜睁眼躺在床上，又有蚊虫来扰，只得起床开空调以驱蚊。

## 九月二十五日

晴。早黄县长在会议室讲述江陵建设情况，萧、吴、余、刘诸位亦在座。闲谈中，有人说到江陵干部不会宣传，附近有些县在这方面比较擅长，所以江陵从未被评上模范县或先进县。但有一年闹饥荒，独江陵无粮荒，附近被称为先进县的乡民纷纷来到江陵就食。下午吴、余二位副县长陪同去江陵图书馆参观。门前"江陵图书馆"五个字为我所书写。我捐赠图书馆的书已近三千部，在馆内专辟一室存放。晚，武汉中南民族学院中文系李建中、荆州师专中文系白少玉及地方志编辑部一同志来访。

## 九月二十六日

晴。上午李家栋副书记偕经委陈主任陪同参观果糖浆厂、纺织厂、马河水厂等处。谈到荆州的纺织工业，想起母亲常夸荆州缎如何精良，小时候我们家所用的被窝就是以荆州缎作为被面。母亲也常常讲起荆州妇女多在纺织厂做工，可见清末这一带纺织工业已很发达。

马河水厂是江陵引为骄傲的地方。占地颇大，江陵人把水厂建成像一座园林，花草树木，琳琅满目。身入其境，不知这座花园中竟隐藏着一个自来水厂。午后，参观博物馆。博物馆是宫殿式建筑，覆盖着蓝色琉璃瓦屋顶、灰白色的西式房屋，颇像我小时在北京所见到的燕京大学的建筑格式。原来馆藏的吴王戈、越王剑已调京，没有见到。馆中有一具西汉出土的男尸，密封于地下用水泥制成的墓穴中，上覆以厚玻璃砖露出地面，可供人参观。据说尸身出土时尚有弹性，但因浸泡在红色药液中过久，毛发皆落。讲解员告诉我们，这具男尸比马王堆出土的那具女尸要早一百多年。博物馆中还有一项名贵的陈列品，也是极罕见的，这就是薄如蝉翼的丝织品残片，为春秋战国时代的产物。现代纺织工艺已无法制成这样又轻又薄的丝绸。讲解员最后把我们引进博物馆的一个小礼堂去看楚乐表演。幕拉开后，台上穿着楚国服装的十来个演员分掌自己的乐器，编钟、凤鼓等等，一起演奏起来。我不懂音律，很难说出这些拟作的楚乐有多少成分保持了原来面目。楚乐奏罢，忽然演奏了一首外国歌曲 Long Long Ago。在这场合演奏一首洋歌，我实在感到有些惊讶。我把自己的想法告诉了县领导，认为在楚乐中夹杂洋歌不妥。但博物馆归地区管，也许县里说不上话。

## 九月二十七日

　　晴。到江陵后我仍按平日习惯早起作户外散步。上午参观八岭山墓葬群。先到了辽简王墓，地处荒山中，规模甚大。辽简王为明永乐弟，名朱植。墓地甬道直通停棺处，棺椁仍在，朱植大概在此地被封王，其历史不详，一时难寻史书核查。楚国建都于郢达四百余年，江陵即郢故地，名纪南城。在墓葬群不远有纪南城故址石碑，碑文为郭沫若书写。这个昔日的城郭，今已成为桑田。田野中隆起一道土坡，陪同者指给我们看说，这就是郢都城垣遗址。八岭山墓葬群建有高数层的木架瞭望台，登上眺望，大小坟墓连绵不绝，尽收眼底。陪同参观的萧副县长指着不远地方的一个直径约三四丈、上面长着青草的土丘说，这就是楚庄王之墓。据说有三十多个楚王埋葬在此，其中庄王墓最大，他是春秋五霸之一。楚国在他那时候也最强盛。此地既是楚国的陵园，地下埋藏的文物一定非常丰富。县里的领导曾向我说，发掘出来的楚国漆器几乎可堆积成山。他们曾向中央有关部门请示，要求将多余漆器出口，换取外汇搞建设，但没有被批准。这么多出土的漆器由于无法好好保存，不少已在腐烂。中国的确是一个文物大国，地下埋藏极丰，掘地即可见宝。仅以出土的汉简而论，许多地方博物馆也像荆州博物馆一样，面临无法保存的困难。汉简如龟甲、钟鼎、帛书这些出土文物一样，是中国文化的重大财富，可补文献之缺，可订史书之讹。由于各地博物馆多采取地方保护政策，不愿外人插手整理，而仅靠本身十分有限的力量，又无法做成。于是大批汉简堆放在那里（有的甚至是泥地上），任其慢慢腐烂。这真是中华文化的损失。听说，政府对地下发掘逐渐采取保护政策，这在无可奈何中尚不失为一种好办法，因为埋在地下还不致腐烂。江陵县领导说，政府对于楚墓群也作出了同样暂不发掘的决定。但还有一种隐患，也不得不防。最近听说国内盗墓者正纷纷南下，他们有优良的装备和技术，而墓葬群面积广阔，倘只派一两个警卫防范，恐怕无济于事，我把我的杞忧告诉了江陵县领导。上午参观毕，回招待所后，为索字者题词，书条幅二十余幅，倦甚。晚餐萧副县长作东，餐名"百饺宴"。回到住地，蒋经韬携妻女已等候多时，但时间太晚，稍坐即辞去。

## 九月二十八日

　　阴雨。早驱车出城门，在长堤行驶，长堤的一边，江水浩淼，甚为壮观。途经芦花荡，即三国故事中张飞拒周瑜处。京剧有一出戏名芦花荡，即以此为题材。但此地并无芦苇，与一般江岸无别。它是那样平凡，很难想象这里曾演出过这样一出热闹戏剧。小时听父亲说，家乡一带留下不少三国故事的遗迹，什么"张飞过河一拳一脚"，什么"咬草崖"等等。前者说的是张飞有急事要过江，受阻过不去，一怒之下，在一块巨石上打了一拳，留下一个比常人拳头大数倍的拳头凹痕，又踢了一脚，留下一个比常人脚大数倍的脚印。"咬草崖"也是一种传说，相传关云长一次骑着他那赤兔马，翻越一座十分险要的山岭，行至悬崖峭壁，无路可走，马只有咬着青草向上攀登。所以至今那里生长的草，还是没有草尖的。儿时听了这些带有传奇性的故事，真是不禁神往。可是我询问陪同参观的家乡人，他们已不知道这些故事了。以《楚辞》为代表的楚文化和以《诗经》为代表的中原文化，由于地域不同，形成了南北的差异。上述那些儿时听到的故事，就充分显示了南方的浪漫色彩，它们和北方的写实风格是截然异趣的。

　　我们一行离开了芦花荡，又到荆江分洪处略事逗留，再驱车前往沙市。沙市被评定为全国四个卫生城市之一。这里确实给人以清洁、整齐、有序的印象。街道宽敞，房屋栉比鳞次，错落有致，不像有的城市那样凌乱、拥挤、嘈杂。以前我虽然从未到过这个城市，但听母亲的讲述，在脑海中留下了深刻的印象。母亲在这里度过了她的青春年华，她向我们谈到的家乡的人情风物至今仍历历如绘。这里的民风淳厚，家乡菜又是那样美味可口。母亲经常向我们诉说的是，做牧师的外祖父和他的圣公会教堂，以及寄居他家的那些师爷们。外祖父的两个妹妹，一个嫁出去了，因丈夫不良而忍受着无限的折磨。另一个则是心肠柔软，极富同情心，往往倾自己所有，甚至不惜脱下陪嫁的手上金镯去周济穷人。她一见到别人受苦受难就忍不住流泪，以至终于哭瞎了双眼。还有邻居家的那个可怜的养女，每天天不亮就拎着饭篮，里面盛有粗粝的饭菜，摸黑赶到纺织厂去上班，她因害眼病，眼边一圈全烂了……这些故事在我们的幼小心灵里，曾激起了不少感情的波澜。……现在已无法去追寻那些如梦的前尘往事了。

但我和清姐还是想去找寻外祖父的坟墓，抗战前母亲曾只身来到沙市，去外祖父坟上扫墓，还带回一张她在坟前十字架下拍摄的相片。母亲扫墓已是多年前的事了。桂家后代，已无人留在沙市，墓地恐怕早已影踪全无。但我们还不能完全打消寻根的愿望，我们再向陪同者提出去寻觅外祖父传教的那座圣公会教堂。它已有百年以上的历史了。如今圣公会在中国不复存在，各派教会已成为三自爱国一个组织了。但我们在沙市终于还是找到了一座教堂，其中有几位年老的教友。可惜他们都说不知道光绪年间沙市曾经有个圣公会的教堂。

我们从教堂出来，经过中山公园，公园的幽静很吸引人。我提出进去走走。那里有一个美丽的湖泊，游人稀少。我们没有想到在公园里竟然看到了楚国大夫孙叔敖的坟墓。孙叔敖也是我儿时从父母那里常常听到讲说的人物。据说他年轻时，在野外看见了一条双头蛇，相传看见双头蛇者不祥，孙叔敖为了不使别人再看到这条双头蛇，就把它打死了。这个故事很平凡，但我至今还记得。充斥在中国儿童生活中的诸如此类的大量民间故事，对他们一生都会发生潜移默化的作用。文化传统往往就是通过这样的渠道深入人的心灵、形成了他们的人格，甚至铸造了一个民族的文化素质。

回来略事休息，午后随萧旭副县长去参观碑苑、盆景苑、书画苑及荆州古城垣。由于参观的地方多，时间少，前面几处走马看花，匆匆一览而过。但荆州古城垣却得仔细观赏。这座古城以三国的传说最多。如"刘备借荆州"、"关云长大意失荆州"等等。到了清代，荆州驻扎有满洲旗兵，把城区划出一块地方作为满城。荆州是南方保持最完整的城垣。不过现在的荆州城是明代重新修建过的。我们从城垣马道走上城楼，围绕在城垣外面的护城河呈现在我们的眼前，似乎提醒我们，以前的荆州城就是这个样子。但是时间已晚，不能作过多的逗留。我们匆匆从城垣下来，赶到附近的张居正故居，希望也去看几眼。现在故居只留有外面临街的一小部分，里面已拆毁改建，成了居民住所。我们进去，见有一个妇女正在狭小的屋中洗涤衣物。从那里出来，已是日暮关山，夜晚开始降临大地了。

## 九月二十九日

晴。早上至江陵图书馆参加座谈会。这是按照我的意思安排的。来江陵前我提出几件事：不要惊动地区领导，不作专题报告，愿和图书馆读者以及江陵文化界人士接触，但人数不要太多。在座谈会上我作了简单的发言，接着读者提问。会后与荆州师专李德尧、刘汉民、白少玉副教授合影。李德尧在谈话中谈到我关于由抽象上升到具体和知性不能掌握美的观点，他对我的文章似乎很熟悉。谈话之后，荆州电视台来采访。

## 九月三十日

晴。早在楚风过早（家乡话称用早餐为过早）。这是陪同者应我和清姐的要求，特地选这家保持传统风味的小店来用早餐的。小时听说有一种"汽水粑粑"，我们很想尝尝是什么味道。一到楚风我们就叫了这种点心。等拿到我们面前，一看并不特别，吃起来也很平常。

七时半乘县里小车出发。由江陵至宜昌的高速公路正在修建尚未通车，汽车驶在即将废弃的旧公路上，颠簸难行是可以想见的。我们情愿吃这份苦，因为沿途有许多三国古迹。汽车首先开到玉泉寺停了下来。这里是三国故事中关公被害显灵喊着"还我头来"的地方。玉泉寺与普通寺庙无异。但庙外有几处珍珠泉，倚着石桥的栏杆可见一串一串细小如珠的泉水从下面涌出。汽车再往前行驶，抵达一个小镇，行人和各种车辆在并不宽敞的街道上熙攘往来，两旁商店很多，十分繁华。陪同者说，这就是赵子龙鏖战曹兵、只身救阿斗的长坂坡。我们不能想象当年的长坂坡竟会是这样。这里除了在稠密市井的一小块空地上，高耸着一尊赵云戎装乘马的石刻雕像外，一点也看不到曾经作为古城的痕迹。那尊石刻雕像完全是照戏台上的赵云仿制的。雕像座下没有一点空隙，小贩在这里摆的摊子杂乱无章，紧紧挨着的是过往车辆的停车场。

中午十二时左右，我们的车到达宜昌。经过附近的三游洞时，由于长途跋涉，大家均感到困顿，希望早一点找个地方休息，都不想进去浏览了。宜昌是个大地方，街道宽阔，房屋整齐。解放后此地曾有作为省会的动议。进入市区后，由宜昌市接待办招待午餐。饭后又招待我们到附近一家宾馆休息。下午四时半上船。这是一艘在长江行驶的小轮船，可在船上观看三峡。我们准备在四川境内巫山下船，去浏览小三峡，一天后再由那里乘江轮折返。我还没有入过川，这次总算是进入四川境内。我们买的是三等舱，六人一间，恰巧我们一行六个人，在船舱内可以随意安排。船驶离宜昌码头，两岸没有什么风景可看，进入舱内聊天，天色渐渐暗下来。吃了带来的干粮，估计要到半夜才可驶过三峡，只有等回来时，再看三峡的风景了。上床不能成寐，服安眠药后，开始还听到轮机隆隆声，江水汩汩声，但不久眼睛渐渐朦胧起来……

## 十月一日

晴。早上五时船靠码头。巫山是一个临江的小山城。下船上岸要爬上高达数丈的陡峭山坡。江南有很多这样的山城。记得抗战初，我从温州到金华，由于公路被破坏，乘民船在瓯江溯江而上。船抵青田过夜。青田就是这样一座临江的小山城，同样建在半山腰，下船也是要爬上一段长长的石阶通道，半途还要经过一座用石块垒成的门洞。门洞上面，有一块空地，像座平台，坐在那里可以眺望四周的风景。这座只有百十来户人家的小山城，被气势宏伟的崇山峻岭所环抱，瓯江的清丽江水在下面平静舒缓地流着。太阳落山后，天空的晚霞渐渐转暗，巍峨的群山笼罩在一片绛紫色的暮霭中。青田的美丽令人陶醉。这是将近六十年前的事了。我不知道过去的巫山是否也像青田一样，曾经包围在那种纯朴无华的古老气氛中，现在我所看见的这座山城却正匆匆忙忙地准备向现代化大都市的模式挺进。它并不具备建成大都市的条件，所以显得有些不伦不类。也许这也是一种在发展中的进步吧，不过令人感到若有所失，因为在这偏僻的山区，本来所具有的那种大自然的迷人魅力，也就随之消失殆尽了。

　　我们在巫山找到一家旅馆，开好房间，把随身带来的简便行李撂在房内，就又赶到江边码头，去寻找浏览小三峡的游艇。江边麇集着十来艘游艇，在等候客人，每艘游艇可载二十几个游客。它们的外形虽然并不好看，但都装有马达，舱位也干净舒适，不仅周围有明亮的玻璃窗，连顶篷也可以随意打开，以便游人仰观上方的景色。人称小三峡胜于大三峡，这话不是虚谈。我们是先游览了小三峡，后来才游览大三峡的。相比之下，我对大三峡的兴趣就不那么浓厚了。小三峡有清澈见底的浅滩，也有江流湍急的险滩。到了险滩，游艇上的游客被喊下船，要走一段旱路。船上的马达关闭，几名水手下船撑船前进。小三峡最诱人的地方，还是两岸高插入云的峭壁。山峦起伏，千姿百态，显示了造化的神妙。前人根据它们的形状，取了许多动人的名字，但我只知道小三峡的名称是：龙门峡、巴雾峡、滴翠峡。如果问小三峡哪里最美丽？我说不上来，因为我觉得各有各的好处。在小三峡沿岸峭壁上，可以见到巴人放在岩穴中的悬棺。在这样笔直挺立的峭壁中间，上不能下，下也不能上，如何把棺木放置在地势险峻的壁穴内，这是不可思议的，可是几千年前的巴人居然做到了。先民的智慧是惊人的。抗战胜利后，我在国立北平铁道管理学院任教时，常常和在清华任教的吴征镒、季镇淮、范宁，北大的田方僧以及和我同校的徐大德等一起到郊外游玩。记得有一次我们同游颐和园，当时一位在清华土木工程系任教的杨君也和我们在一起。他讲到颐和园铜亭的铸造之妙，又说排云殿由山下向上垒起的巨大石块，在当时用了什么工艺技术，至今还不明白。但这些比起巴人的悬棺和几千年前在峭壁上建成的栈道来，还不算是最能使人称绝的巧夺天工。栈道今已荡然无存了。在峭壁的中间留下了一个个方形孔穴，每个孔穴之间相距约丈许，方孔是在坚硬的岩石上凿成，四边如刀切过般的整齐，孔内可插入碗口粗的枕木，以作为栈道的支撑。这些栈道的建成时期比较晚，大约是在宋代，建筑目的是用来运送粮食。后来我们在小三峡旅游区的尽头，看见了利用原有方孔重新修建起来的模拟栈道。模拟栈道用现代水泥材料来代替昔日的木质结构，十分牢固，可供游人上去行走。我登上栈道，俯视峭壁下面滚滚的江流，如临深渊，不禁头昏目眩。遥想当年无数民夫就在这样艰险难行的栈道上背着粮食，一步一步前进，不知要走到何时才能到达目的地。我们在此逗留了一些时候，拍摄了几张照片作为纪念，即乘原来的游艇折返。到了旅舍匆匆用过晚餐，就倒头去睡，实在玩得太累了。

## 十月二日

多云。昨日游览倦甚，早上充分休息，午后离开巫山。我们搭乘的江轮于一时四十分开船，在船上进方便面作为午餐。饭后在房舱内休息。下午走到甲板上观赏风景。船上邂逅一位宜昌的基层公安干部。他是一位很愿与人交际的青年。我们渐渐攀谈起来，他在这一带工作，深知山民的困苦。船向前驶，经过一座荒凉山峦，他指着山峦高处一间简陋的破房对我说，那里曾居住一个贫穷的老妪，只身一人，无人相伴。虽然已经年迈，但为了饮水，天天仍得下山去挑水，后来实在挑不动了，她就吊死在那间屋里。这些贫困地区的人民生活就是如此悲惨。

船驶近宜昌，眼看就要抵达，可是在葛洲坝不知何故停留了约两个小时。一到宜昌，我们来时乘坐的小汽车已经等候在那里。为了赶时间，我们不再逗留，马上上车赶回江陵。在回来的路上遇见一桩很不愉快的事。我们的汽车在崎岖不平的旧公路上，尽量加快速度。天色渐渐暗下来，行至枝山近郊，汽车驶上一条新修的公路，半途碰到路当中树立一块不准通行的指示路标，我们的车只得折返，仍旧走上那条已经败坏的旧公路。车没有开多远，见到前面路边影影绰绰聚有一些人，在静静的夜里高声鼓噪。开头我们听不清他们在喊什么，驶到近处才听清楚，原来是要我们的车停下来。但车行太快，一时刹车不及。突然那群人向我们抛出一块上面钉有长钉的木板。我们的车从上面滚过，一下子两个车轮一起放炮，瘪了下来。驾驶员和陪同者下来前去交涉。原来这是枝山县城建局在此设立路卡，敛收过往车辆的钱财。他们一无标志，二无制服，不知根据哪条法律，在此征收过路钱，这群人中散发着酒气，个个摩拳撸袖，气势汹汹，宛如凶神恶煞一般。我下车与之理论，他们口出不逊，几欲动武，陪同者把我扶回车上。交涉一无结果，只得自认晦气，驾驶员把扎破的车胎换上备用胎，重新上路。我们白白在此耗去了很多时间，到江陵已是半夜了。

## 十月三日

晴。早上县领导黄、李、萧、吴、余及文化局刘、黄二局长前来送行。午饭后，由图书馆姚馆长陪同乘车去武汉，二时抵武大学术中心下榻。与庐音联系，四时和刚刚赶来的吴县长同去走访舅母，吴在武大读书时是舅母学生。晚上我们去庐音家吃饺子。饭后由稀恩送回学术中心。连日劳累，喉咙发毛，似已开始感冒。连忙吃药将感冒压下去。

## 十月四日

早九时四十八分乘飞机返沪，中午前抵家。午睡约一小时，精神恢复不少。傅杰携来《杜序》复印件二份。与史中兴联系，以摘出其中七千字交《文汇报》在文艺百家发表。再与钟沛璋联系，拟将全文交《东方》发表。

**十月五日**

晴。早校改《杜序》。拟将前三章交《新民晚报》，后三章交《文汇报》。傅杰、钱文忠来。为枝山事件致函湖北纪委。吴立昌来约稿。读北京某报所载杂文，为"书读得越多越蠢"之说辩解，真是昏聩可叹。

**十月六日**

阴。老束偕建平来，将《杜序》一至六节携去。匆匆写成记老姜文。

**十月七日**

上午《文艺百家》徐姓民将稿拿去。下午《夜光杯》邓传理将记老姜文拿去。冯秉序偕戴辉、严福夫来，谈一九三九年去皖南事。姚以恩、小孔先后至。

**十月八日**

晴。陆灏来将《斯城之会答问》拿去。

**十月十一日**

晴。戴厚英、高玉蓉、吴中杰来，昨已与林炳秋约好，去医院看病人，遂请戴等在家稍候。医院中顺访周谷城，人已憔悴不堪，状极愁苦。见面后，但云："人老便是苦。"再访洪泽，洪精神不佳。冉访罗竹风，罗亦瘦去二十多斤，一目已眇。回来与戴等谈话时，可表弟巴士德自美来访。戴等辞去。留巴士德夫妇晚饭。

## 十月十二日

晴，午后转阴。《团结报》（一九九三年十月六日）刊有文章一篇，黑体大号字标题："法国女婿热爱毛泽东"，副题："访法国著名摄影师马尼埃尔·维莫尔"。文繁不俱引，仅抄其中精彩一段："他喜爱诵读毛泽东语录，如遇到困难时，就背诵'下定决心，不怕牺牲，排除万难，去争取胜利'。扫地时，他就背诵'扫帚不到，灰尘照例不会自己跑掉'。在他的影响下，巴黎文化圈中有人学习他背诵毛的语录，并运用到日常的对话之中。"云云。

## 十月十五日

阴雨。早传理将杜文取去。今日仍未工作，盖以前过劳，不久又将北上。得李淼赠《禅宗大全》一巨册。得邵燕祥赠《改写圣经》。

## 十月十六日

阴。许纪霖来，谈上虞举行杜亚泉讨论会事。

## 十月十七日

阴。田建业拿来杜序校样。上午赶看毕，中午田再来取去。清姐来改善伙食。

## 十月十八日

阴。徐中玉、钱谷融、李子云来，谈中国文艺理论学会于十二月中旬召开年会事。

## 十月十九日

阴转多云。读余英时文，论道统与治统不可互侵，应各司其职。其文曰："现代知识分子的活动主要是限于文化的领域，而不在实际政治和经济的范围内。知识分子是通过'影响力'去指导社会，而不是凭借'权力'去支配它。"这段话和我意甚吻合，在此前我亦说过大意相同的意见。

## 十月二十一日

晴。检旧报，见毛氏家谱将出版的消息。一九八九年十二月七日《社会科学报》第一八三期发一消息，标题《毛泽东系周文王后》，报道《韶山毛氏家谱》将由吉林人民出版社推出。消息称："据考毛氏家庭本姓姬，是周文王之子毛伯郑的后代。这本家谱脉系，始自太华祖。他是元朝人。元至正元年间避兵灾，由江西吉林龙城迁往云南澜沧县。明洪武十三年以军拨入湖南省。太华子及其长子、四子一并到湖南，侨居湘乡，后择湘潭定居，至清光绪十九年，毛氏家庭繁衍了二十脉，诞生了风云世界的伟大人物毛泽东……"云云。[补记：本年日记末尚贴有《新民晚报》文摘版剪报，未记年月日，亦是谈毛泽东的，文末注明摘自《中国广播报》，内容谈到做预案时如何绝对保密，报道领导人治丧活动有一定规格，而"这一次是伟大领袖毛主席逝世，自然是最高规格，特高规格。高到什么程度？无先例可鉴，无规定可循"。最后研究结果，认为要做好如下各点。现举其中一条以见一斑。这是规定在插放讣告时，"播音基调要悲痛，庄重，深沉。播音的调子不能过高，也不能过低，播音的速度放缓，但也不能太慢"。其余还有许多诸如此类的严格规定，不烦赘举。不过这篇广播报道的最后一条黑体小标题却不可任其泯灭。现抄录如下："四时播出，'地球停止了转动'。"]

## 十月二十二日

晴。早陪可去瑞金看病，血压125（上）85（下），恢复正常。午后六时飞京赴文化书院纪念梁漱溟、汤用彤、张申府三老百岁冥诞之会。准时抵达，候至九时，无人来接。遂与傅杰、王世伟至赵家楼宾馆住下。十时服药就寝。

## 十月二十三日

晴。早十时半，乐黛云来接，其车不能久等，匆匆去卧佛寺。下午最后由我在大会发言，讲杜序一文中第八第九节内容。

## 十月二十四日

昨日夜宿卧佛寺，觉凉气侵人，双足不堪寒冷，以厚衣缠裹而眠。一时半醒来，仍难入睡。会后略略观赏卧佛寺，即匆匆返城内。晚吴江招饮，在座有陈方正、秦川。

## 十月二十五日

寒流到京，嘱傅杰代购棉毛裤一条，以御寒。上午觉民、范用来，留午餐。下午傅璇琮约去晚宴。晚觉民再来借我毛衣一件。与湘云通电话。

## 十月二十六日

晴冷。上午光年派车接我去他家午饭。邓绍基、曹道衡来访，同去文研所与沈玉成诸位熟人会面。下午樊克政来，湘云来，留晚饭。倦甚。

## 十月二十七日

上午在中国社科院学术中心召开古文字诂林论证会。所邀学者胡厚宣、张岱年、张政烺、任继愈等十来位均到会。任继愈赠自选集，回赠《讲疏》。下午合影后散会。晚饭后，陆灏偕沈昌文来访，谈至九时半离去。

## 十月二十八日

晴冷。午后光远邀至三味书屋参加黑龙江日报召开的座谈会。在座二十余人，熟人仅吴江、邵燕祥二位。李锐赶来会我，饭后与他同返赵家楼，谈至十时许离去。

## 十月二十九日

晴冷，气温下降至零度。上午范用偕杨丽华来，赠书三本，留中饭。午后梅志偕小风来，赠食品三包。人民出版社吴道弘来访。作协张小强来摄影。《瞭望》陈四益来访。沈昌文来，留晚饭。

## 十月三十日

晴冷。上午九时去机场，飞机延至十时四十分起飞。二时抵家即休息。《读书》近期刊载颂胡乔木文，谓其关心知识分子，举吕荧事为例。但据我所知，此乃将陆定一讹传为胡。吕荧生前得陆定一帮助甚多。一九五九年吕来上海，我在淮海路与他邂逅，他与我仅谈到陆定一而与胡无涉也。

## 十月三十一日

晴。沪较京气温高六七度。近来年纪日益老化而脾气日益失控，今后当注意克制。晓明携来杜序抽印本，拟分赠在京诸友，明日交清行寄出。徐俊西与李子云来谈基金会事。杜亚泉曾谓当时文人"以好恶为爱憎，以恩怨为喜怒"。余补充曰，今之文人以好恶恩怨定是非。

## 十一月十日

阴。上午巴金摄影图片展览开幕。下午曾彦修来。清姐来。晚档案馆陈伟、张晖来整理我赠档案馆书信（此次九十四件）。得任继愈函。

## 十一月十一日

阴。撰记郭绍虞先生文。陈伟、张晖来继续整理书信（共三九六件，连前共四九零件）。《左祸》读毕，其中记"大跃进"事，有前所不知资料。

## 十一月十二日

阴冷。加棉毛裤。读梅志赠《往事如烟》。

**十一月十三日**

放晴。继续撰写记郭先生文。档案局陈伟、张晖继续来整理信件（三一九件，连前共八零五件）。下午萧斌如送来托裱信函册页。施亚西夫妇、田建业、杜晓庄来，施送《杜文集》十本。早上可右脸突然肿起，忙陪至医院，检查无碍，始放心。

**十一月十四日**

晴。昨复任继愈函，今寄出。记郭先生文完稿，约三千字。

**十一月十六日**

晴暖。早乘火车赴上虞杜亚泉研讨会，二时半抵上虞，下榻皇冠酒店，见到汤一介、庞朴。

**十一月十七日**

阴，间断有雨。杜亚泉研讨会开幕。上午我与蔡尚思发言。下午会议继续，汤一介、庞朴、张汝伦、王晓明均在发言中有很好意见。唯杜晓庄指摘上虞和大会未将杜亚泉作为伟人纪念，语带情绪。晚上虞诸人索字，写至十一时始就寝。

**十一月十八日**

阴。早上四时即醒。五时乘上虞所派小面包车返沪，同行者有蔡尚思、武克全、施宣圆等。途经一处（尚在浙境），遇公路民警拦截，借口超车，索洋百元放行。此等办法，弊端极多，虽较内地偏远之处如枝山县文明，但无理则一也。午赴姜丕之遗体告别。晚校阅记郭文校样。

**十一月十九日**

阴。陈伟、张晖继续来整理函件（此次共二六八件）。携去赠档案馆照片：二次文代会、十二大、四次文代会、鲁迅百年诞辰纪念会四张全体合影照。得读者周贤能函，即复。

**十一月二十日**

阴雨而冷。小孔携来上虞所摄之照片，即还去上虞乘火车时纪霖代垫之三十元。读《明报月刊》，见有叶永烈赞王力文。此刊主编喜发怪论以惊四座。上午访方行，赠《杜文集》一本。

**十一月二十一日**

阴冷。《文汇》刊出记郭先生文。得琦幸函，得黄汶函。晚中玉、谷融来，同去衡山宾馆访荒煤、冯牧。

**十一月二十二日**

晴。车桂欲报考武大研究生（哲学系）。包文棣来，赠《契诃夫集》（第十卷）、《克雷洛夫寓言》各一本。晚作协宴请荒煤、冯牧，召去作陪。

**十一月二十三日**

晴冷。早陪冯牧去中兴百货购物。冯购得猎装一件、镀银调味瓶一套、照相本二，颇为满意，认为较之北京物美而价廉。我亦购得照相本三本。中午约荒煤来家午餐。得王果函，并剪报。

## 十一月二十五日

晴。早至华东师大培训中心报到，参加中国文艺理论学会第六届年会。江陵黄德泽、姚家松、白少玉亦来赴会。来访者甚多，颇疲倦。午间未能午睡。晚洗澡水不热，加热水瓶水四瓶。

## 十一月二十六日

晴。继续参加学会六届年会。会后中玉、谷融来谈，要我允诺继续担任学会会长。我辞意坚决，彼等留我之意亦坚决。我建议改由中玉担任，不被接受。双方僵持。此种局面实令我苦恼。

## 十一月二十七日

晴。会议继续进行。上午聆听几位青年教师发言。下午我在小组发言，以代替在大会发言。会后与荒煤、冯牧同赴银河餐厅，赴电影界之宴请。

## 十一月三十日

阴。纪霖、小孔、晓明、晓光、傅杰下午来。晚上一起在家吃面。炳秋送酒一瓶。得武汉晚报周忠良长途。

## 十二月一日

阴。早访于伶。得钟沛璋电话。记得五十年代，艾青来沪在新文艺会面，谈及延安整风前，艾曾邀毛泽东对文艺界讲话，毛泽东说："我的话你们听吗？"这也确实是实情。当时毛泽东的文艺意见尚未树立威信。一九四二年延安整风后，情况顿然改观。

**十二月二日**

阴。胡晓明来。昨日所记延安文艺界这一大改变，应究明其原因，以探讨知识分子改造是通过什么办法而取得成效的。

**十二月三日**

阴，寒流抵沪，气温骤降。下午吴国香来谈《学术集林》可在远东出版事。

**十二月四日**

晴。傅杰携来晓明所撰谈话录，夜校改。与瑞金沈医生通电话，约定本周四早上去医院检查。

**十二月七日**

晴，气温回升。得宁波徐季子赠书《文心与禅心》。得张隆溪信，并附所撰文。郦达来嘱为《狮城舌战》题词，乃书："以口才气势胜，不如以理胜。"

**十二月九日**

晴。早偕可去瑞金检查身体。验血时，护士用一次性针管针头，因吸力不足，针头刺入多次而取血不出，乃换用普通针管针头，一次即告成功。新产品多未过关也。

**十二月十日**

晴。下午去作协主持作协与复旦联合召开的纪念郭绍虞百年冥诞会议。发言者甚踊跃，内容亦甚精彩，惜未录音。

## 十二月十一日

晴转暖。邓伟志来，赠所著杂文一本。得周忠祥电话，寄去签名本一册。连日来未能定下心读书，此沪居之缺点也。一者来客太多，二者天冷。但去南方度冬，则花钱又劳神，亦非好办法。

## 十二月十二日

晴转阴。杜序最后一节所谈理念问题尚需补充。这一概念是指一个民族的传统精神实质，它比社会、政治、经济等更具稳定性和持久性。

## 十二月十三日

阴雨，寒冷。早纪树立来，赠他《杜文集》、《夜读》各一。午饭后离去。下午去瑞金，再请黄医生拔去一牙。昨日起开始校阅《论学集》稿。

## 十二月十四日

晴转阴。继续校阅《论学集》稿。近来工作量少，干扰太多。晚阿达来聊至深夜辞去。

## 十二月十五日

晴转阴。早去东方商厦购物。傍晚赴上图与德领馆合办的明信片展览。目前"大救星"歌、样板戏又卷土重来，正在刮起一股崇拜风。八十年代初之理性精神已不复存在。

**十二月十六日**

晴转阴。《文汇报》送来评选文嘱审读，夜读二篇。电视文化茶话栏目称，字体不用简体规范就是违反法制。将开以法治文之端欤？

**十二月十七日**

晴。继续读评选文毕。顾准长女文极动人。萧华荣来，包承吉自美回沪来访。吴国香偕远东杨泰俊、王德峰来谈《学术集林》事，此事可望成功。

**十二月二十一日**

晴，零下三度。前日感冒，即服药，至今未愈。午后田建业送来《杜集》四本。晚九时前即上床。

**十二月二十二日**

晴，零下五度。感冒更重。身体感觉寒冷难支。

**十二月二十三日**

晴。陆灏送来《夜读》五十二本，嘱签名，由他赠送各报。《文汇报》派人送来复制函件四十页，评奖名次及评语，签署后即交来人带回。得程映红来信，并附文嘱代投报刊，即复。将程文寄沈昌文，并附言。《文汇报》嘱为评奖题词，书一联："忧患在史传，至情成高文。"

## 十二月二十四日

晴。午后感冒转剧，卧床。夜得沈医生电话，告知体检结果。张可正常。我的甘油三酯及血糖均超标。约定下周二去瑞金诊治。《证券报》来信邀我当征文评委，辞谢。

## 十二月二十五日

晴。在床上为编《论学集》而校阅各文。夜得沈医生电话，告知验血超标数字。今日圣诞，与可枯坐家中，回想母亲在世时，每逢此日必邀人来共庆佳节。

## 十二月二十七日

晴。耿庸来访。连日读维铮寄来的《清学史》。寄东方、高建平函。读傅杰携来《澳门日报》所载一些青年作者在文论会上发言稿，颇有一定看法。但喜宏观概括，行文求新求洋，此通病也。

## 十二月二十八日

晴。上午去瑞金抽血再验是否有糖尿病。午后蒋丽萍等来。晚傅杰携来沈寐叟年谱。夜读维铮《清学史》。

## 十二月二十九日

晴冷。中玉、罗洛、长天、小温来，送橙二纸箱。上午校《答问》校样。

## 十二月三十日

晴。晚东方台蒋丽萍、史宏等来录像。

## 十二月三十一日

晴。上午陆灏携来《夜读》一百本嘱签名，为明年一月去凤鸣书店签名作准备。午后纪霖来。

# 一九九四年日记

## 一月一日

晴。下午邀晓光、晓明全家及傅杰来吃饺子，共度新岁。傅杰未来。复黄万盛函。

## 一月四日

晴暖。前得维铮寄来他所撰写的清学史稿。今天又得他的来函，对杜序一文资料上之误提出纠正。晚与维铮通电话。将《清园夜读》一书寄北京季羡林、樊克政诸位。又托承义带一批到香港，赠刘述先、陈方正、饶宗颐等。将维铮《答问》寄林同奇、邵东方。

## 一月五日

晴。早承义偕我与可去美心饮茶。陈伟将赵朴初用毛笔宣纸所写的信裱成手卷送来。美姐携宋扬、杨越来。

## 一月六日

晴。上午赴文汇假音像馆召开之会。在音乐馆内不知会场何处，遍寻无着，问人亦均称不知，只得返回。得黄运基来电，嘱为其公司池某介绍上海一些人，（前两年经宗福先介绍，我借可去南方过冬，曾借居黄在白藤湖空房内。）为此类事费去不少时间。得张隆溪函，将《答问》寄张。午后金永华、张珏偕陈思和来。

## 一月七日

阴雨。承义中午返港。将程映红稿《大公无私》寄花城杜渐坤。程在大学工作，曾来信嘱我将他文稿介绍发表。我与他迄未谋面，只是通信关系。得黄运基长途。傅杰来嘱写评语。寄钱仲联老人《清园夜读》一本。

## 一月九日

晨大雾。约沈、包、黄诸位医生去美心饮茶。午后朱维铮、林其锬来访。得罗洛电话通知，陈虞孙谢世矣。陈虞老晚年常枉过，很谈得拢。他患病多年，僵卧床上，不能讲话，也不识人，故很少去看望，如今闻此噩耗，甚觉悲痛。受黄运基之托，晚上等候池某约定打来的电话，直候至十二时未至。此类麻烦，劳力伤神，而黄等对约定之事却漫不经心。

## 一月十日

大雾，全日未散。黄运基友人池等滞留北京，所约之事遂作废。将《清园夜读》寄李锐、夏公、光远、王蒙诸人。陈思和偕许国良来，陈请我为其所编丛书写几句话发表。赠贾植芳书托陈带去。

**一月十二日**

今日午后沐浴时，腰疼病又发作。卧床休息。王北秋来。

**一月十三日**

腰疼卧床休息。今年未去南方度冬。来访者终日不断，干扰甚大，一个多月来读写尽废。

**一月十六日**

阴。昨日阿达来，他伤风咳嗽甚剧，走后我亦感染。李玲璞偕汪寿明来，他们告诉我古文字诂林将于二十日在华师大开会。

**一月十七日**

阴。早纪霖送来所拟《学术集林》约稿单，修改后由他携去付印。《清园夜读》请纪霖转交蒋丽萍、毕敏。在床上为陈思和所编丛书写勘词。得任继愈函。

**一月十八日**

昨晚降雪。早晨见窗外房上树梢积有薄薄一层残雪。傅杰来。得维铮函，谈《学术集林》计划事。

**一月十九日**

冷。又得程映红函，此函先于上一函发出，但因寄至宣传部，反而迟收到。感冒未愈，咳嗽转剧。午后未午睡，去龙华向陈虞老遗体告别。校对《文汇读书周报》送来《勘词》的校样，校毕后电话告陆灏派人来取。


## 一月二十日

晴。早去华师大主持古文字诂林汇报会。得克政函。得程映红函。得张伟群函。张附寄党校所出《文献情报》两本，上面转载了杜序全文。


## 一月二十一日

晴。连日有寒流袭沪。午后去衡山理发。得《上海文化》及《文献情报》稿费各二百元。


## 一月二十二日

晴。感冒未愈，咳嗽加剧，痰塞喉管不得出，甚感气闷。吴国香、王德峰来谈《学术集林》出版问题。


## 一月二十三日

晴。清姐来改善伙食。午后林同华、林榕立来，将高建平、陆晓光稿退回，《学术月刊》主编不用二人文稿。读《书城》叶舒宪一文，竟以为"不温故而知新"，命意在反对知新。又对用西学套用中学作风加以辩护说："套得较为准确、高明的，经过小心的求证而立新，成为学术上的功臣。"又说："援西学套中学是人类学视野引进过程中的必然产物，并不意味着盲目鼓动生搬硬套的狂热做法。"这末句声明尤堪玩味。据林榕立称，叶舒宪年纪不大，现在陕西，曾去欧洲留学云云。

**一月二十四日**

晴。得林同奇函。为《文汇报》评奖事与史中兴通电话，提出未经评委讨论，甚至也未打过招呼，擅将名次排出是很不妥的。下午萧关鸿来。

**一月二十五日**

晴。早去医院检查拍片。午后原周克秘书小余偕华东医院护士长徐秀芳来访。徐要我为其弟徐信德（现在江陵任经委科长）工作事致函江陵黄恭发县长，当即写就交徐拿去。晚阿达来，寄包承吉函。复维铮函。

**一月二十六日**

晴转冷。得东方信并附美国《世界日报》载杜维明文剪报。从此文看来，杜对五四评价与前有较大转变。文中与过去意见相反，肯定了五四的批判精神，同时也批评了中体西用说。这两个问题在大陆学者中已成为学人关注的新的传统及观念。杜在美籍华裔学者中，社会活动较多，在适应环境方面亦较灵活。为在新环境中立足并传播自己之学，往往从策略性出发修饰措词，或作某些思想调整。这种灵活性究竟是好是坏，颇值得研究。倘为了适应环境而伤害原则性则是不妥的。

**一月二十七日**

晴。早上装在洗手间的热水器漏气，喷出火焰，令人惊骇。我为此手忙脚乱，后将煤气总开关关闭，才未酿成大祸。再到各处请人来帮忙，将热水器的煤气管道封闭，而热水器已毁，无法再使用。这个热水器是德国制造的名牌大白兔。这种热水器的喷嘴较细，据说不适用于大陆。除非在装用前先将喷嘴放大。而我们使用的煤气由于不够纯净，掺有杂质，所以原装的喷嘴常被堵塞。我不知道这次事故是出在热水器本身的质量，还是由于过去几次拆卸修理不善所引起的。总之，只得再去另买新的使用。

一月二十八日

晴而寒冷，风力达六七级。感冒仍未愈，中午有阳光，下楼去院中散步，因风大而返。与老姜长女尼娜通电话。

一月二十九日

晴冷。夜失眠。早去八厂为《笔会》瑞华杯评文授奖，见章含之，她也是得奖人，谈话中问及章士钊著述事，她所知甚少。但对章死后房子事十分关注。至于在毛泽东身旁教英语事，则颇津津乐道。中午由《笔会》请客聚餐，饭后回家倦甚。

一月三十一日

阴雨。华师大中文系齐森华、汪寿明送来去岁四季度工资。华师大中文系为设博士点，于八十年代中期未经我同意，即将我报上去。我为华师大中文系培养了五名博士生，三名已取得博士学位，另两名亦将修完课程。但中文系对兼课老师极苛刻，工资要一季一发，而且要等到季度结束以后，有时还忘了，需去催索。而每月兼课费仅二百元，与校内教授待遇相差天壤。这不单是钱的问题，而是对人的尊重问题。〔补记：此种情况在校内，尤其是系内更换领导后，情况已改善。〕得乐黛云信并剪报。

## 二月一日

阴。陈伯海偕徐霖恩来，送橘一袋、乐口福一罐。复程映红函。复罗飞函。

## 二月二日

晕。约钱伯城、魏同贤、李国章、赵昌平等来，谈古籍小组工作。皇甫晓涛来，送火腿一方，托他将《清园夜读》带至大连赠叶纪彬。

## 二月三日

晕。吴亮送来《清园夜读》海天版税 120 千×35＝4 200 元＋印数稿酬 4 200×8％（计 336 元）－税 14％－购书款 150 本（1 102.50元）＝2 910.50 元。上午古籍出版社约至美心饮茶。装热水器，用去千余元。

## 二月四日

阴雨。早得刘俊光电话。刘从加拿大来沪。带来再复问候，托刘带回加拿大《清园夜读》等三本赠赵坚，一本并书法等赠再复。寄公巖夫子长公子健君先生函，请教公巖夫子履历，准备写回忆文。东辰送来礼品。午后《学术集林》在牛奶棚召开约稿人会议。

## 二月六日

阴。张汝伦来谈。

## 二月七日

晴。得罗多弼函并复文。

## 二月九日

阴。今日为癸酉除夕。鞭炮声彻夜不绝。倬如母嘉范夫人约至老饭店吃年夜饭。

## 二月十一日

阴雨。翁思再赠送戏票，往锦江礼堂观京剧折子戏，平平无可观。

## 二月十二日

阴。得相浦夫人信，得文怀沙信。金韫玉来访。拜访徐家裕。

## 二月十四日

阴。乔林来。包含英、杨儒英来。为黎澍遗稿事拟与徐滨通长途，因不知徐的电话号码，先问唐振常，答以不知。再打长途问李锐，李已去湘，再问于光远，于亦不知。此事只得暂时搁置。

## 二月十五日

阴雨而冷。复相浦绫子，并赠《清园夜读》一本，托吴曼青付邮。晚王晓明来谈，托他将《清园夜读》一本带去赠西彦。刘梦溪自北京打来长途。

## 二月十六日

晕。偕可去衡山理发。晚承义请潘其昌至花园饭店晚餐，我与可亦同去。偶见某回忆文记毛泽东不遵医嘱禁食。毛称想吃什么就是人体需要什么。原来人的主观需要与身体的客观需要是同一的。这可视为主观论之一例。

## 二月十七日

阴。前日客来谈，文艺理论年会后，春节前，某局有人往华师大了解年会情况，曾询问：王元化先生有重要讲话，内容如何？

## 二月十八日

阴。早去医院看皮炎。寄相浦绫子信。

## 二月十九日

阴。下午徐俊西邀至他家晚餐。龚心瀚说另有约会，稍坐即去。在座有余秋雨、周瑞金。周拟办人民日报华东版。余秋雨说他在东方电视台曾介绍我的思想，但我看电视时间不多，未见这一节目。饭后丁锡满来。又去丁的新家参观。我是第一次到丁香花园附近这座新建的大楼来，不少熟人均新迁至此处。

## 二月二十日

阴雨。倬如中午离去。晚《解放日报》召饮，设宴于德兴馆，共三桌，均为报人，仅我一人除外。

## 二月二十三日

晴。得周策纵函并附诗文。吴云溥安排在奥林匹克酒店聚餐，参加者有唐振常、蒋文杰、林炳秋等。又觉喉咙不适，咳嗽，服消炎药。

## 二月二十四日

晴。元宵节。上午陪可去瑞金检查并拿药。午后俊西约去参加《上海文化》座谈，在德兴馆设晚宴招待。入夜鞭炮声大作，回家时大院内亦正在燃放鞭炮焰火，噼啪声不绝，人群围观，道路堵塞，只得从后院弯入以避之。

## 二月二十六日

多云。下午许、朱、陆等来谈丛刊事，涉及与办刊无直接关系的一些事，并为报酬等斤斤计较，此非我事前所料到，颇悔此举。

## 二月二十七日

多云。早约束纫秋及其女儿等一家六人，阿贝夫妇、老钱夫妇、李玲璞、孙家晋等去美心饮茶，用去五百五十元。午后觉颈椎病发，影响头疼。

## 三月一日

晴。上海文艺出版社郝铭鉴、高国平、林爱莲及晓明、傅杰来，商谈出版二十世纪关于文化问题百家谈事，即从一百学者中选出每人谈文化问题的具有影响的论文一篇，汇编成集。

三月二日

晴。李子云、赵长天、李小林、徐钤来谈上海文学基金会事。得张隆溪函。

三月三日

晴。郦达来。纪霖偕友人来，邀我为先锋派音乐在商城演出任名誉顾问之类事，婉辞。得饶宗颐函。今天开始去院中散步。

三月四日

晴。应国务院学位委员会嘱写自述完稿，中午以航挂寄出。应乔林之托寄函朴老索字。

三月五日

阴。又患感冒。约纪霖来谈丛刊事。

三月六日

阴。与可、清姐、承义同去植物园，后又去长风公园。得毓生函，并与殷海光通信集文稿复制件。

三月七日

阴。金永华偕张珏来。傅杰来帮助清理藏书。辞谢海南的邀请，退去机票。今天想起现在青年如此粗鲁和浮躁，乃是"文化大革命"留下的后果之一。

## 三月八日

阴。兴康来，将《清园论学集》文稿取走。复毓生信。

## 三月九日

阴。降温。国平来，将据《思辨发微》新编的文稿取去。

## 三月十日

晴转多云。早去瑞金医院，两腋注射转移因子。傅杰来谈将去京组稿事，在座有纪霖、学勤、陆灏等。托傅、陆将《清园夜读》带京赠胡厚宣、楼适夷、王守常、陈平原、邵东方等（带给东方的尚有他托买的《史传通论》）。得张灏函。

## 三月十一日

阴雨。早吴曼青来，嘱她将古文字诂林材料及照片等送金炳华等。托维铮约请复旦诸人为丛刊组稿（计有陈绛、章培恒、周振鹤、葛兆光、张汝伦等）。我亦赶去蓝天宾馆参加此会。晚餐后，八时回家。

## 三月十二日

阴雨。每逢三月上海即进入多雨季节。

## 三月十三日

多云。将尼娜寄来记椿芳在大百科工作情况来稿，托林炳秋带交吴云溥。大象将裱好的周策纵为我所写的条幅带来。晚偕可、义同去影城看戴密·摩尔主演的电影《桃色交易》。

## 三月十四日

晴。黄屏来，留晚饭。

## 三月十五日

晴。王兴康来，将未编入《论学集》稿取走。林其锬来，要我另写题词。寄姚以恩函。

## 三月十六日

晴。得武汉大学校长陶德麟来信。他在信中说，愿为车桂考博士生事帮忙，即打电话告诉车桂此讯。开始重编《思辨发微》稿。

## 三月十七日

晴。午后访文怀沙，孙峻青亦在彼处。文坚邀同去华东医院看望周谷城。周已卧床多年，状颇痛苦。再去衡山宾馆看望刘海粟，被文化局一女干部阻于门外，发生争执。

## 三月十八日

晴。理发。午后清姐偕其外国学生来。陈逸峰来，赠手表一只。孟建柱来。继续整理新编思辨集文稿。

## 三月十九日

晴转多云。复陶德麟，寄赠《文心雕龙讲疏》一本。复罗飞。继续编思辨集文稿，又增加十篇，连前已增加三十三篇。厉群夫妇送饺子来。

## 三月二十日

晴暖。继续编思辨集文稿。托吴曼青复制文稿。

## 三月二十一日

晴转多云。高国平来，将编好的思辨文稿带走。晓明偕楼世芳来，楼送来去岁在上虞开杜亚泉研讨会时所录像带一盒，并赠花一束。复钱理群，同意担任他所编的沦陷区文学大系的顾问。应张德龙所嘱为大夏大学建校七十周年题词。复杨光弼函。（杨原名杨毓瑗，为我青少年时期友伴，解放后在四川任工程师工作多年。）得路翎逝世讣告，即打长途电话吊唁，并托代送花圈。

## 三月二十二日

晴转多云。昨天报载冷空气南下，上海将降温，但今天并不冷，天气预报常常不准。万承厚来，赠台湾所出熊老《存斋随笔》一本。饭后去。今天想到，生活上马马虎虎，凑凑合合，会影响在工作上不认真，随随便便。

## 三月二十三日

晴。上午伯城来。得萧萐父打来电话，说他应华师大冯契之邀来沪。又说冯契中午召饮，邀我也去，遂偕伯城同去。饭后回家时，坐在汽车中，太阳自车窗射入，烤晒在身上，炽热灼人。气候冷暖变化难测。得蒋孔阳函。

## 三月二十四日

晴。去古籍出版社，与兴康商谈《论学集》稿件事。得新那电话，她将家中新改动的电话号码告诉我。为大夏大学建校七十周年题词，书"教泽绵长"四字。

## 三月二十五日

晴有风。沈诗醒送来苏渊雷所赠书法条幅，又赠她本人所撰谈禅的书一本。

## 三月二十六日

晴有风。午后清姐美国学生邀去波特曼住所，再去德兴馆晚餐。

## 三月二十七日

晴有风。学平来。中午晓明来。与汤一介通长途电话。

## 三月二十八日

阴雨转冷。下午纪霖、学勤、傅杰来谈丛刊事。纪霖带来萧萐父函。丛刊集稿略有眉目。共同办刊，前已感吃力，今更觉困难，盖年轻人中间有人不愿做与己无直接利益之事，略加劝诫，则反唇相讥。这是我过去没有发现也没有想到的。

## 三月二十九日

晴。收到三月十八日梁家枢于成都寄来一九九三年世界语刊物《三色堇》第三十五期《PENSEO》，其中有用世界语翻译我的《答剑桥国际中心问》。美姐介绍气功师王万涛、苏豫来。二人不仅会气功，且有近通灵术之表演。余不信此类。

## 三月三十日

多云。为郦达写介绍信给孙刚与金闻珠。嘱吴曼青将《论学集》稿二篇交兴康。得张秀瑰电话，她已自美来大陆。

## 三月三十一日

多云。上午南区邮局邀去座谈。下午秀瑰偕小妹、斌斌来。

## 四月一日

吴曼青来。兴康来，《论学集》稿已定齐，即可发排。昨将致潘重规函交斌斌带港交杨克平转去。得黄裳函，内称："陆灏仍未将尊著送来。前匆匆翻阅一过，深以此种读书笔记为有益有趣，惜近来少有注意及此者。闻《夜读》已成珍本，有读者欲购，必须另购五百元他种书，方允售一本。诚书林盛事也。"

## 四月二日

晴。沈诗醒来。

## 四月三日

晴转冷。复蒋文杰。复读者梁家枢为买《清园夜读》来信。复读者叶礼旋为购《从理想主义到经验主义》来信。

## 四月四日

阴，沈诗醒陪苏渊雷来。档案馆陈伟来。外语学院何寅来。应梅朵之嘱，为影评学会题词，录《文赋》句"谢朝花于已披，启夕秀于未振"以赠之。

## 四月五日

阴雨。档案馆邢建榕来。

## 四月六日

阴。读《陈独秀与中共》一文，陈独秀因中东铁路问题与中共中央发生了分歧。一九二八年七月至八月，他为此曾三次上书中共中央。中共中央责他不要将此三信发表，他不听。蔡和森斥陈独秀这三封信为"向中央进攻"。这是后来把向中共中央写信作为向党进攻的嚆矢，开以后胡风、彭德怀等因上书而被定罪的先声。

## 四月七日

阴。戴鹏海陪同赵如兰来晚餐。

## 四月八日

多云。《读书》载有钱满素、盛洪谈民主问题的文章，不是一般表态性的，也不是喊口号宣泄性的，而是谈学理，今日之急需也。张海珊来谈多时。

**四月九日**

阴。家事令我不愉。

**四月十日**

阴雨。今天的日记是十二日补记。承义昨午离去。人生本多痛苦，何不使生活轻松一些，愉快一些，而偏偏无端生气、争吵、发火使家中气氛变得异常压抑？

**四月十一日**

阴雨。近期睡眠较好，可以不服睡觉药。唯每至下半夜辄醒，再入睡颇不易。读高阳著《清末四公子》。高阳熟悉晚清掌故，但所撰清宫小说，似未见其所长。《清末四公子》一书则颇具才识。陈右铭在湖南巡抚任上行新政，湖南巡抚归两湖总督张之洞所辖。湖南新政得张之洞支持。书中记时务学堂事，述张之洞恳切告诫梁启超说，报上发表过激言论"若经言官指摘，恐有不测"；而报纸将"从此禁绝"。接着，作者论此事曰："平心而论，张不失为有心人，他的中学为体西学为用的主张，折衷古今新旧中外，不失为稳健的救时良策。因为体用之间亦不是纯然不变的；坚甲利兵，只是固为用；但对西学浸染渐深，悉其义蕴，如严复、辜鸿铭等人之书，得以大行，则科学精神能够根植，西学亦不至于为'用'，而为体的一部分了。无奈当时新学家操之过急，乃有戊戌政变的不幸结果。"高氏未将湖南新政与戊戌变法进行比较，只是点到为止，然其识见颇堪注目。

**四月十四日**

晴。早光远来电话，邀至衡山共进早餐。上午古籍出版社李国章、赵昌平来谈古籍出版事。南北朝时中原文化赖北魏孝文帝及北齐得以保存。寅恪论此事甚详。今日中国传统文化多为大陆青年学人所轻，而受到海外学人之重视。此与六朝时代中国文化为汉人所不喜，反得到外人之珍爱，岂非如出一辙？连日睡至半夜辄醒，开灯读高阳的《四公子》，不觉晨曦入窗，未几东方已大白矣。

## 四月十五日

晴。林其锬来，嘱为一九八八年《文心雕龙》讨论会文集写推荐信。

## 四月十六日

晴。傅杰来，交我丛刊稿数篇，待阅。下午胡晓明来，说他已被港大奖学金所录取，将于十月赴港，明年一月返沪。应楼世芳所请，为烙画书匾额。滕德润来做气功。晚将《与友人书》（致张隆溪）改定，交陆灏在《读书周报》上发表。

## 四月十七日

阴。《文汇报》刊出以前交去的《生气灌注》一文。读熊十力书信，其中有云："汉宋群儒，其遗毒甚深，直令夏族萎靡莫振。"又有云："吾国帝制久，奴性深，不可不知。"熊先生此语，其激烈程度不下于当今反封建之激进青年。

## 四月十八日

阴雨。钱鸿瑛将陈来寄至上海社科院给我的信送来。昨夜又早醒。上牙床因带义齿甚痛。

## 四月十九日

阴雨。万承厚来谈熊老信札及稿件事，午饭后返。陈至立因古籍小组拟推动出版近现之交几位大家文集事，约至影城去谈，在座者有龚学平、金炳华。谈毕陈邀诸人共进晚餐，并观电影，夜十一时半始散。为徐勤德、陆剑青书条幅。

## 四月二十日

阴。早应《学林》施宣圆之邀，去《文汇报》馆参加座谈，发言后先返。晚由宗福先安排在衡山宴请黄运基、赵锋强、斗门县委书记等九人。应酬颇疲倦，滕德润来做气功。

## 四月二十一日

晴。连日阅《集林》稿，甚觉疲劳。熊老书信只得暂时放下。得京中电话，约定二十七日去杭，住灵隐中国作协创作之家，拟休息一周左右。离沪在即，需将《集林》稿读毕编好后成行。下午参加上海文艺出版社为筹划编辑中国文化百家丛刊的座谈会。

## 四月二十二日

阴雨。读稿疲倦，以熊十力《尊闻录》为休息，书中批赶时髦者说："不知而信之，惊于其声誉，震于其权威，熔于社会上千百无知之徒辗转传说，遂从而醉心焉，此愚贱卑污之尤。少年志学，宁当尔哉？天下唯浮慕之人最无力量，决不肯求真知。"又，提倡一种"孤往"或"孤冷"的精神与毅力。他说："凡有志根本学术者，当有孤往精神。""人谓我孤冷，吾以为不孤冷到极度，不堪与世和谐。"又致徐复观书中称："知识之败，慕浮名而不务潜修也。品节之败，慕虚荣而不甘枯淡也。"清自乾嘉之后，陈澧、朱一新辈，皆着力阐述治学态度与治学精神，倡导一种优良学风，为前人所忽略，亦未为后人所关注。当时学术界偏重政治之改革，无暇顾及学术自身之问题。康、梁、严复诸人，变法维新之书，世相争阅。陈澧、朱一新之论虽精，关系中国学术文化发展虽巨，但风尚所偏，终为所掩。五四后，学者再拾旧绪，重新关注学风问题者，似仅熊十力一人而已。

## 四月二十三日

阴。约李天纲来，请他考虑修改所交来的文稿。连日读稿改稿，未得休息。梅朵芳藻带他们的小外孙来访，才使我停止工作，舒了一口气。梅朵此来为约去影城发奖也。

## 四月二十四日

多云。读《集林》稿，今日始告一段落。清姐来。《十力语要》说："吾国人今日所急需要者，思想独立，学术独立，精神独立，依自不依他，高视阔步，而游乎广天博地之间，空诸依傍，自诚自明，以此自树，将为世界文化开发新生命，岂唯自救而已哉?"五四新文化运动阵营以外诸学者，多倡导空诸依傍、精神独立之说。这一点似较以西洋为师的陈、胡等人为高，王国维、陈寅恪、熊十力等，皆主张空诸依傍、精神独立，决非泥古不化，墨守传统。观前日所引熊对传统文化之批判可知。又，熊十力于五十年代初与友人论张江陵书中称："学术思想政府可以提倡一种主流，而不可阻遏学术界自由研究、独立创造之风气。否则，学术思想锢蔽，而政治社会制度何由发展日新？"熊老在五十年代有此等议论，足证翟志诚指摘熊十力谄媚当道之说，实属诬枉。学术与政治关系问题，迄今仍在争议。我赞成熊老所谓学术衰弊将影响政治不振之说。激进者则反之。

## 四月二十五日

雨。将《集林》第一辑目录编好。李天纲来，稿已改好，遂一并交吴国香带走。去衡山理发。下午一时去影城发奖，此事无法回拒，碍于情面也。中午不得休息，倦甚。寄童庆炳信，并赠他《夜读》一本。复皇甫晓涛，并将他交看的稿子退还。寄述卓信。

## 四月二十六日

多云。昨天所记当是今天的事。补记几天的日记，多有此误。小施送游五火车票来。明日上午九时四十五分开车。两张票价六十元。

## 四月二十七日

阴雨。早上四时半即醒，洗澡后，八时二十分出发，九时抵新客站。徐钤一直送到车厢。游五是旅游车，有上下两层，我还是首次乘坐，坐在上面一层，沿途可看风景。读傅杰为《集林》组来的姜亮夫文稿。姜在文章中说，二十年代他在清华读国学研究院时，有时曾在课后去王国维家，向王问学。一次他在王的书案上，见有德文本的《资本论》。陈寅恪在国外留学时，于一九二零年也读过《资本论》。这些被目为旧学的老先生，其实读书面极广，远非如有些人所想像。

四十年代我在北平汪公巖老先生家，就看到书架上有不少水沫书店刊印的马列主义文艺理论中译本，那时还未解放。说明他阅读也是很广的。反而是后来的学人，各有所专，阅读也就偏于一隅，知今者多不知古，知中者多不知外，反过来也一样。于是由"通才"一变而为鲁迅所谓的"专家者多悖"了。"进化欤"？"退化欤"？

## 四月二十八日

晴朗。在杭州的第一夜入睡很快，但午夜二时醒来，过了三点钟仍不成眠。今天中午德贞姐来。她是父执辈崔之让叔叔的长女。崔叔叔是湖北同乡，又是父亲的清华同事，小时我们和德贞姐都在清华园，不过她比我大，一直和清姐是好友。现在她孤身一人住在杭州，已退休。丈夫早已离异，无子女。我们留她一起在此晚餐。午后傅杰陪杭大校长沈善洪及金健人、王勇来访。

## 四月二十九日

晴热。将棉毛裤脱下。上午用杭大车与可在杭游览，由傅杰陪同。先去九溪十八涧，我很久没有到此地来游玩了。过去来时还年轻，那时看见这条清澈见底的小溪，十分喜爱，我在北方长大，后来又到了上海这座大城市，从没有见过这么干净、宽敞、不见尽头的汩汩向前流淌的溪水，一时高兴就和同来的朋友，脱去鞋袜，赤着脚在溪中涉水而行，这条溪水的好处在于它曲曲折折、穿过不同的小山丘和树丛蜿蜒前进，大概它命名为九溪十八涧就是这缘故吧。这一次我和张可同来，她不可能走布满碎石的崎岖难行小道，我几乎不敢想，我们可以一起沿着溪水去游览，可是杭大开车的吴师傅很照顾我们的游兴。他说沿着溪水旁有一条道可走汽车，张可可以坐在车上由他开过去。就这样，我走路，张可坐车，一路来到了龙井。中途遇见有好风景，张可从车上下来，我们还一起拍了些照片。经过石屋洞时为了不耽搁太久，略作观赏。在龙井我们找到茶室去饮茶，水用的是龙井的泉水。中午即在茶室对面的餐厅进餐。

## 四月三十日

晴热。上午小满文谦来，一起吃了中饭。午后徐岱来谈浙大文学院邀请事。二时半，再由杭大吴师傅开车送我们去游云栖。这是我很喜欢的地方。

## 五月一日

晴转多云。此次来杭带来了上海档案馆复制给我的熊十力书信，我今天不出去，准备就这些书信，写一短文，但开了两次头均不满意，时间已用去许多，遂作罢。

## 五月二日

晴而晕。全日酣睡，可补过去睡眠不足。早谷斯范来，午后黄育海偕李庆西来，送茶叶二包。晚傅杰偕其新婚夫人小厉来。

## 五月三日

预报有雷阵雨，但至下午尚晴，唯气温有所下降。傍晚访可老同学徐薇，后应沈善洪之邀去杭大晚餐。熊十力《语要》："哲学有国民性，诸子之绪，当发其微。若一意袭外人肤表，以乱吾之真，将使民性毁弃，渐无独立研究与自由发展之真精神，率一世之青年，以追随外人时下浅薄之风会。"此语发自半个多世纪以前，斗转星移，世事沧桑，但此种风习依旧，此实可悲，令人长叹息者！熊十力又说："东方文化其毒质至今已暴露殆尽，然其固有优质待发扬者，吾不忍不留意也。"这些话多为人所不知，以致他被目为一个只知歌颂传统的国粹派。

**五月四日**

晴。早傅杰陪同徐岱、项义华来访，中午被邀至浙大午餐。浙大这部分校址是新建造的，甚整洁。

**五月五日**

晴。午后乘游六由杭返沪。车上遇聂华苓，遂将座位换在一处，交谈了不少时候。上海车站有白桦等人迎候聂华苓，白桦邀我同去聚餐，辞谢。回家后清理来信，傅杰在旁相帮，十时后始返回复旦。晓光来电话告我目加田诚逝世。

**五月六日**

晴。为目加田翁逝世拟唁函二纸，请徐钤用传真发至日本，至深夜十一时半始发出。今日元兆偕承恩一家来访。

**五月九日**

晴。七、八两日未记。下午纪霖、傅杰来谈丛刊事。晚王云飞偕王征为舒同书法集事，邀至花园饭店用西餐。

## 五月十日

鲁迅晚年答徐懋庸曾用了一个不大被人注意的用语："破落户的飘零子弟。"这一说法很值得玩味，可惜他未深论，只是举出几个特点。后来我读杜亚泉论游民与游民文化一文，杜指出知识阶级缺乏独立思想，达与贵族同化，穷与游民为伍，遂形成了一种游民文化。这种人有两面性。一面夸大骄慢，凡事皆出于武断，喜压制，好自矜贵，视当世人皆贱，若不屑与之齿者；另一面则是轻佻浮躁，凡事皆倾向于过激，喜破坏，常怀愤恨，视当世人皆恶，几无一不可杀者。这些话可作为"破落户的飘零子弟"的恰恰注释。

## 五月十一日

晴热。海蓉自荷兰来沪，携莉沙来，吃完晚饭后回她父母家去。她带来不少礼物送我们，莉沙活泼可爱，但很顽皮。

## 五月十二日

晴热。上午偕可去医院，医生为可所开的降血压药，医院竟缺货。得东方来信。

## 五月十三日

阴雨。远东出版社杨泰俊、王德峰、吴国香来谈丛刊丛书事。

## 五月十四日

阴雨。上午去作协，接待泰国僧人作家，赠我佛供（用锡或合金制成?）。下午清姐来帮忙，邀承恩、海蓉来便饭。

## 五月十五日

多云。维铮来，交丛刊稿四篇。朱杰人来谈出版朱子全集事。胡晓明来。

## 五月十六日

阴转多云。致毓生信，致林同奇信，致兴膳宏信。上午参加杨永直遗体告别。看丛刊稿。与维铮通电话。

## 五月十七日

晴。读丛刊稿件。维铮文很好。前在复旦所组稿件中，或与丛刊性质不合，或质量不高，均拟退回。

## 五月二十日

晴。早韩国副教授李宁正来访。读邓红梅博士论文。继续读丛刊来稿。

## 五月二十一日

阴雨。撰写邓红梅论文评语。

## 五月二十二日

阴雨。早与中玉由傅杰陪同去苏州，参加苏州大学钱仲联教授研究生邓红梅博士论文答辩。苏大中文系主任偕钱老助手马亚中在车站迎接。下榻东吴饭店。晚上因蚊扰，睡眠不好。

## 五月二十三日

阴雨。上午答辩完毕。午后由傅杰陪同，与徐中玉、顾易生一起返沪。

## 五月二十四日

阴。上午刘延龄白美来访，中午留便饭。上海社科院为编年鉴，派人来访，借去《夜读》一本。

## 五月二十五日

阴。编辑丛刊。

## 五月二十六日

阴。继续编辑丛刊。王果来，对其嘱看的文章提出意见。谢柏梁来嘱写推荐书。

## 五月二十七日

多云。今天来人不断，电话不断，倦甚。

## 五月二十八日

晴。上午傅杰来。修改他为丛刊写的《经眼录》。傅读书很多，但不大写文章，文字较涩，我改好，交他誊抄，以便发排。下午去《解放日报》参加庆祝四十五周年暨大厦落成典礼。回家途中在商店购汗衫一件，因钱未带够，向驾驶员老甘借了数十元。自张可病后，生活事均需自理，但我不擅于处理家务，常为此感到困窘。晚高国平来签出书合约。

## 五月二十九日

晴。钱伯城来，为审定《传世藏书》书目，邀我去午餐，在座十二人。晚腰痛病发作，动作困难。

## 五月三十日

晴。腰痛甚剧。张军与张玺来谈炎黄文化事。郑传理送来吴岩文校样嘱看。钱钢来说，他到凤鸣书店购买《清园夜读》，需购书满五百元，但可讲价钱。钱仲联著作，需购书满三百元云云。傅文彧医生来推拿。《收获》宴请日本客人要我参加，因腰痛辞谢。

## 五月三十一日

阴。吴国香来谈丛刊发稿事。胡晓明来代我为皇甫晓涛写评语，应北图之邀拟向读者推荐书目。复东方电台，辞谢海外博览六月召开的座谈会。

## 六月一日

晴。孙树棻来。李子云来。发传真给余英时，请他交远东出版《钱穆与中国文化》，即得余的传真复信。

## 六月二日

晴。上午傅翔来，略坐片刻突感不适，匆匆告辞而去，未几开大楼电梯的阿姨来说，傅翔下电梯后，双脚突然不能行走，要我快去看。我向他提出找小吴开车马上送他去医院，他不肯，执意要回家去。午后傅医生来推拿。

## 六月四日

晴。丛刊稿拟选熊十力《存斋随笔》大生命部分，即嘱吴国香去复制。王震坤拿来为丛刊设计的封面，不够理想，嘱他再去设计。杨文芳来告傅翔已住进医院。得林毓生函。

## 六月五日

多云。将北图索写专题书名目录寄任继愈。

## 六月六日

多云。中午约海蓉、小秀、秀瑰、小妹全明苑餐厅午餐，用去六百余元。得余英时传真。东方编译所送来西瓜等瓜果。得李欧梵电话，约定明后天中午来。傅医生来推拿。

## 六月七日

阴雨。许子东陪同李欧梵来访，中午留便饭。李赠我《狐狸洞话语》一本。

## 六月八日

阴雨。得余英时以特快专递寄来的信和文章。

## 六月九日

阴雨。傅杰来，嘱他去复制余英时文。读余文，发传真给余英时、毓生。


## 六月十日

阴雨。午后应吴云溥之邀去百乐门聚餐。在座有唐振常、蒋文杰、何满子、郑拾风等，约二十余人。席间谈及萧乾，颇多微词。


## 六月十一日

阴雨。吴国香来，又带去丛刊稿二篇及改定目录。至此丛刊稿除一篇后记外，全部已齐。连日读稿甚倦，昨日被邀去参加东辰董事会，辞谢不赴。


## 六月十二日

阴雨。刘祖慰来。请他将丛刊将发表的辜鸿铭文章中的两句拉丁文带回去翻译。


## 六月十三日

阴。今日始下楼至园中散步。杨丽将余英时《水上鳞》一文拿去复制。徐俊西来邀我任《上海文化》顾问。傅医生来推拿。


## 六月十四日

放晴。半月来睡眠一直不好，往往半夜醒来，看书至天明。致余英时函，致杜维明函并附丛刊卷一目录。王震坤来谈丛刊封面设计。高国平将封面设计稿拿去。

## 六月十五日

晴。寄以下诸人征稿函并附丛刊卷一目录,计有:张灏、饶宗颐、刘述先、兴膳宏等。朱学勤来,说他在京主编《生活》杂志,月薪五千元。他征求我意见,我本想劝阻,建议他专门治学。但他说,他久想掌握一刊物,言谈中表示他意已决。我就不再说什么,只劝他勿将上海位置完全辞去,以留后路。现在不少中青年在目前风气下,为改善生活而放弃学业,甚为可惜。

## 六月十七日

阴。早杨晓敏来,代替吴国香任丛刊编辑。去医院检查,可血压较低,情况甚好。我心动过速。高国平携排样来。

## 六月十八日

晴热。得钱仲联信及亲手抄录的沈曾植未刊遗文十二篇。即复信致谢。

## 六月二十日

晴。夜房延军来,将修改稿过录交他带去。下午去康办,应陈沂之邀座谈炎黄文化。傅杰来,嘱他代复二函,并去苏州访钱仲联。

## 六月二十二日

阴雨。早杨克平来送鸡汁一盒。得钱仲联来信。他说沈寐叟遗文仅存钞件,已无原稿。即告诉傅杰不必再去苏州。

## 六月二十四日

晴热。作协通知月底将召开辛笛创作六十周年纪念座谈会，书四字以贺。早拟写《思辨随笔》序文。徐振中携校样来。

## 六月二十五日

晴热。温度在三十六度以上，工作暂停。观电视台播放《赵氏孤儿》。古籍出版社李国章、赵昌平来谈。

## 六月二十六日

晴。《解放日报》刊出房延军所写访谈录，并近影及题词。

## 六月二十七日

晴热。小秀陪同海蓉携莉沙来辞行，说即将回荷兰。为王辛笛创作六十年题词，并写贺信。

## 六月二十八日

晴热。打开所有窗户，衡山路上载重卡车通宵不绝，呼啸而过，如地裂天崩。一夜难成眠。

## 六月二十九日

晴热。早去作协参加辛笛创作六十年座谈会。晚震坤将封面样送来。今天上海热极，超过三十八度，为全国之冠。开空调。

## 六月三十日

晴热，气温持续在三十八度以上。继续撰写《思辨随笔》序文，一小时后停止，天气实在太热也。晚章培恒偕其弟子邵毅平来。邵在韩国蔚山大学执教。章交来为丛刊整理之陈寅恪批注《高僧传》文，又将上次寄错之博士生论文取回。小吴将丛刊封面设计图取去。

## 七月一日

晴热。气温持续在三十八度以上。夜傅杰偕陈引驰、杨扬来。电告胡神奇，东方明珠广告公司赞助杭州举行的国际文化研讨会。夜观台湾电视片《包青天》，此间连此种片也拍不出，可叹。

## 七月二日

晴热。仍持续三十八度以上，唯入夜热稍减，将谈国外莎剧评论文寄《文艺研究》袁振保。吴曼青拿来台湾书林书店出版的《文心雕龙讲疏》及《思辨发微》各一本。

## 七月三日

晴。自昨日起有东风，热稍减，但仍在三十五度以上，继续写《思辨随笔》序文，觉笔涩，腰痛初愈，不敢工作太久，三小时左右即停。夜胡、傅二生来。

## 七月四日

晴。继续写序文。

**七月五日**

晴。继续写序文。得林焕平来函，要我为他写字。

**七月六日**

晴。早徐汇邮局陈立新、费雄来访。继续写序文，进展极缓，每日工作二小时即停止，天热只得如此。

**七月七日**

晴。久未降雨，有干旱之象。上午施漠海、尤休来。罗洛、叶辛来。下午钱建群偕市委研究室李虹鸣、徐海鹰、徐文一来谈上海文化发展问题。晚孙琴安来还书，坐至九时半始去。来人不断，全日未写序文。

**七月九日**

晴。久旱不雨，草已发黄。早徐振中携发表在《探索与争鸣》上的文章校样来，马上校阅，改好即交徐带回。寄台湾书林书店老板苏正隆《清园夜读》一本，并附便条。晚起风。

**七月十日**

晴，热稍减。得《学人》稿费七百九十元。赵坚来辞行，他明天回加拿大，带去书三本。

**七月十一日**

晴转凉。得《文艺研究》来信，说寄去谈国外莎剧评论稿即发。

## 七月十二日

晴。又将谈国外莎剧评论稿五篇寄《文艺研究》柏柳，补入以前寄去之文内。

## 七月十三日

晴，稿寄张启承。

## 七月十四日

晴。得林毓生传真。发给余英时的传真，一直未发出。晚柏山女小桂偕小梅来，要去书一本。为《学术集林》写编后。

## 七月十六日

晴。编后完稿，交邓传理拟先在《新民晚报》上发表。

## 七月十八日

晴，热稍减。胡、傅二生来。陆灏派人来将《思辨随笔》序文拿去，拟先发表在《文汇读书周报》上。凌晨三时前醒来，即打开电视观看世界足球冠军决赛。

## 七月十九日

晴。《思辨随笔》校样阅改完毕。得余英时传真。即将他的序文传真给他。

**七月二十日**

晴。上午去古籍社研究《学术集林》繁体字校对问题，拟请古籍出版社校对组帮忙，远东出版社无校对繁体字力量。得毓生传真，他的序文要延至二十一至二十二日写好寄来。高国平来将《思辨随笔》校样并序文取去。

**七月二十一日**

晴。李虹鸣送徐海鹰所记谈话校样来。校读古籍出版的《清园论学集》校样，倦甚。

**七月二十二日**

晴。报载连日有彗星碎片撞击木星。晚傅杰偕郝志东、孙中欣来访。小许、小孔来，借给我艾培书一本，其文拙劣，无法卒读。

**七月二十三日**

晴。今日大暑。继续校读《清园论学集》校样。张耀伟来商谈其叔父张尚德（台湾达摩禅学院）八月中旬访沪事。晚将此事告诉林炳秋，请他考虑上海社联是否可以接待。

**七月二十四日**

晴。继续校读《清园论学集》校样。戴文葆、钱伯城来，邀去附近方园小馆晚餐。夜龚心瀚来谈四库全书续编事。

**七月二十五日**

晴。将邓红梅博士论文评语及悼目加田诚二文合在一起，冠以

《短札二篇》交刘芭带至晚报发表。夜龚学平应我之约，来谈上海文化发展问题，约定下月初与陈至立、金炳华等一起会面商谈此事。

## 七月二十六日

晴。傍晚微雨即止。钱钢来。他写好评《清园夜读》一文，交我转报刊发表。读后觉得写得不错。

## 七月二十七日

晴。山东《大众日报》柳君嘱写"齐鲁文化"四字，又为柳本人书一条幅。《清园论学集》校样，今日全部校毕。得余英时寄来他为自己的书所写的序文。早《人民日报》章世鸿来，请他将《清园夜读》一本交王若水。

## 七月二十八日

晴。下午去《劳动报》参加该报成立纪念会。陈沂突然责我在《探索与争鸣》所发五点答记者问，是将企业家的劳绩一笔抹煞，两人发生争辩。晚约朱维铮、章培恒、李国章、钱伯城等去衡山座谈。想听听他们的意见，以便八月一日和陈至立、龚学平、金炳华谈话时提出。

## 七月二十九日

晴。连日睡眠不好。得毓生为自己书所写的序文。他分头寄来，但传真与特快专递同时到达。

## 七月三十日

晴。中午突然大雨，雷电交加，顷刻即止。发传真给毓生，为他写的序文修改事。余英时为他的书所写的序文由特快专递送至。陆灏来，傅杰来。今夜未服药，睡眠正常。

## 七月三十一日

晴。发特快专递给毓生，建议他删去序文中的第二节，征求他的意见。纪霖、傅杰来。

## 八月一日

晴。继续撰写《论学集》序文。下午按约定去银都与陈至立、龚学平、金炳华谈上海文化发展问题。我提出希望市里拨款支持出版一批有关文化的重点书籍，陈至立表示支持。晚上在银都进餐后，一同观看电影。约十一时回家。连日睡不好，又服药。

## 八月二日

晴热。继续撰写《论学集》序文。晚晓明来，谈至十一时始去。

## 八月三日

晴热。继续撰写《论学集》序文。全日来人不断。吴正陪同唐金海来，邀我担任唐所编丛书顾问，晚饭前离去。蓝瑛、李利陪同蓝石全家来，赠酒一瓶。车队老李代人请托写公司匾额，写好交老李拿去。

## 八月四日

晴热。《文艺研究》寄来谈国外莎剧评论一文校样，今天校读完毕，以特快专递寄去。林炳秋携来上海党校情报文献转载《大地》所刊曲辩之文。此文声称所谓"理论权威"并不左，未整过人，为人厚道，云云。皆妄辞也。写此文者人品学品均好，但以个人印象与感情定人之高下，遂发此不通之文。

## 八月五日

阵雨。继续撰写《论学集》序文。

## 八月六日

晴热。早邓传理、严建平偕报馆摄影记者来录像。寄致余英时信，并附载有余文之《周报》。清姐来。赵丽雅寄来《读书》第六、七期各一本，载有章怡评论将科学方法引入文论的文章，其观点与我在《思辨随笔》序中所论暗合。

## 八月八日

台风将袭沪，全市作种种准备以防巨风酿成灾害。继续撰写《论学集》序文。

## 八月九日

台风未如预报之猛烈。继续撰写《论学集》序文。

## 八月十日

台风仅系边缘扫过，幸未成灾，下午去龙华与张尚德一行座谈，晚即在龙华与张等聚餐。座谈时竟有人许张师南怀瑾以讲座教授之聘，并说明正如昔日聘钱穆为讲座教授一样的荣誉称号。（其目的仅为了求得南对学校的巨额捐款。）我认为不应以钱决定一切，批评了许愿者。冯契亦表示赞同我的意见。

## 八月十二日

燠闷。参加《上海滩》七周年庆祝会。

## 八月十五日

台风又回转袭沪。气压低、湿度大，燠闷令人不爽。自述即《论学集》序文完稿。写此文过程常觉笔涩，《文赋》所谓"六情底滞，思轧轧其若抽"即指此也。士衡此篇以"竭情多悔"或"率意寡尤"两种相反情况，来说明写作通塞之道，虽千百年未变也。

## 八月十六日

仍热，有风，较前气畅。中午傅杰来协助安排发《集林》卷二稿，拟定目录毕。与京中张政烺通话约稿。未几晓明接踵而来，一同在家晚餐。

## 八月十七日

有风。晚 Brown 约至国际饭店晚餐，又去金门饭店旁饮冰，此店出售由美运来的冰激凌，价甚昂。

## 八月十八日

有风。晚请比利时柯尔考夫夫妇及其子在南伶吃晚饭。八九年参加在荷兰、比利时举行国际笔会时，曾到他们家做客，受到热情款待，这次算是"还情"的意思。

## 八月十九日

阴。小吴、傅杰来谈《集林》事。远东预支二千元，已用去一千多元，发票交小吴。

## 八月二十日

阴。据过去有关文章及《论学集》序，为《收获》写自述，得三千言。得王若水信即复。寄唐棣信，祝她结婚之喜。

## 八月二十一日

十七号台风袭沪。魏绍昌来信为孙逊索字，按其所嘱，书"逊志时敏"付之。得毓生传真。朱学勤深夜来谈，言办刊不易，人事问题尤难处。此本意料之事，前时无法直言相告也。

## 八月二十二日

台风尚未过去。得《东方》杂志，载有刘东文，责我对毓生不理解。

## 八月二十三日

放晴，天气又转热。连日休息。

## 八月二十四日

晴热，早偕可去瑞金作常规检查。读马一浮致熊十力函，有佳句，亦有迂腐之见。办学不务实，多玄远空言，结果熊培养出人才，马则殊少建树也。

## 八月二十五日

晴。读黄裳《河里子集》，其中观点有与我相合者，黄文早出，当时未见也。

## 八月二十九日

晴热，开空调。小吴来，傅杰来，共同处理《集林》事。吴曼青来，嘱她将序文交兴康。得新出《二十一世纪》，其中崔之元文排头一篇，对"大跃进"再估价，认为有积极因素。夫饿死国人千万，有何积极因素？理论空谈也。

## 八月三十一日

晴。早去古籍出版社与李国章、赵昌平、高章采等座谈。谈到四库续编，我仍是老意见，谨慎操作，认真论证。谈近现代丛书事，编王国维、章太炎全集，古籍由赵昌平、高章采负责，一、二编辑室具体操作。

## 九月一日

有风转凉。傅杰陪同桂遵义来访，谈编辑王国维全集事。华师大历史所从事王国维集外文字收集工作，已近十年，吴泽主持其事，桂遵义是史学所负责人。桂带来吴泽赠送的书一本，桂本人亦赠送一本。午后，拟定著述目录，准备交兴康，附于《论学集》后面。连日为出版近现之交学者文集事，与出版界商谈频繁。


**九月四日**

晴热。上午小吴、傅杰、陆灏来同发《集林》二卷稿。夜请卢志杰同去观看京剧《杨门女将》，戏票是李炳淑所赠。炳淑、方小亚均称职，王梦云之佘太君则嫌火爆。


**九月五日**

热。书房空调无法打开，移至餐室，开电扇工作。读佐临文集，见解平平，竟以《讲话》中的五个"更"字，作为写意艺术的特征，倘非门面语，则对写意未必真有体会也。


**九月六日**

雨转凉。晚去锦江参加宴请日本笔会成员晚餐。


**九月七日**

晴热，又似炎夏。晚香港九仓电视公司苏永权等三人来拍摄电视，至九时后始离去。甚倦。


**九月八日**

晴热。陈昕来谈上海人民出版社出版章太炎全集事。赴伯城在衡山饭店宴请。市委办公厅送来内刊上载我对文化工作所提的意见。

**九月十日**

晴。苏永权来补摄镜头。

**九月十一日**

晴。晓明全家来晚餐。

**九月十二日**

晴转凉。得小缪电话后，为准备古籍小组开会事给各有关方面打电话，几无暇时，倦甚。晚未去天蟾观（卢萍赠票）演出。过劳，夜不成寐。

**九月十三日**

晴。今天古籍小组在华师大开会，会开得还好。会上有人对我说："你昨天的电话一定打不完，忙坏了罢？"

**九月十六日**

晴。早去龙华参加吴建的遗体告别。

**九月十七日**

晴。王征和姐姐盛小宁来。读《文学报》头版头条转载王蒙答广州某报记者问。答问中为负面现象辩护说，如果用今天和计划经济时代比，就不会加以责备了。

## 九月十八日

晴。赠王兴康、高国平各月饼一盒。赵启正请人送来月饼。

## 九月二十日

阴。回忆青年时期曾与满涛争论托、陀优劣，我曾举《安娜·卡列尼娜》书前题词引《圣经》"申冤在我，我必报应"，认为这是全部小说的中心主旨。满涛大不以为然，但他提不出充足的理由反驳我。其实作品中的主题，有时并不在于作者有意识地去表现什么观念。海涅说："一个天才的笔往往超过他暂时的目标以外。"海涅以《堂吉诃德》为例，他说塞万提斯只是要用这部书来代替当时教会对武侠小说的禁令，结果却创造了一个伟大的艺术人物。老舍的情况也是一样。陈西禾和我谈话时，曾幽默地说道："老舍在解放后写的作品都表现了一个主题，这就是新社会比旧社会好。"不错，老舍的作品确是企图表现这一思想。但是，老舍作品中的主题思想决不可以简单地用"新社会比旧社会好"这种观念来概括。为什么？因为作品的主题，并不在于作者要表现怎样的思想，而往往是不知不觉从作品流露出来的那些东西。例如，作者如何去对待他所要表现的生活，如何去对待他所要表现的那些人物。作者对生活对人物的态度和理解，是经过日积月累长期在生活实践中所形成的。所以要分析作品的主题思想，不是简单地根据作者的意图，而是要根据他在作品中自然而然流露出来对生活对人物的感情和态度才能加以掌握。现在回过头来，再看看《安娜·卡列尼娜》，我在青年时代用书前题词来概括书中的中心主旨，可以说是一种机械观点。可惜满涛已无法知道我现在的看法了。

**九月二十二日**

晴。中午，刘琼、狄梵邀我和可至红房子吃西餐。蒋星煜为出书要求出版社补助事来谈。建议他向出版局（有此种款项）申请。

**九月二十三日**

阴雨。王征来。晚蓝云偕汪芜生来。汪赠送他的艺术摄影集一本。

**九月二十五日**

晴。李锐前几天来沪，今天通电话，他邀我同去申申饭店由阎明光招待的晚餐。饭后偕李锐一起回到家中，谈到深夜。

**九月二十六日**

晴。晚赴战略与管理学会在锦沧文华举行欢迎澳工党领袖霍克之酒会。见澳驻沪领事，此人华语极佳，知识亦丰富。

**九月二十七日**

晴。偕可与义去杭州。先住杭大老专家楼。专家楼刚装修好，油漆未干，散发出特有的香蕉水气味，遂迁至新专家楼六一六号。午后游览满觉陇，过去曾来此处，觉得环境幽美，但此次适逢桂花节，游人如织，垃圾遍地，喧嚣嘈杂之声不断。桂花虽然在盛开，但游兴已败。

**九月二十八日**

晴。天朗气清的杭州十分可爱。早去曲院风荷，我从未到过此处，还是第一次来观赏。据说乾隆到杭州曾在此游览，不过现在的曲院风荷不是那时的旧址，而是新开出的。曲院风荷林木茂盛，绿树成荫，不过池中荷花已谢，只留下一些硕大的荷花残叶铺盖在水面。其间偶或还点缀几朵洁白的睡莲，它们是那样娇小柔嫩，给人一种弱不禁风之感。杭州严禁砍伐，树木保存得极好。曲院风荷的池水与西湖相连，微风吹过池塘，水波荡漾，远山如黛，令人赏心悦目。晚上黄育海邀去晚餐。

## 九月二十九日

晴。气候宜人。早上杭大钱老师陪同乘车至天竺，无景可观，庙宇亦未修复。据说上天竺景色不错，可是山路崎岖，我们恐怕上不去，只得作罢。改路至茶叶博物馆，门口悬有沙孟海所书匾额，苍劲饱满，不似平时所见显得有些枯涩，可算得上是沙老书法中的精品。茶叶博物馆可供参观的展品不多，但在那里饮茶却是一种享受。一杯用泉水泡的龙井新茶，色清澈碧绿，味清冽甘美。出茶叶博物馆再去龙井，留下午餐，用去四百元，价昂而无味。

## 九月三十日

晴。早在杭大演讲中国文化问题，听者是中文系的教师及研究生，约三十余人。演讲了两个多小时，反应平平。午后郝建明邀去西子宾馆，他和几个友人下榻该处。此处原称汪庄，为政要休憩之所，如今开放招待游人。西子宾馆滨湖，风光美丽。沿着湖边修了一条石块铺成的小道，长达里许。在此散步，远离市嚣，湖光山色，尽收眼底，使人有一种和平恬静之感。天色渐渐暗下来，晚间西湖对岸的点点灯光映照在湖面，随着水波而跃动，似乎给人带来了一股生命气息。

## 十月一日

晴。任平与俞虹来陪我们再去游览曲院风荷。今天是周末，杭人纷纷出游，我们乘车至曙光路，见车辆堵塞，虽自行车亦无法通过。承义陪张可先返住所，任平、俞虹则陪我步行，拟从山径小道往回走。我们经过了紫云洞，再经过黄龙洞。爬山过岭虽然并不险峭难行，但因年龄关系，感到十分劳累。途中路过黄宾虹纪念馆，进去参观，馆内所藏作品很少，浏览一过，匆匆离去。

## 十月二日

晴。早由吴土法陪至云栖，门口下了车，在竹林山径上漫步，行至山上茶座处，不慎伤腰，即返专家楼卧床休息。

## 十月三日

阴。早汪子嵩来访。下午一时半去车站，三时开车，六时许抵家。沿路因腰痛，行动不便，由承义与傅杰扶持而行。家中积来信一束，报刊一叠。其中有加拿大邀请函。

## 十月四日

晴。魏承思来。胡晓明来。由晓明代笔写一信交魏承思。嘱魏返港后持信与九仓电视有限公司交涉。这个公司来拍摄电视后，一去无回音，所承诺之事全都抛之脑后。电视台作风率多类此，以后再不愿与之发生关系。国庆《周报》有篇文章引某著名散文家的话说："不经过雕琢的文笔不能成其为文学的作品，正如不经过雕琢的大理石不能成为艺术品一样。"但是我还是相信陆游诗中说的"功夫深处却平夷"。外国作家中，我还是喜欢不事雕琢的契诃夫式的朴素文笔。刘勰虽以雕龙名书，但他也并不赞成刻意雕琢的文字，而推崇自然之美。所谓"云霞雕色有逾画工之妙，草木贲华无待锦匠之奇，夫岂外饰，盖自然耳"。所以《文心雕龙》一书倒是反对"饰羽尚画，文绣鞶帨"雕藻浮艳的倾向。

## 十月五日

晴。早柏彬、钱钢来，帮忙整理照片。得吴正信。

## 十月六日

晴。请大象托小张打字，复加拿大之邀请。交加拿大之会论文题目拟为：*The Sense of Harmony in Traditional of Chinese Culture*。吴曼青将《论学集》二校样送来，共七百余页。钱钢来代写信，一给李玲璞（复潘），另一给蒙默。

## 十月八日

晴。晓明陪其母来，留晚饭。萧华荣来。复加拿大开会函小张已打好，由大象送来。

## 十月九日

阴。读维铮《訄书发微》。文中称太炎办《国粹学报》乃是效法文艺复兴。又称，清人考据具有以史治学的眼光，可破经书神秘或神圣之见。

## 十月十日

阴雨。《论学集》校样由吴曼青带给兴康。填好加拿大邀请的回执，平信发出。

## 十月十一日

有时有雨。许多人提笔为文往往先考虑海外学术界有什么新的观点，但我所做的却是考虑我们有哪些流行风习需要在自己文章中谈一谈。

## 十月十二日

放晴。上午去医院抽血检查，顺访美姐。下午李子云、赵长天、程德培来谈读书俱乐部事，嘱写招牌。钟国元偕小敏夫妇来，为小敏工作给丁法章打电话。

## 十月十三日

晴。远东潘龙杰带来《集林》上次发给编辑部的稿子两包，其中贴了不少标签，都是审读时提的意见，嘱我考虑。又送来《集林》样书十本，印刷尚佳，但编辑处理存在不少问题，需再与杨泰俊谈。胡、傅二生来，留晚餐。未几陆灏亦来，谈起柯、黄笔战。柯云其文应与黄文同样规格，倘再发黄文，则他的文章亦应再发。如此斤斤计较，针锋相对，仅仅为了赌气而已。

**十月十四日**

晴。凌晨醒来想到《集林》事。我名为主编，实为初审。经我定稿后，还至少要再过三次堂，且同一问题也需回答三次。编辑技术处理极差。只有妥协，办法是按照潘龙杰意见，印一出版说明，由他执笔。早上晓明打来电话，为脉络二字说了许多话。满子夫妇金婚纪念在七重天设宴五桌，与可同去赴席，以表庆贺。

**十月十五日**

晴。为上海书店成立四十周年题词。为程德培书"新世界文化总会"及《文学沙龙》写招牌字。为滕德润书"率志委和"四字条幅。《光明日报》载季羡林文章，文中谈到金岳霖为收购文徵明画而检讨自己，颇可参考。

**十月十七日**

阴雨。远东诸希强来告《集林》未能及时装订好，明日可送来。林其锬将上海书店俞子林所索题字拿去。得《中国文化》创刊号及刘俊光来信。

**十月十八日**

晴。气候转凉，加衣。诸希强送书来，匆忙装订，因潮湿书脊不平整，只取几本作样。杨晓敏来，嘱看出版社所拟的出版说明。嫌文字繁琐，观念刻板，有八股气，要其改写。

**十月十九日**

阴雨。为冯契八十寿辰用毛笔写贺词，腰痛未愈，影响握管，拟再写。午后去牛奶棚餐馆，远东在此为《学术集林》举行首发式。

## 十月二十日

阴雨。下午应杨金福之邀去虹口国际影院，观国产电影《红尘》。

## 十月二十一日

晴冷。加衣。上午盛英来嘱为舒同书法集撰序文。《人民日报》将于舒九十寿辰时出一版专刊，需二十日前交稿。王震坤携来封面设计稿，可定。去上音分院参加沈知白纪念会，临时被邀发言。沈是颇有修养的音乐理论家，文学造诣亦深，惜少为外界所知。五五年反胡风后，沈不避嫌疑，时来走动，相谈甚得。如今这样的人物已不多见了。晚去机场接毓生、祖锦，至文艺会堂晚餐。

## 十月二十二日

晴。下午在文艺中心参加毓生与中青年学者座谈。晚在明苑宴请毓生夫妇全家。

## 十月二十三日

晴暖。上午萧华荣来。下午徐怀玉为其画展索文，未允，以题词代之。傅翔来电话说周六返美。杨文芳送来两株铁树。黄育海来电话。

## 十月二十四日

晴。下午偕可同去参加毓生在社联作演讲。演讲很好，可惜前天在文艺中心座谈的中青年多未来参加，不知是不是因为座谈时毓生的直言使他们不快。晚杨泰俊设宴招待。晚间已过十时，突得潘龙杰电话，坚持《集林》登出版说明外，仍将删改书稿。我责他食言，他诡称我上次听错了他的话，引起争执，以至大吵。[补记：潘之为人甚正派，后来我对他理解较多。]

## 十月二十五日

晴。上午未起床，邓伟志即赶来，遂匆匆梳洗，饮牛奶一杯，即与他同去化工学院，参加由他主持与浦东合办的社会发展研究所的会议。会上接受了顾问聘书，并作了简单的发言。下午傅杰与王焰来。兴康携校样来谈，因有若干处需改动原文。徐钤来将签名携去。郑建明与杨小龙来。黄屏来。忙忙碌碌过了一天。

## 十月二十六日

晴。陈敏之来，赠贵州新出《顾准文集》一册。又要了一本赠毓生。此书得以出版是我托晓明与贵州人民出版社接洽的结果。新版补入谈民主问题两篇。这两篇好文章是不能少的。此书是作者以笔谈方式写给兄弟的信，未想到发表，所以有些话说得很随便，不可据以作为深思熟虑的思想看待。也有些针对性极强，恐怕读者不易明了。现在读者多半贪多求快，囫囵吞枣，不擅细嚼慢咽。但精彩的地方却往往隐在一些细微处。我担心真正理解顾准的恐并不太多。顾准沿袭前人之说把中国传统文化称为史官文化，承袭五四以来的一些固定看法，这是他的弱项，不像在别的问题上，坚持独立思考，以求真知。恐怕许多思想激进的人，将会在这方面谬托知己，引顾准以助己说。

**十月二十七日**

晴。得加拿大张志业传真，嘱我将交大会的论文速寄，以便在开会前发表在他们主办的刊物《文化中国》上。

**十月二十八日**

晴。翁思再来，鼓励我研究京剧，代我购买录音机一架，二百五十元。又送来一些京剧录音带。

**十月二十九日**

晴。傅杰来。本已约好今天我和他以对话形式整理一篇文章，但他未准备好，只得延缓。傅艾以偕李正廉来访。

**十月三十日**

晴。昨拟将交加拿大会议的论文以特快专递寄给张志业，但邮局无海外快递的业务，退回。王雪瑛来送花一束。

**十月三十一日**

晴。由徐钤陪伴，先看望罗洪，吊唁朱雯逝世。再去看望罗荪。致王北秋信。将交加拿大之文稿传真给张志业。当即得到传真复信，说传真文稿不清晰，望以最快邮件寄去。

**十一月一日**

晴。将稿传真至美，请毓生再传真至张志业。如此周折，使人增加麻烦，浪费不少时光。

## 十一月三日

晴。多日未雨，天旱，报上通知防火灾。晚去兰心观文娟与潘俭之的京戏。奚中路的八大锤尚佳，但少韵味。现在武生多以技巧为重。昔日杨小楼式的戏味已渐绝迹矣。

## 十一月四日

晴。傅杰来准备进行对话并拟稿，中途被来人打断。傅杰带来庞朴信，与庞通电话，谈他信中提出的事。庞云此信已压下多日。

## 十一月五日

晴。早杨泰俊邀请我与汪道涵至静安宾馆共进早餐。傅杰再来记录对话稿，又被来人不断所阻。叶笑雪偕徐文堪来。王征及其公司助手来。高国平送来我托他代购的《思辨随笔》八十本。

## 十一月六日

晴。傅杰估计今日来人必多，改在明日来。但竟日无人来访。

## 十一月七日

晴。傅杰来记录对话，自上午九时至下午六时（除去中午用饭，饭后休息，以及下午去楼下院内散步之外），共工作了六个小时，记满七张纸，约五千言。这次口述尚通畅，未费大力，略事整理即可成文。

## 十一月八日

晴。继续由傅杰记我口述，至十时半完工。傅午饭后返校，约定整理记录稿于后天送来。得毓生电话。

## 十一月九日

晴。毓生来传真云稿已收到，即转张志业。热水器又坏。傅杰提早将整理稿送来。

## 十一月十日

晴。金康宁来。楼世芳送烙画像来。钱钢来。朱学勤来。将《随笔》赠以下诸人（名单略）。热水器未修复，烧水洗澡。

## 十一月十一日

晴。写《集林》编后。

## 十一月十二日

阴。《集林》编后完稿。王震坤来谈《集林》卷二封面事。王征来。

## 十一月十三日

雨。早束纫秋来，邓传理来，各赠《随笔》一本。晚吴正邀至他家吃蟹，在座有白桦、沙叶新夫妇。

## 十一月十四日

雨。张志业来传真告稿已收到。许纪霖、傅杰来，约至东南乐园晚餐，用去九十二元。今天上菱始派人来修热水器，索价二十五元。

## 十一月十五日

阴。熊十力兼综儒释道玄，遂使儒家务实精神和以伦理本位为内容的传统与思辨思维会通。这对儒家的转化发生很大影响。熊老弟子牟宗三亦循此途径，将康德哲学引入。熊十力晚年归宗大易与上述情况有关。唐以王弼易学定为五经正义，不知熊老是否受到王弼影响，需查《乾坤衍》。

## 十一月二十一日

阴。连日傅杰来誊抄对话稿。

## 十一月二十二日

阴。今晚杜维明抵沪。午后去文艺沙龙，听国际票房清唱。

## 十一月二十三日

阴。上午去贵都听杜维明演讲，演讲会是由许纪霖安排。下午去杭州，参加与汤一介、沈善洪一起联名举办的中国文化研讨会。八时许抵达，以方便面代餐，即与汤一介、沈善洪谈会议议程，商量甫定，庞朴来谈。上床休息，已过十二时。

## 十一月二十四日

阴。上午举行开幕式，中午未午睡，全天来人不断，甚倦。晚回访萧萐父，谈话良久，庞朴亦来参加。萧对《集林》中万承厚为《存斋随笔》所写的序文极为不满，说其中有影射语，为一介不平，甚至以为序文末段是我所写，责言严峻。萧发怒使我莫名其妙。我看不出万承厚序文有影射，更不知万与萧、汤之间有何芥蒂。万是熊老之媳，世菩已故，她为《存斋随笔》写序文似未可厚非。至于熊老身后子女间的矛盾，我全不知晓，亦未打听过。萧为何如此生气，我实在不明白。

**十一月二十五日**

阴。上午开会，下午游湖。陈俊民将汤、庞、杜及维铮邀至浙大去做报告，并午餐。独将我排除。这又是使我不能明白的事。此次来开会，人事问题如此复杂，我不但事前全未料到，事后也仍不知蹊跷，在这些事上真是糊涂之至。

**十一月二十六日**

阴。连日与李锐、秦川等聚谈。陈方正来谈。一介送来聘书。杭州三联拿来《夜读》数十本要我签名。

**十一月二十七日**

小雨，我今天在会上发言，对杜维明的文章提出质疑。连日未午睡，甚倦。颇悔此次开会，劳力伤神，引出了至今不能明白的误解。

**十一月二十八日**

阴。返沪。得晓明自香港来函，称他在港中大进修的导师已由饶宗颐改为金观涛，又说将写饶宗颐的访谈录之二。云云。

**十一月二十九日**

阴。傅杰陪同李玲璞、汪寿明等来访，送寿字蛋糕一个。下午去新锦江参加新世界文化总会开幕仪式。

**十一月三十日**

得吴洪森、樊兑政寄来的贺卡。纪霖、令琴来送花一束。送花者尚有萧华荣等。陆晓光自日本打来长途祝贺。下午去作协参加周扬文集出版座谈会。

**十二月一日**

阴雨。得毓生寄来的文章并附函。

**十二月二日**

阴。得曾卓寄赠的文集三册一套。得周翼南寄赠的画册，各回赠《清园夜读》一本。得张隆溪函。

**十二月三日**

阴冷。李永德、李炳淑夫妇来。王征来。邓传理介绍人来装空调。致李慎之函约稿。得邵东方自新加坡打来的电话，致萧萐父函，并将从上海档案馆所得到的熊十力信函复制件寄去，编入湖北所出的熊老文集。这部文集是由武大（萧）北大（汤）编纂的。

**十二月四日**

晴。开始写舒同书法集序。这是受王征之请托，他为此已来找我十多次了，不得不应。蓝瑛、李利携蓝江来访。蓝江自美回国探亲，她带一子边打工边就读，数年寒窗，终获博士学位，倘无毅力无法臻此。郦达来。

## 十二月五日

晴。继续写舒同书法集序，昨天一开始就被人打断，今天又因电话不断而受阻。午后夏写时来。吴曼青来。钱钢来，托他代办几件事，并请他明天去机场接邵东方。晚邀蓝瑛、李利偕蓝云、蓝江、娇娇来吃薄饼。

## 十二月六日

晴。下午东方由钱钢陪来，傅杰不期而至。留东方、傅杰吃饭，钱钢因需回家照料女儿，先去。东方谈至十一时方回教育中心过夜。停服雪茶及中华鳖精后睡眠较好，两者恐不可用也。

## 十二月八日

晴。舒同书法集序撰成（已将序改为书后），交王征带去。

## 十二月九日

晴。午后东方在社联演讲崔述（此事由我安排）。晚林炳秋宴请东方。饭后东方来舍谈至十一时回教育中心。今日可血压偏高，下楼向陈医生要来降压片。

## 十二月十日

雾。午后一时半参加《新民晚报》六十五年纪念。晚去新锦江参加汪芜生招待会。回家后，王征、盛小宁来，将《书后》校改打字稿拿去重打。

## 十二月十一日

雨雾。可血压仍高，打电话给沈医生，嘱改服硝苯定。晚贵州《山花》打来长途。

## 十二月十二日

阴。可血压下降，已正常。

## 十二月十四日

晕。陈至立邀去康办谈文艺问题。

## 十二月十五日

晕。东方由南通返沪，午后来舍，留晚饭，夜谈至十一时离去。托他带书到美国，赠送几位友人。东方建议《学术集林》增聘学术通讯员，我已采纳。可血压正常。古籍送来《论学集》六本，高国平又送来《随笔》八十本。

## 十二月十六日

晴。昨晚又腰疼，用膏药，围上腰围以保暖。由王征请客，在愚斋阁宴请文娟、乐园、李永德、李炳淑、束纫秋及其女、蓝瑛、李利等。

**十二月十八日**

晴。徐钤介绍《劳动报》汪冰来约稿，拟交一篇谈文化问题的文章。

**十二月二十日**

晴。徐文堪来同编《集林》三卷。杜维明在沪的演讲已整理好送来，字小而劣，笔画扭曲，细如蚁脚，无法卒读。

**十二月二十二日**

晴。楼世芳来拍电视，明年一月七日播出。

**十二月二十三日**

晴暖。作协四十周年在市府礼堂举行节日晚会，辞谢不去。

**十二月二十五日**

阴雨。今日圣诞节，得贺卡一束。午后徐文堪、吴国香来同编《集林》卷三。萧华荣来。朱学勤来，交稿一篇，阅后请他修改。

**十二月二十六日**

有时有雨。访于伶。高国平送来《思辨随笔》稿费四千六百余元（扣除代买书二百本的费用）。改毓生讲稿，交徐文堪去打印。

**十二月二十七日**

晴。杨泰俊、李安瑜来。为安瑜事写信给丁法章。徐文堪将打印好的毓生讲稿拿来，准备明天一早以传真发出，请他本人过目并审定。

## 十二月二十八日

上海电视十四频道《时代立体声》专栏孔白基为《我与贝多芬》来录像。

## 十二月三十日

托蓝云去购彩电。

## 十二月三十一日

清姐偕她的美国学生 Brown 来晚餐，同度岁末。

# 一九九五年日记

### 一月一日

晴冷。上午去美术馆参加汪芜生摄影展，被邀作开幕发言，发言稿交晚报发表。大厅无暖气设备，座位适在走道对面，吹来一阵阵凉风，回家后服药预防感冒。得《论学集》稿费，扣除税款及购书费，得一万一千六百余元。

### 一月二日

阴冷，终日下雨。读资料，理行装。上午洗一热水澡。过去反对折中思想，似来自激进主义。"守中不易，折中至当"，被目为保守落后。折中本于中道，义在合宜，故称过犹不及。抗战前我在北平上中学时，曾读到艾思奇的一本哲学论文集，其中在批判中庸思想时，即引用了这句话。

### 一月三日

阴雨而冷。下午一时一刻由徐钤陪送，乘小吴车，至虹桥机场。三点四十五分起飞，四日午夜二时抵温哥华。（当地时间为上午十时零五分，仍为一月三日星期三。）温哥华天气晴朗，自窗外眺望，远处群山覆盖着皑皑白雪，宛如银色冠冕，在阳光照射下，闪闪发光，明亮耀眼。邀请单位加拿大文化更新研究中心（英文简称是 CRRS）事前约定派人到机场来接。我在出口处未见有人等候，旅客渐渐散尽，心中有些慌。我不知应往何处报到，邀请函上并未写明，所以自己又不能单独前往。正在着急时，见一位戴着红色法兰绒帽的中年女子，慌慌张张走进大门，四处张望，似乎在找人。大厅内人已不多，我们相视片刻，她跑到我面前询问，我才知道她就是被派来迎接我的人。她介绍自己叫黄小萍。这时她丈夫也走了过来，自我介绍叫黄以诺。小萍开车，我和以诺坐在后面。后来我才知道以诺眼睛害过毛病，视力不好。他们把我接到家中，已经在那里为我准备好一间房间，旁边带一卫生间，让我住一天，打算明天再送我去饭店。用餐后，休息了一小时，洗了个澡，邀请单位的负责人梁燕城来了。一九九二年，我们同被邀请参加哈佛大学的文化研讨会，所以已不算初交了。这次来加拿大，梁是会议的负责人，晚间就由他带我去进晚餐。

## 一月四日

晚上睡得不好，醒来躺在床上遐想。大陆学者强调观点乃四十年来宣扬"以论带史"的后遗症。事实上，观点并不能代表学术的全部意义。有新颖观点的学术论文，也可能是内容空洞思想贫乏的。（这使我想起友人思君一部论述近代思想史的著作，常指摘某些人的学说对前人有误读误解之处，于是率尔判定其价值之高下。他的一些意见看来似乎是独创而深刻的，实则未免简单化。因为他并没有分析这些人为什么会有这些误读误解，其学说本身有无意义等。如熊十力即是一例。）上午以诺夫妇带我去温哥华唐人街。这里俨然像一个小香港。街上来往的行人，路旁的店铺和摊位，穿着中式裤褂以广东话叫卖的小贩，整条街上散布出来的空气，五光十色，撩人眼目。我恍如置身于香港的市区，可这里距离香港有数千公里之遥。我们走进一家吃食小店去品尝那里的油条和豆浆，确实味道好，价格也便宜。据说由香港来温哥华的移民已不下二十万。离开唐人街，我们再去女王公园游览拍照。途经一条河，英文名叫 Fraser，但不知中文的译名是什么。河中有鲑鱼，生于淡水，成长后去大海，产卵后，再从那里返回淡水河而死去。中午以诺夫妇把我送至城中 Hyatt 饭店，在温哥华这是一家不错的大饭店。梁燕城匆匆赶来饭店和我碰头，邀我外出共进午餐。晚上，梁再邀我至一日本餐厅晚餐。

**一月五日**

　　晴朗。到了温哥华，连日大好天气，晴空万里，遍地阳光。据说，这在温哥华是十分罕见的。梁燕城在温哥华组织的文化更新研究中心，团结了一批由香港来的侨民，他们做义工，为这个组织服务。以诺、小萍就是这样的热心者。今天来陪我游览的也是这样一位热心者，名字叫余骐骥。他是一位地产商，来温哥华已多年了。早上余骐骥开车陪我到 Stanley 公园，该处距饭店较远，开车花去很多时间。汽车在山路上行驶，沿途风景旖旎，道路两边尽是参天的古柏古松。现在是冬天，虽在零度以下，而草木依然十分茂盛，形成一片郁郁葱葱的绿色。浓荫中阳光照射不到的地方，覆盖着白色的残雪，在严冬时节并不使人感到肃杀萧瑟，却仍显得生气勃勃。昨天梁燕城陪我去英吉利海湾，今天余骐骥陪我到海湾的另一侧，我们下车步行，慢慢观赏。加拿大地广人稀，风景佳丽。特别吸引人的是它的一尘不染的清洁，美国的许多城市现在已经不能饮用自来水了，而加拿大却是可饮自来水的国家之一。加拿大又是老人的天堂，政府的法规给予老人许多优待，使老人可以享受高标准的福利，这在发达国家中也不多见。在英吉利海湾两侧散步时，一面观赏风景，一面听梁、余二位讲述当地的风土人情，我感到十分愉快。晚间梁燕城在家邀请了几位参加会议的人随便漫谈。那里见到他的母亲、妻子和孩子。梁是一位虔诚的基督徒，他们是从香港移民到加拿大温哥华来的。

## 一月六日

晴。今天会议开幕，温哥华总督林思齐偕夫人参加。林未讲话，只是作为一个听众，自始至终认真倾听会议上的发言。会上见到成中英、杜维明。上午散会后，梁燕城邀请数人午餐，我也是被邀之一。饭后拟回饭店略作休息，但不认得路，（正如一九九二年参加哈佛之会初到康桥迷路一样，这已成为我最担心的事，使我在陌生地不敢一人外出。）走了不少冤枉路，还急得一头汗，总算找到了。一到饭店所剩时间不多，又忙着准备下午的圆桌会议的讲话提纲。大致有了眉目，就匆匆赶去会场。下午圆桌会议，我和维明对话，每人发言限五分钟。我发言未竟，时间已到，遂中途停止。我的发言是就如何对待传统文化及如何对待外来文化的融合来谈的。散会后晚上聚餐，每人各出五美元。回到饭店与维明碰面，谈至近十二时回房睡觉。

## 一月七日

阴。早四时醒来即起床，拟上午会上讲话提纲。我准备讲大陆在市场经济出台后文化所面临的问题。讲话因未算好时间，未及四分之一时间已到。讲毕由参加会议的人提问，其中一位居加拿大的华侨李瑛女士提得最多，散会后还个别与我谈，她的名字是 Anna Li，通讯处是 The School of Communication Simon Fraser University，Burnaby B. C. Canada VSA IS6。午饭在会场楼下食堂用餐，用去五美元。饭后由小萍开车送返她家中休息。这是我提出的要求，我愿在回沪前再在以诺小萍家中休息半天，而不愿在饭店逗留，一则他们有个温馨的家，夫妇二人又好客，和蔼可亲，很谈得来。二则明天上机场也较方便。下午一到他们家我就倒头大睡，从二时半睡到四时许，疲倦得以解除。在他们家中谈话多涉及基督教问题。以诺送了我两本书，一本是《死海卷》，另一本是《新旧约》注释本。《死海卷》是记述用希伯来文抄写的旧约圣经被发现的经过。这些写在羊皮纸上的钞本，于二十世纪四十年代被一个放羊的牧童，在死海旁的昆兰遗址附近的山洞中无意找到，《死海卷》就藏在洞内的一些陶罐中。这里地势险峻，本是人迹罕到之处，牧童为寻找丢失的羊只，攀登悬崖，冒险来此，才偶然发现的。这部旧约圣经钞本，据研究神学的专家考定，时间约在公元前二世纪，出于一些艾赛尼教派的文士之手。他们从犹太教分裂出来，居住在昆兰遗址的地方。这些钞本的卷数与今本旧约圣经的卷数吻合（仅少去一篇）。它在内容方面被人重视的原因，就在于它保存了后来被罗马教会判定为伪经及通称次经与注疏等部分。这些补史之阙的文字，给研究基督教神学和犹太人历史的学者，提供了丰富的资料，其意义直接关系到西方世界的文明内容。可惜大陆似乎尚无人注意及此。晚间赴大会所设的晚宴，与新认识的王健为邻座。

## 一月八日

　　阴雨。小萍对我说："你的运气真好，你来到温哥华一直是晴天。今天下雨，这才是温哥华的正常天气。"昨晚与睡在同一房间的李树尔谈至十二时，服药后始入睡。李是去美国探亲的，听说温哥华在开中国文化研讨会就来列席旁听了。现在大陆有许多像他一样刚刚退下的老人，趁还有精力常来国外走走。今天上午七时起床，十一时半以诺小萍送我至机场。办好了老人入关手续之后，在机场用午餐。他们叫我坐上轮椅，推送我至机舱口前始离去。飞机二时一刻起飞，误点半小时。因办了老人照顾手续，坐在第二排通道口旁，这使我出入十分方便。加拿大是十分尊重老人的国度，老人乘飞机可享受多种方便，这是我乘坐别国飞机从未遇到过的。西方一些国家也都有多种敬老措施，比如购物乘车等等，老人均可享受优待。我们有许多游览的地方，门口也都张贴有老人优待的牌子，可是非得凭指定的证件方可入内，而且纵使是指定的身份证，甲地到乙地就不能通用，我在杭州的一个游览地就碰到这样的事，而在加拿大就不会碰到，我上飞机只是填表说明自己的岁数就行了。人称加拿大是老人的天堂，加拿大的老人享受的优待特别好。据说那里的老人还动不动在政府门口举着牌子请愿，要求增加优待呢。

## 一月九日

　　阴。今日傍晚六时许飞抵上海。回家已经七点多钟了。仅可一人在家，清姐上午已离去，保姆小刘拟于十五日返回。到家头一件事，即清理离家后的信件和报刊。十时服药后入睡（中间醒来两次）。

## 一月十日

阴雨。上午钱钢来。给以诺小萍夫妇发去传真，告诉他们邀请梁燕城、王健等参加八月份在北大举行的文心研讨会。此事已和张少康谈定，不日即将发去会议邀请函。复姚家松函。蓝云来。冯慧夫妇送录像带来，得《劳动报》校样。

## 一月十一日

阴雨。毓生从传真发来修改稿，请文堪代复。给以诺小萍的传真未发出，请陈贤迪打长途将内容告知，再将传真稿（并附一笺）航寄。高国平打电话来，说《思辨随笔》已售罄，即需再印一版。钱钢来帮忙。

## 一月十二日

阴雨。去商厦购厚绒线外衣一件。再去衡山宾馆参加《上海文化》宴请。昨日得汪芜生电话，坚邀去参加座谈，下午三时赴会，六时始结束。回家见湖北《艺坛》主编蒋锡武已在家守候多时。他要对我访谈，九时始离去。今日倦甚。

## 一月十三日

晴。上午曼青来，代寄以诺小萍、梁燕城、王健《文心雕龙讲疏》各一本。为王毅捷写鉴定书。今天稍暇，得休息。昨半夜醒来，想到古人之狂多对强权，今人之狂则只对同辈或更弱者。又，五四提倡平民文学，要求文字浅显，一看便懂，虽有助于普及，但亦排拒了高雅文化，使蕴藉与含蓄的艺术情趣荡然无存，此是其弊病所在。

## 一月十四日

晴。夜蒋锡武来录音，谈京剧问题约二小时，录音带一盒半。写《观赏汪芜生摄影展小记》，近千言。

## 一月十五日

晴。早上文艺出版社来人接我至南京路新华书店为读者签名售书（《思辨随笔》）。购书者颇踊跃。为了减少读者排队等候的时间，签名前我嘱前来帮忙的蓝云请读者将自己的名字先写在纸条上，以便签名时可省去询问之烦。事后清点纸条积有厚厚一大叠，我准备将它们保存下来作为纪念。签名时间用去了一小时半，书店所进的《思辨随笔》全部售罄，连放在橱窗里的一些样本也卖光了。这本书没有什么宣传，我更不喜炒作，甚至连广告也未刊登，只是发出了一则签名售书的简讯，竟然有这样的反响，殊出意外。我一向不喜欢签名售书这类活动，尤其对明星之类签名售书有反感。这次如果不是朋友拉去，我是不会干的。但这次签名后我发现，这种场合所碰到的除赶热闹瞎起哄者外，也还有别样的读者。签名后，中午被出版社邀至老半斋午餐，随即去天蟾观戏校的京剧。大轴为戏校女老生王佩瑜的《捉放曹》。王似未毕业，我觉得她唱得不错，但文涓说她在台上眼光总是朝下方看，面部无戏云云。

## 一月十六日

晴。再改汪芜生影展稿。小刘昨日午餐后回乡，家中无帮佣，四处托人找保姆，均无着落。杨晓敏送来《集林》卷二及林著二本。我提出对编辑部的意见，请她向泰俊转达。

## 一月十七日

晴。报载，日本关西神户一带发生地震。

## 一月十八日

阴。徐文堪来研究《集林》卷四发稿事。与樊克政通长途。高国平来，将《思辨随笔》赠高、江、郝等六人，并签名十本，以后再由高还十本。

## 一月十九日

吴国香、傅杰来结《集林》账。得二千元编刊费。结余一千元。

## 一月二十日

晴。新保姆小陈来。申花热水器又坏了，修理费三十元。陆灏来电话，拟将画像取去。午后请蓝云陪去购物。

## 一月二十一日

晴。早去教育会堂，应邀参加谢晋为拍摄鸦片战争影片之座谈，发言中重申三点意见：一、不要重复以前同一题材片子仅仅以爱国主义为内容，最好能反映当时时代的气氛与背景，例如与林则徐交往的一些人物，如龚自珍、魏源等以及他们所参与的一些活动。二、在林所走的坎坷道路上显示他的悲剧性格，如当他被道光擢拔去查办鸦片事件时，他鉴于道光的反复，大臣的昏庸，国库的空虚及绿营的腐败，就已经预感到他将会在危境中陷入坎窘。因此在辞别座师沈鼎甫时，两人相顾泣下。再，战败后他和邓廷桢被流放伊犁时，两人唱和诗中充满了悲愤之情（像"白头到此同休戚，青史凭谁定是非"等等），这些都应在影片中得到反映。三、片中应将当时各种矛盾聚焦，如帝国主义与中国的矛盾，清廷自身所存在的矛盾，林与道光及一些昏庸大臣的矛盾等等。这样可使内容显得丰满，片子显得更充实。[补记：后来这些意见在影片中无一条被采纳，但编导称是接受了我的意见。]午后，萧华荣米。许纪霖送杜维明讲演整埋稿来，阅后与信一封，拟明日交徐文堪发出。

## 一月二十二日

阴雨。今天上午已约定好在凤鸣书店签名售书，张可偕蓝云同去。行前我向张可说："上次刚刚去过新华书店签名，今天又下雨，估计不会有什么人来了。"凤鸣书店地处南市区的一条僻静小街上，店面很小。我们坐车来时，见到店门口已经排起了长队，有一警察在维持秩序。进去后就马上签名。有人告诉我有位八十多岁的老先生也在冒雨排队，我们连忙把他请入，先签名售书给他。他说他住得很远，一大早就来了。这使我很感动。来人多购书数种，包括购买《学术集林》丛刊与丛书。有的对我说一两句勉励的话，还有的将事先写好的信交我。买书的人以教员为最多，也有一些工人，而学文科的反而不及学理科的多，殊出意外。陆灏请有线电视记者前来录像。签名一直忙到一点半钟始结束。回家吃完中饭已是二点多了。下午邓伟志偕浦东华美社会发展研究院教授鲍宗豪来访，送顾问费四百元、羊毛内衣一套、水果二篮。晚汪芜生来晚餐。

## 一月二十三日

晴。吴曼青带来《清园论学集》再版书。初版错误之多惊人。邓伟志偕理工学院教授来拜年。读报见有我的文章一篇，当时为祝贺某老音乐家诞辰所作。我生平不喜作酬酢文，但一方面是职责所在，一方面也迫于情面，实不得已，此等事殊令人苦恼。

## 一月二十四日

晴。晚朱学勤来，将其所写评余英时文稿交我阅读。所论与我过去所写为五四一辨相近。其文除指出未从当时环境考虑外，其他均未中肯綮。我向他提出了意见，不知他能否接受。他又赠其近著一种，匆匆翻阅一遍，觉得他似乎仍未脱离以激进为进步。我再向他谈到五四时代亦有所失，其病一在激进（为后来极左之根），二在功利，三在意图伦理。

## 一月二十五日

晴。早钱文忠来谈至中午。中午蓝云偕同事小陆来，至商店另换一新的录像机，再添一千元。史中兴来。未午睡。晚得耿庸电话，责维铮为丛刊载辜鸿铭论文所写小引涉及鲁迅语，态度激烈，一如旧日。胡风案中诸人多持这种激烈态度，过去满涛与我也一样，但这毕竟是信仰式的而非理性态度。

## 一月二十六日

晴。文联李伦新来拜年。中玉、罗洛来拜年。写信四封：一致毓生，长四纸；一致费乐仁；一致裕伦与关慰；一退张明敏交来的张闻天诗稿，并附信。

## 一月二十七日

晴。上午朱庆祚、蔡正鹤来拜年。古籍李国章、赵昌平、高章采来拜年。海上图书发行部夏龙富、张银凤来拜年。上午朱等来时，弯腰取书，动作不慎，腰疾又发作，卧床。

## 一月二十八日

晴。腰疾卧床，上午傅医生来推拿，准备隔日再来。文忠送《思辨随笔》校改稿来，高国平当即取去。华师大齐森华等来拜年。花建偕宣传部韦群来，赠《东方小故事》。曹致佐偕女儿来。

## 一月二十九日

晴。今天为小年夜。可应元兆之邀去晚餐。我因腰疾不能去，独卧床上。万籁俱寂，思绪起伏，不能自已，佳节倍思亲也。读今年一月号《东方》杂志，雷颐记史华慈谈话，颇堪玩味。史称，传统与现代不应视为"严密的整体"，而是可以抽离的，两者是可以化合（?）的。再称，儒家主张和谐，而不强调发展，未推出发展观念，但可融合外来因素。再称，《论语》中，将家庭作为道德的学校。家庭伦理，家庭习惯对发展有利。而儒家对教育的强调，也有利于发展等等。

## 一月三十日

晴。今天农历除夕。承义未在一起过年，亦未来电话。可去元兆家午餐。金炳华、徐俊西来拜年，送花一束、橘一盒、参丸六盒。与朱学勤通电话。前日晓明来电话拜年，今天傅杰、文忠来电话拜年。楼世芳来电话拜年。晚，可、保姆小陈在家同吃年夜饭。我仍卧床，独自在床上进餐。向元霁、元美、碧清等诸姐妹在电话中拜年。

## 一月三十一日

　　农历新岁。Brown 夫妇在此晚餐。彭小岑夫妇、姚以恩来拜年。孙刚之婿持其信来（孙已去宁），送花一束。读《中国文化》载刘梦溪访余英时谈话，颇惬于心。史华慈于去岁年尾来华，据雷颐所记谈话录，其中与我于去岁十一月反思谈话颇有合者。

## 二月一日

　　晴。上午元姐一家偕清姐来，留午餐。来拜年者不断，来人已不能全记得，有施亚西、田建业、华华、高国平、林其锬、梅朵、芳藻、林炳秋、蓝瑛、李利、萧华荣、龚医生夫妇、卢莹辉、万承厚率子熊申女熊如及孙女等、徐家裕医生、傅医生（来推拿）。以往每年春节承义均回来与我二老团聚，今未来，亦未打电话，不知何故。昨夜连得噩梦，不知是否心绪不宁所致。

## 二月二日

　　晴。今日比较安静。钱钢来。龚心瀚来稍坐即去。

## 二月三日

　　晴。徐文堪来。吴稼祥来。李储文偕林炳秋来，李谈及传统文化中的哲学思想问题。晚杨瑛偕女冯慧来。徐福生来谈中央出版会议。孙滨夫妇来。

## 二月四日

阴。下午降雪，二十分钟即止。坐室内竟未察觉。得承义、倬如自加拿大打来电话。

## 二月五日

晴。许纪霖、孔令琴来。范泉夫妇来。程十发偕子多多来。清姐来。

## 二月六日

晴。得杜维明函。得夏公逝世噩耗。

## 二月七日

晴。钱文忠来。徐文堪来。得邵东方函。拟悼夏衍唁电，请徐文堪发出。

## 二月八日

晴转暖。傅杰自杭州返沪，来便饭。徐文堪来。赵丽宏来，送书三本。得邵东方函。请文堪发传真电报给杜维明、邵东方。连日抽空读丁秉燧谈京剧著作数种，战前丁就读燕大，他酷爱京剧经常进城观剧。四十年代去台湾，为台湾电台主持人，最近去世。丁谈京剧的三本书为魏绍昌所赠。（魏从事资料收集研究工作，曾将美国夏志清函给我看，夏信溢美之词甚多，如称魏为大陆学界重镇。夏志清如此推许，目的在索取资料也。）

**二月九日**

晴。去瑞金看病取药。午后与傅杰、文忠同去饮茶。收到东方转托带来的钙片。

**二月十日**

阴。早去银都赴文汇报召开之会，作了发言。发传真给邵东方。

**二月十一日**

阴。早上上海电视台来录像，谈出版物错字问题。为可送东西给人生气，又缺乏耐心，当戒。晚傅杰来。

**二月十二日**

阴。朱碧莲偕女海燕来，赠汾酒两瓶。朱在华师大任教，现已退。四十年代末至五十年代初，我在震旦大学执教，当时学生尚有来往者，仅朱一人。过去陈秀珠亦有来往，但已故。午后老束偕翁思再来。人民日报记者姜泓冰来采访。

**二月十三日**

阴。李玲璞、汪寿明来。

**二月十四日**

阴。承义来沪。晓明来，转交旅美日人武重淑子寄华师大要求报考我的博士生信。徐俊西来要我对某公所拟龙华烈士陵园碑铭稿提意见。我提出了修改意见，但嘱徐勿告撰者，此公知道是我必大不快也。魏承思来，郦达偕朱医生来为我推拿。

## 二月十五日

阴。杨晓敏送丛书编辑费一千二百元，每人二百元，其中二百元已转陆灏。楼葆蘅转来适夷赠书，回赠他《论学集》、《随笔》、《夜读》三种。翁思再来。今天想到，五四时强调"现在"，似与当时盛行的功利主义有关。那时的人说，没有"现在"就没有"将来"；对"现在"有意义才对"将来"有意义。但是，"现在"是"过去"的"现在"，没有"过去"也就没有"现在"。而"现在"的所作所为，其中利弊往往只有在"将来"才会清楚。强调"现在"不能只为"现在"着想，也要为"将来"的后果着想，需看到"现在"对"将来"的影响，这是一种责任感。不管过去，不问将来，只关心现在，只能是功利主义的。欲达目的不择手段的态度是一种极端的功利主义。

## 二月十六日

晴。今天来人甚多。约刘人寿来，该对他稿子的意见。高敏送来李肇础用德文翻译的《文心雕龙》稿，嘱写序。李居德国，此稿为《文心雕龙》下编，自《神思》至《序志》。王征来。徐钤偕吴中来，吴赠我其摄影集，并为我拍照。缪国琴来将吴建之子嘱转陈至立信取去。吴建自解放初即在宣传部工作，八十年代初我主持宣传部工作时，吴建是唯一留下来的老副部长，去岁亡故，身后萧条，其子在唱片厂下岗，每月津贴不满二百元，生活艰难。吴生前不肯为自己子女事麻烦单位，其子工作生活问题迄未解决，我曾为此事向陈至立呼吁，并嘱其子写报告由我代转。复武重淑子信。钱钢来。

## 二月十七日

晴。早理发。杨泰俊来。翁思再来为我谈京剧问题录音，并将姜泓冰嘱看访问记稿带去转交给姜。邓传理来，将刘人寿嘱看稿取去。寄张光直信，并赠他《学术集林》一、二卷。寄冈村繁、今富正巳、兴膳宏、相浦绫子函，告知去日本日期及邀请者宇野正容地址。

## 二月十八日

阴雨。徐文堪午后来谈《学术集林》卷三编务事宜。钱文忠约定今日来，未至。吴格偕叶笑雪来。王震坤应邀来谈《清园论学集》再版改封面事。我提出以家藏冰铁所刻"临风挥翰"闲章放大作图案，上以铅字排印书名及作者名。我自写的书名，改用在扉页上。冰铁与苦铁、瘦铁为清末民初篆刻大家，号称"三铁"。此章原是可之外公汪阿爹旧物，后岳母将此章赠我。我甚喜此章的刀法苍劲古朴，今人已难臻此境。"临风挥翰"四字乃取郑板桥《松石诗》中所谓"任尔东西南北风"之意。读许倬云所赠《中国文化与世界文化》一文，未卒读即被来人打断。修改与友人（毓生）谈近事书。夜，李肇础之兄肇基打电话来，谈肇础《文心雕龙》德译本事。李是上海一家大医院的医生。

## 二月二十四日

自十九日起未记日记。在此之前即患感冒，甫愈又反复，再卧床。据说，沪上流行的感冒为病毒性，来自海外，患者拖延时间较长，停药又会复发。症状与其他类型感冒不同处，是患者出现喷射状腹泻。我染此症已逾半月。自十九至二十三的五天以来，未记之事大致如下：翁思再来过数次，为谈京剧问题录音，并送来我要他去借的有关戏剧及京剧参考书多种。病中随意翻阅，颇有所得。王晓明来谈为外地某刊撰文事。傅杰来谈将去外地组稿事，托他带去《清园论学集》二本，一赠季羡林，一赠梅志。另《学术集林》卷一十本，卷二二十本。承义告清姐腿肿。得上海三联来信约写"影响生平一句话"，不应。孙树菜来辞行，他即将返港。

## 二月二十五日

晕。何苦偕冯钟来。今日稍暇，随意翻阅杂书，所得数条：陈独秀《今日中国之政治问题》一文中称："若是决计革新一切，都应该采用西洋的新法子。"胡适《我自己的思想》有"百事不如人"说，"人"指外国也。

## 二月二十六日

晴。复旦陆谷孙寄来论莎士比亚文一篇，并信一封，信中赞同我反对以戏曲介绍莎剧的意见。陆西学中学均精，这样的人才在复旦不多见。刘笑敢寄一文来，文中引刘师培主张破坏语，颇值得注意。王震坤拿来据我意设计的《清园论学集》新封面。蓝云偕娇娇、蓝蓝来。元兆偕纪宪来，赠纪宪书二本。保姆小陈请假回乡。得傅杰自京打来的电话。

## 二月二十七日

晴。钱仲联寄来文稿投《学术集林》。午后新加坡大学中文系主任陈荣照来访，赠我饼干一盒。

## 二月二十八日

晴。中央电视台为拍摄反法西斯战争五十年纪念纪录片,来摄像,约四十分钟。徐文堪来。

## 三月一日

晴。龚心雄来,索题字。吴国香送校样来。《学术集林》所发朱学勤谈顾准文,未能排出。询问原因,据告出版社已将此文送审。实际上是怕负责任,希望上级来承担,如此处理,此稿刊出无望矣。徐汇邮局陈立新、费雄等来谈邮递员小吴事迹。张锲、吴殿熙、徐钤来,赠水果一篮。

## 三月二日

晴转暖。自春节前患病,已多日未出门,今早至楼下散步,可亦同去。与何苦通电话借来《吴宓与陈寅恪》,我买的一本不知被何人借去,迄未归还。张珏来,拿去照片十二张,为图录制版。昨日开始写《集林》卷三编后记,今日完稿,得一千五百言。武重淑子自纽约打来电话说五月来沪,准备报考研究生。

## 三月三日

晴转晕。得毓生五纸长函。林其锬送来《文心雕龙综览》序校样,准备自己再校阅一遍。《集林》卷三编后誊抄毕。华师大来电话,告知冯契追悼会定于九日举行,嘱我致悼词。戴厚英来电话谈余秋雨事,并言她将研究佛学。

**三月四日**

晴。上午钱钢来。为张军、龚心雄各写一张招牌字。晓明来。拟冯契悼词。晚蓝瑛、蓝云偕一客来，谈马克思学说，至深夜十时半始去。

**三月五日**

晴。（未记）

**三月六日**

晴。张军来将招牌字取走。应满子之托为其友人著作写书名，由吴曼青转去。韩天衡与出版社编者来，嘱为中国画丛书写序。

**三月七日**

晴。李维妮携来魏承思赠书。萧华荣偕其硕士生来。邹家骊来征询韬奋文集中拟收旧稿的意见。

**三月八日**

阴。傅杰回沪，来谈在京组稿情况。刘绪源来，将《与友人谈近事书》一文拿去。龚心雄来，将招牌字取走。

**三月九日**

阴雨。冯契追悼会于午后二时举行，我致悼词。徐钤来。

**三月十日**

晴。邓传理来，将悼词要去。高建国来，谈京中近况。吴曼青来。寄高建平《集林》卷一、卷二各一。寄李肇础《文心雕龙讲疏》一本。钱钢来。晚与徐文堪一起编《集林》卷四稿。

## 三月十一日

晴。《沪港经济》来人嘱写祝词，当即带走。周克来谈约一小时。

## 三月十二日

晴。小邓送来悼冯契文校样，当即校好由她带走。兴膳宏寄来日本京都大学出版的《中国文学报》第四十九期，上面载有介绍《清园夜读》文章。

## 三月十三日

晴。刘绪源送来《谈近事》校样，当即校毕，由刘带回。刘祖慰偕德国汉学家朗宓榭来，赠以《集林》及《夜读》各一本。

## 三月十四日

阴。去华东医院探望巴金与罗荪，各送花篮一个。罗荪已不能认识人，不能说话，状甚可悯。又去探望住院的贺绿汀。探望巴金时，住在隔壁的叶尚志闻讯而至，我怕病房人多，匆匆辞去。

## 三月十五日

雨。得琦幸信。得姜泓冰第二信，即复。复金性尧信。高建国约我同去北京参加中国社科院经济所即将召开的纪念顾准八十寿诞学术研讨会，高已购得后日午后四时五十分去京机票。

## 三月十六日

阴。上午去瑞金检查，左臂低压一零五，右九十，心动过速，沈医生嘱服 Betaloc 等药。晚徐文堪来谈《集林》稿被出版社送审情况，令人气恼。

## 三月十七日

阴。陈逸峰约去参观刘海粟纪念馆。左边腋下昨在医院注射转移因子，今晨作痛，不知何故。下午四时与高建国同去机场，飞机准点起飞，七时一刻抵达北京。顾准女婿张南来接，下榻利康饭店。顾准子高粱在饭店等候。被邀至一家四川馆进餐，回旅馆已十一时矣，服药上床。

## 三月十八日

晴有风。晨五时许醒来，阅《顾准文集》，准备发言。上午至中国社科院赴会，由经济所书记余祖尧主持，副院长王洛林致辞。参加会议的有张劲夫、骆耕漠、杜润生、徐雪寒、雍文涛、林里夫、洪克平、周光春、李人俊等，顾准生前的小朋友咪咪也来了。我在会上发了言。发言的还有吴敬琏等。我两人发言均由《中国青年报》、《北京青年报》发表。下午座谈，地点改在经济所。经济所立有孙冶方铜像，据说还准备立顾准、张闻天等人的铜像。参加者均为中青年。会后回飞鹰饭店，随便吃了点东西，即上床。夜间一直因左边腋下疼痛而无法入眠。

## 三月十九日

晴转暖。上午随高建国偕摄影记者一起去拜访骆耕漠老人。我第一次见到骆老是一九三九年初在金华。我是随上海赴第三战区慰问团准备去皖南新四军军部云岭的。由于受到阻挠，滞留在金华。团部的人都去上饶了，我本来也随团出发的，可是半夜在火车站候车时，天下着倾盆大雨，我发着高烧。同志们见我的脸通红，身上滚烫，坚决要我留在金华养病。这时金华成了东南战线上的一座文化人集中的重要城市。骆耕漠、邵荃麟与葛琴都在此地工作。他们听说我病了，都来看望。那时我还是一个不满二十岁的小青年，和他们只是萍水相逢，而他们都是很有成就的文化人。抗战时期一些素昧平生的人，由于抗日这一大目标，偶尔碰在一起，彼此之间所显示的那种关心友爱之情，是在其他时候很少碰到的。这次见到骆老，他已垂垂老矣，双目失明。我向他提起往事，不知他记忆中还留下印象否？当时来往金华的人太多了，要他记住一个在那以后再无往来的不知名的小青年（那时我用的是后来再没有用过的"白蚀"这个名字），恐怕是不可能的。虽然我在讲述时，他频频点头，但这恐怕只是出于礼貌。对我来说，这段往事却是令我难忘的。骆老在回忆顾准时，娓娓而谈，尤其是谈到顾准与汪璧的感情，这是我从未听到也从未想到的。我感到这位老人虽已年逾八十，却有着一副仁慈的心肠。他谈完已是十一点多了。我不想错过这次难得的机会，要求高建国陪我再去走访徐雪寒老人。

**三月二十日（续记）**

　　由甘家口骆老家去永安南里徐老家，有一段很长的路程。我们驱车抵达时，已是十二点多，正是吃饭的时候。于是不揣冒昧要徐老请我们随便吃点东西。永安南里是中国科学院的一处宿舍，已故的冯至、吕叔湘、唐弢等都住在此地。如今尚在的友人冰夷的家也在这里。徐老替我将冰夷请来，大家一边进餐一边漫谈。此次见面我发现冰夷的身体已经大不如前。而徐老更加显得衰老。抗战初他是地下党江苏省委成员，我所隶属的文委是归江苏省委领导的。但我和他没有接触过。见面前就听人说他因为忧国忧民身体很不好，这次谈话时，他说了不少愤激的话。五十年代初，他被卷进抗战时在上海和他共过事的潘汉年案，为此吃了不少苦头。但他不畏强御，正直的秉性未改，他见不得黑暗丑恶现象，而他所处的地位和能够察见渊鱼的洞察力，使他看见了不少卑鄙龌龊的东西。他又是一个过于认真的人，对这类事一直耿耿于怀，因此谈话中常有愤激语。别人说他忧国忧民把身体搞坏了，这倒是确实的。抗战初期上海地下党内聚集了一批这样的人物，实在是很不平常的现象。这是在其他地方见不到的。当时我们这批乳臭未干的青年，入党不久，受到党内这种空气的熏陶，根本不懂得趋承上意那些政治陋习，只知唯真理是从，始终保持着青年的朝气和理想。可是，这批不谙世事在温室长大的人，在以后历次政治运动中，个个都挨了整，几乎全军覆没，无一幸免。这次我除参加了纪念顾准八十寿辰的学术研讨会外，就拜访了骆、徐两位老人，从而结束了我的北京之行。［补记：下午五时许，搭北航飞机返沪。回到上海后发现胸前有一排红肿块，遂打电话给沈医生，约定去医院检查。］

## 三月二十一日

晴。早去瑞金医院。血压左九十，右九十偏高。再由包医生带至门诊皮肤科，由毛医生检查，断为带状疱疹。晚去衡山，参加沪东造船厂周、姚二厂长邀请的晚餐。由于上海文学基金会与沪东造船厂的关系，又是事先约好，不得不去。沈医生嘱早晚服硝苯定二粒。得马悦然传真，他同意担任《学术集林》编委。晚服药上床。

## 三月二十二日

晴。早杨泰俊偕安瑜来。留午饭。钱钢来。为夏衍追思会写发言稿。晚睡前服药二粒。

## 三月二十三日

阴雨。早钱钢来。继续写夏衍追思会发言稿。午后去衡山参加夏衍追思会，发言后即提早回家休息。林其锬来，将刘祖慰所译《综览》英文名携去。夜得车桂电话，告知舅母逝世，享年九十有六。晚，得清姐电话，说在乳房上发现肿块，明日将去静安中心医院，动小手术切片检查。晚量血压基本正常。

## 三月二十四日

阴。上午十时去瑞金医院，由毛医生诊治带状疱疹。又注射两针转移因子。午睡后，林其锬来，嘱为其书题词（上次所写被书店遗失）。为朱静书写书名。为庆祝上海京剧院四十周年题词。顾卓宇将交《上海文化》发表的文章校样送来。

## 三月二十五日

放晴。热度已退，体温恢复正常。上午晓明偕江西人民出版社编辑来，嘱对该社所编丛书提意见，并任顾问。准备了解丛书的具体计划后再定。午后《光明日报》包霄林来。芳藻陪周文庠老医生（朱静之父）来。周老是皮肤科医生，以前曾在上海开诊所，运动中因错案被关押，出狱后年事已高，不再行医，只为熟人看病。芳藻说周为她家孩子看病有奇效，特帮忙请他来为我治带状疱疹。他带来黄色药膏，涂在我胸前患处，再用纱布缠扎，忙了一个多小时。黎中城来，将我为庆祝京剧院成立四十年所写题字取去。光年夫妇来。小许来。晚为舅母去世打长途电话到武汉庐音家致哀。

## 三月二十七日

晴。芳藻、朱静陪同周医生来换药。上海书店汇来《民国丛书》顾问费五百元。

## 三月二十八日

阴雨。梅朵偕芳藻陪同周医生来换药，不久黄屏亦至。晚蓝云偕高建国来，谈在京访问咪咪、林里夫经过，至十一时始离去。现代人受制于政治世界，犹原始人受制于禽兽世界也。悲夫！

## 三月二十九日

阴。马宏来，赠顾准日记复制件，回赠以《北京青年报》报道顾准八十寿诞研讨会复制件。

## 三月三十日

阴。读顾准在商丘劳改时所写的日记。林炳秋来谈。

## 三月三十一日

晴转多云。早上去医院注射转移因子。得张灏用特快专递寄来的稿件。得兴膳宏信。体温正常，身体仍觉得疲软乏力。

[补记：这以后因带状疱疹患区疼痛，晚间往往不能入眠，困卧床上，四月日记停止未记。其间本应赴日本之邀请，亦因病去函取消。]

## 五月十六日

晕。天气仍是不阴不阳，令人气闷。仍卧床。自四月起一直未记日记。明日需去华师大为傅杰博士论文进行答辩。不知何故，傅杰迄未告知明日在何时何地举行答辩，使我不放心。

## 五月十八日

阴雨。美姐一家来，为宋阳事借我处与孙刚会面。

## 五月十九日

阴雨连绵，气压低，感觉极为不适。带状疱疹虽已痊愈，但患处疼痛未消，而胃肠胀气又发作。腰痛已好转，但仍需当心。数月来为病患所苦，读写俱废。连日为写京剧与传统文化一文准备资料。力主京剧现代化的人声称京剧节奏过于缓慢，已不适应今天时代的要求。许多人不假思索，纷纷附和此说，遂成为责难京剧的口实。但我认为所谓节奏的快慢，有两种不同的情况，必须加以区别。一种是指作品从内容到表现，是不是拖泥带水，枝蔓芜杂，充斥着骈拇赘疣，或者还是简洁明快，该压缩的就压缩，该省略的就省略，没有浪费的笔墨，多余的蛇足。后者就是一些外国戏剧家称赞中国京剧是以秒针来计算，而他们自己的戏剧则是迟缓拖沓的缘由。还有一种节奏快慢的观念与此完全不同。它是希望艺术作品能够一看便知，一览便晓，即用所谓"嚼烂了的喂"的办法，去满足读者中间那些懒汉的需要。下焉者更是使他们养成一种非刺激就不能接受的口味，作品中的颜色非大红大紫不可，作品中的声音非大喊大叫不可，作品中的情节非大死大活不可。但是，须知艺术作品倘使不再具有含蓄的功能，不再蕴藉更多的情愫和内容，不再通过这些手段去唤起读者的想象活动，那么，它就会造成读者的想象惰性，使他们的艺术鉴赏力逐渐丧失。艺术并不是为了让观众省力，使他们的想象萎缩、退化，相反，而是要使他们的想象活跃起来。就这后面一种节奏快慢的观点来说，我同意毓生说的艺术的欣赏与接受不能比"快"，而是要比"慢"。

## 五月二十日

仍阴雨。昨晚打算将睡觉药戒掉，未果，仍需服药方可入眠。本月初以来，阅读翁思再借来的有关京剧资料，曾将一些想法和零碎资料记在日记空白页上，抄录如下：一、钱玄同于五四时称"中国要有真的戏，这真的戏自然是西洋派的戏"（《新青年》五卷一号）。欧阳予倩于五四时称："中国无戏剧。京剧也是过时之物，不必在朽木上加以雕漆。"二、一九一八年由周剑云创办的《鞠部丛刊》的撰稿人有舒舍予的名字，不知是否即老舍。三、二十年代中期，齐如山曾出版《齐如山剧学丛书》。四、齐如山《京剧之变迁》曾指出，光绪初年观众崇尚程（长庚）、余（三胜）、张（二奎），而非薄谭（鑫培）。以为谭一改向来朴直庄重的老调，变为灵活轻快的新腔，对此甚为不满。但时过事迁，到了二三十年代，谭却被尊为典范，甚至又认为非谭腔即不足道了。齐说，当时守旧的习惯势力甚大，有些人以为凡是旧的就好。但"谭可以变更旧制，为什么别人不可以呢"？齐如山此说固然不错，但是反过来，认为"凡是新的就好"，也成问题。五、张厚载一九一八年在《新青年》五卷四号上发表谈京剧文章，称中国京剧的特点在于"自由时空"和"假象会意"。张笔名为缪子、聊止等。六、宋春舫《戏剧改良平议》已提出反对以话剧取代京剧。

## 五月二十一日

天气突然放晴，令人精神为之一爽。上下午均去楼下草地散步。今天来访者有梅朵、芳藻夫妇、萧华荣等。仍读翁思再借来的有关京剧资料。胃病已愈，似未重发以前胀气毛病。

## 五月二十四日

苏移的《概论》述及京剧前后的戏曲演进过程。一、昆曲的"分出形式"，（由几十出组成，每出只能有一个主要人物。唱腔有刻板规定，开头一个引子，中间八支曲牌，最后一个尾声。）进至京剧的"分场形式"。（不受套曲限制，可以由主要人物，也可以由次要人物安排场子。没有套唱，每场可长可短，可多可少，可唱可不唱。）二、民国前后，京剧由以老生为主，变为由老生和旦为主，再变为各种行当均可为主。三、花部逐渐取代了雅部。昆曲被乱弹（京腔、秦腔、弋阳腔、梆子腔、罗罗腔、二黄调）所替代。四、《都门记略》"时尚黄腔喊似雷"。（徽班进京前，汉剧即有二黄西皮。）余三胜在唱腔创制上，一破喊似雷的平直简单缺少旋律之风。

## 五月二十七日

可过去在戏校教过的学生徐飞飞邀至其妹翩翩家，与戏校六零届学生聚餐。

## 五月二十八日

可在南伶酒家宴请戏校六零届学生。

## 五月二十九日

午后阴雨。偕可去瑞金医院检查。

## 五月三十日

阴雨。辞谢某报为我得奖事约稿。我向编者说明，我已向市里书面呈报，将给我的名额让给有成就的年轻人。同时我也说明，我不喜欢炒作。我说股票可以通过炒作而升值，但作品却两样。虽然炒作作品也可以使书多卖一些甚至畅销，但是却不能使其价值有丝毫改变。

## 五月三十一日

阴雨。朱维铮来，赠给我他的新书一种。书中有记朱一新事。朱是张之洞创办的广雅书院山长，著有《无邪堂答问》。解放前我在北平教书时，曾在琉璃厂购得一部，为广雅书院刊行的线装本五册一函。解放后此书一直未铅排印行。公巖夫子曾以第一名考取广雅书院，为朱先生高足。《答问》中有整整一卷都是答公巖夫子问的。

## 六月一日

阴。连日天空昏暗，使人有一种浑浊感，空气潮湿，气压很低。上海文艺出版社交来两代学人研究的三篇序文嘱看，其中现在复旦执

教的某人所撰之序文，思想陈旧，不宜采用。读此可知今日大学文科
水平之低。另一序文尚佳，但援库恩《科学革命结构》典范说入人文
领域，则似勉强。第三篇序文虽平稳，但琐碎，不过尚可一用。

## 六月二日

转晴。一九零四年《中国白话报》第六期载刘师培《论激烈的好
处》一文中说："天下的事情，没有破坏，就没有建设，这平和党的
人各事都要保全，这激烈派的人各事都要破坏，我明晓得这破坏的人
断断不能建设；但是中国到了现在，政府既坏得不堪，十八省的山河
都被异族人占去了，中国的人民不实行革命，断断不能立国，就是破
坏两字，也是断断不能免的了。"由此可知二事：一、激进之说由来已
久。二、激进之说多来自无政府主义思想（刘当时就是信奉无政府主
义的）。刘氏三代均钻研《春秋》之学，其国学造诣为当时学者太炎、
季刚等所称道。许多年后，鲁迅亦推荐其所撰《中古文学史》给研读
魏晋文化的学人。但无政府主义思想对他影响极深，这是值得研究的
问题。

## 六月三日

阴。林其锬来，赠他所撰的五缘文化两本。高建国来，将他所借
我的杂志取回。

## 六月四日

晴热。翁思再来。沙叶新来。钱钢来，为我抄写短文四篇寄杜渐
中。明雄女荣兰来问我要书，赠她《论学集》一本。江苏电视台邓伍

文来（他说他是李锐、黎澍之友）。

## 六月五日

　　晴。最近慎之在一篇文章中说，目前不宜对五四激进主义进行批评云云。理论界长期形成了一种策略性考虑的习惯，其根源来自列宁。《唯物主义与经验批判主义》一书中曾指出，马恩时代的哲学应是"辩证法唯物论"（即在辩证法唯物论中应强调"辩证法"方面）。而他本人那个时代的哲学就不同了，应是"辩证法唯物论"（即在辩证法唯物论中应强调"唯物论"方面，不宜再强调辩证法了）。理论文字中这种策略性的运用，在列宁以后越来越多了。列宁是首先将政治概念直接引入哲学领域中的。一九八七年我在文章中就谈过这个问题。例如，列宁在《唯物主义与经验批判主义》中说，从希腊罗马开始，哲学就有唯物主义和唯心主义"两条路线"的斗争，这种斗争一直贯串到今天。路线斗争的政治概念是列宁引进哲学中去的，马恩并没有这样说过。哲学的党派性问题也是如此。从此这些说法就成为经典性的理论。解放后我们的文学史、思想史就是按这两条路线斗争的模式去写作的。因此在过去的文章中，首先（往往也成为唯一）要解决的问题，是要确定所研究的文学家或思想家是唯物主义者还是唯心主义者的问题，只有唯物主义的思想家才能成为被肯定的对象，而唯心主义的思想家则必须加以批判。这种理论模式在改革开放后才逐渐绝迹，以至今天的一些青年已经不大清楚这段历史了。可是，尽管如此，将政治概念引进哲学领域的思想模式并未消亡，它们甚至可能改头换面地存在于完全不了解甚至否定这段历史的人的头脑之中。

## 七月十七日

连日酷暑，在三十八度以上。

## 七月十九日

今读《笔会》所载谈周作人一文，盛气凌人，骂詈无所不至，如"屎里觅道，臀上贴金"之类，用来诋毁对手。杂文倘仅仅以骂得痛快为高，则每况愈下矣。

## 七月二十日

近读《读书》所载金克木《历史并未过去》一文，颇与我的想法相近（见本年二月十五日日记谈五四时期强调"现在"与当时功利主义思潮有关）。金文称："明白过去的思想是为理解现在的思想打底子，又为照见未来提供方向。解说历史往往是自觉或不自觉地解说现在。解说现在又往往是投射未来。……常有人说不要割断历史，心目中以为历史是可以割断的。这是不知历史，不知今人是古人的延伸，古人是今人的影子，未来的人是今人的投射，是从今天的人脱胎而出的。……"

## 七月二十六日

中国审美方式不像西方，在西方审美的主客两方面划分得很清楚，或者是一方压倒一方。如"自然模仿"中的审美主体服从客体，或布莱希特的"间离效应"中的主体与客体的分离，感性与理性的割绝。中国的审美方式的两方（主体与客体或理性与感性），是平等的，互融的。刘勰的"随物宛转，与心徘徊"，龚自珍的"善入善出"，均申明此旨。西方美学中歌德的三个层次，也是要解决同样的问题。这就是他所区分的："单纯的自然模仿"（重客体）"作风"（重主体）——风格（主客统一）。这是说两者由最初的分割，到了最后（即歌德所指的最高境界）而达到统一和融合。这种艺术观和中国的艺术观是一致的。

# 一九九六年日记

## 二月九日

　　从杂物中拣出两张《圣公会报》，为一九三九年四月十五日出版的第二十七卷第八期。大约是母亲所存遗物。其中教讯栏中，有高荆记《黄吉亭会长升受圣职四十周年纪念感恩礼拜自述》一文，述及湖北沙市圣公会事。文云："庚子年德公使被杀，乱日扩大，祸益甚，国益危，试释其因，实属民智不开，庸人自扰。祥（黄吉亭自称）等组织日知会于府街，广集书报，任人披阅，开讲演以灌输新知识，大受学界欢迎。常闻人云：此乃中国第一阅书报处。"日知会是支持孙中山革命的进步团体，陆丹林《革命史谭》记其事颇详。儿时，父母亲在谈话中时时叙及黄吉亭、胡兰亭之名，惜有关事迹已无记忆。但父亲母亲在谈话中从未提及日知会，我对这一组织有所了解，还是读了陆丹林著作才知道的。

　　同文中又说："一九零三年，祥在长沙设立日知会，大受湘学界之欢迎。除阅书报公开演讲外，每主日（即星期天）早礼拜，校长、教员及学生，受奉教礼者有之，受洗者有之，并乐捐款项，作耕地时之中用酒水等费。"长沙为陈宝箴在湖南推行新政之地。湖南新政即有开民智之举措，办有时务学堂和刊行《湘报》等等，故日知会的活动在此易被接受。本世纪初基督教与革命党人关系颇密切，但到了二十年代初，由美赔还庚款兴办的清华大学即举行了全国规模的反基督教大会，当时陈独秀亦有反基督教的强烈言论出现。数年之间，发生如此变化，是何原因，颇值得研究。

## 三月八日

从抽屉中找到去岁吴敬琏五月六日来函。其中有一段话记下备考：

> 前谈及你所引丘吉尔谈民主之引文，经查如下：
>
> Many forms of government have been tried，and will be tried in the world of sin and woe. No one pretends that democracy is perfect or all-wise. Indeed，it has been said that democracy is the worst form of government except all those other forms have been tried from time to time.
>
> W. Churchill at the House
>
> Commons，11 November，1947

我所引用之译文乃意译。此文颇难翻译，丘氏的表达方式极为委婉含蓄，倘用所谓直译是无法表达其精神实质的。后面一句大意说，有人认为民主是坏的政府体制，但长期以来一次一次实验的结果说明所有其他那些政府体制却是更坏的。

## 四月二十九日

二十六日应徐秉慎之邀,约文忠、小孔、蓝云、思再等同去镇江,游览三日,雨中去焦山,印象平平。次日,参观博物馆,见馆藏一九六九年句容出土的晋刘岱墓志。("文化大革命"中,《文物》上刊有此志拓本。我考订刘岱为刘勰之堂叔,并据墓志以刘抚为勰之远祖,以增补杨明照的世系表,一九七九年我撰文谈论此事,发表于《中华文史论丛》,杨曾去函绍虞先生询问究竟。)又去碑苑,见碑铭林立,惜人多不知镇江碑苑之丰富,参观达三小时始离去。后至赛珍珠纪念馆,此为赛珍珠在华之故居。再去隆昌寺,寺设戒坛,为僧众受戒处,海外和尚亦多来此处受戒。庙门右壁嵌有碑铭,为庙之戒律,似专对方丈,我请文忠录下:

一、本山方丈不得任意剃度,多蓄徒众。

一、本山方丈不许挂单养老,以禁私房别爨之弊。

一、本山方丈不许私立橱室,收积蔬菜。

一、本山方丈不许私蓄香仪,如有即送归常住。

如上所列,若方丈故违,剃度眷属者,当鸣椎众,幺罚出山,更请持戒有德者居之。若知而不举者,举而徇情,罪责同科。余若有违,应三谏改过,如不纳谏,立出丈室。

康熙戊午秋滇南见月头陀识

## 五月十九日

我将《读黑格尔的思想历程》投寄《现代与传统》,该刊编者袁伟时十四日来函。信中有云:"它(案指拙文)不但体现着先生的崇高品格和深厚功力，而且是中国知识分子思想觉醒的一个重要记录。后学曾用一年的主要精力苦读《资本论》，总觉得马克思的方法与两阶段论不符（案：两阶段论系指认识论中从感性到理性之说）。直到'文化大革命'后拜读周扬的引起轩然大波的报告才茅塞顿开。后来才知道，这一重要论点出自先生。他如历史与逻辑统一，普遍性、特殊性与个体性等，都是至今仍在困扰中国学界的重要问题。可悲的是中国的年轻人从中学开始就被告知，这些是无可置疑的真理，甚至哲学系的大部分师生也仍深信不疑。"信末称文章将在第三辑刊出。

## 六月三十日

得林同奇二十三日自康桥发来的信。信中谈到他对我治学的一些理解：

> 元化吾兄：
>
> 　　上周收到《读黑格尔的思想历程》一文及《无梦楼随笔》一书。张中晓"血泪凝成的思想结晶"终于留下一鳞半爪。一生困厄，可叹！你的短序真切入里，有一股催人深省之力。……
>
> 　　两三年来赐赠大作，已积累不少。中国知识分子坎坷心路，外国学界很难理解。他们的思想轨迹，实际上是心路轨迹的某种折射，是一种生命形态，绝不同于"职业思想家"的纯学术探索。这是中国知识分子的传统的特色，固有其弊，但也有其利。今有人欲全弃之，完全走西方的专业化道路，我以为可能是一种损失，不仅会造成学术的枯干，而且会造成生命的萎缩。目前这种"国粹"正是应该发扬的时机，而不是抛弃的时机。我很想就

此题写些杂想，你的情况可说有代表意义。但这类文章难写，不仅需要思想敏锐，而且需笔端传情，知言知行，必须知人。纪霖曾有一篇短文是很好的开头，但如果展开成一篇有学术思想意蕴的文章，将对西方汉学界产生一些作用，也是沟通中西思想、哲学、文化的一个渠道。两三年来我常有一些想法，但尚未形成明确思路，可能还需酝酿一段时间，不知可否实现，所悲才力不及耳（仍想尽力为之）。

同奇上

六月二十二日

## 八月二十日

《文汇读书周报》转来中国社会科学院历史所王春瑜来信。他读了《记辛劳》，对文中所述之事作了如下补充和更正："……我藏有阿英先生在盐阜抗日根据地编的《新时期》二本。其中一九四四年出版的一册上，载有阿英亲自写的书讯，现将此页复印寄上。由此可知辛劳还有《栅栏草》，也可断定他被韩德勤抓去，也并非是抗战后。"

复制件一页繁体直排，在《华中根据地出版书录》标题下署名"英"。共三题，一《街头诗集》、二《墙头诗画集》、三《栅栏草》，下面两行文字是："辛劳著。诗集。一九四三年十一月刊。收诗四篇：《在月夜》、《五月十四日》、《小夜曲》及《插秧女》。皆作者在韩德勤省府狱中作。油印本。"

## 九月十二日

李庆发来传真，言及日本收藏之胡适笔谈事。他说材料较多，先传真送上一部分，全文当尽快整理出来寄上。现将传真贴在下面：

（日人）：近数年，敝国人之研究经学者，多以欧米哲学研究法为基，条分缕析，虽极巧致，遂莫补于穿凿。弟私以为东洋经术，东洋哲学既不一，其起源体系，研究之方法，Method，亦宜有殊途。然而弟至今未得其方法，又未闻有讲其方法者。请问高见如何。

（胡适）：此问题太大，非一刻所能答。鄙意清代经学大师治经，方法最精密。（如戴震、王念孙、王引之诸人，皆可法。）若能以清代"汉学家"之精密方法，加以近代哲学与科学的眼光与识力，定可有所成就。

我的《哲学史大纲》第一篇"导言"一万字论"史料"，实即论治古书之方法也。又有《清代汉学家之科学方法》一篇，载《北京大学月刊》，尚未完。

以后若得暇，我当作一长文，发表我对于诸经之意见。但此时在病中，不能用脑。医生亦不许我作文。

（日人）：真如贵谕。但外来思想输入一事，果能足启发宋代自由讨究精神欤？其间尚不能无疑。且邵、周二子之学，虽非无禅学影响，其主要原因，宁似得之于易学者。宋儒由来所读，才不过《楞严经》一部。一书之所影响，岂如斯深且多乎？敢请教。

（胡适）：一时代有一时代之《易》。王弼之《易》，老庄之影响也。邵、周之《易》，又道家之影响也。宋时中国之空气已成一禅学之空气。虽有智者，亦逃不出。非一部《楞严》之力，乃此空气之力也。

（化案：这是笔谈一部分。其中论及以西学眼光与识力治国学问题，二人观点似有分殊，颇值得注意。据李庆说，笔谈未收入近出胡适全集中。笔谈发问的日人，乃日本汉学家诸桥辙次。据李考证，笔谈时间当在一九二零年九月，地点为北京。）

## 九月十七日

一九九五年初去加拿大前，曾就三纲五常问题作了一些札记，现抄录在下面。

杜维明曾在杭州会议上谈及三纲五常问题。杜认为五常可以继承，三纲则须批判。我在发言中曾引陈寅恪三纲六纪之说，阐述五常与三纲的关系，杜对此不太熟悉。次年去加拿大参加温哥华之会，在饭店与维明相遇，晚饭后就此一问题谈至深夜十二时。我向杜提供了一些过去所记资料。今年，《中国研究》刊载杜与陈奎德对话录，曾提及我对他的意见提过不同看法。

## [附] 札记

《白虎观》（《白虎通义》或《白虎德义》）

东汉章帝刘炟召儒生论五经同异。论者有魏应、淳于恭。参加者有丁鸿、李育、贾逵，记录整理者为杨终、班固。时在建初四年（A. D. 79）十一月。

"人皆怀五常之道，有亲爱之心。臣所以胜其君者何？此谓无道之君也，故为众阴所会，犹纣王也。"（化案：三纲虽以君为臣纲，但

《白虎通》中亦以纣王为例，标明臣在一定情况下亦可胜君。）

《孟子》："无违夫子，以顺为正。"赵歧注："委婉从人。"（化案：五常中亦有无违从人之义。以上二例须细加揣摩以领会之。）

《白虎通》中三纲六纪一节中称：六纪者谓诸父（叔伯）、兄弟、族人、诸舅、师长、朋友也。故《含文嘉》曰："君为臣纲，父为子纲，夫为妻纲。"又曰："敬诸父兄，六纪道行，诸舅有义，族人有序，昆弟有亲，师长有尊，朋友有旧。"何谓纲纪？"纲者，张也。纪者，理也。大者为纲，小者为纪，所以张理上下，整齐人道也。人皆怀五常之性，有亲爱之心，是以纲纪为化，若罗网之有纲纪而万目张也。"诗云："亹亹文王，纲纪四方。"三纲法天、地、人。六纪法六合。（六合指上下与东南西北四方也。）

《白虎通》中《论六纪之义》称："君，群也，群下之所归心也。臣，缠（纏），坚也。厉志自坚固也。春秋传：'君处此，臣请归也。'父者，矩也。以法度教子也。子者，孳也。孳之无已也。孝注：'父有争子，则身不陷于不义。'夫者，扶也，以道扶接也。妇者，服也，以礼屈服也。《仪礼·昏礼》：'夫亲脱妇之缨。'传：'夫妇判合也。'（夫妇各是半个人，合起来才是整个人。）朋者，党也。友者，有也。（朋乃帮助义，友乃保护义。）《礼记》：'同门曰朋，同志曰友。'（同门谓同学一师，同志谓同一志向。）朋友之交，近则谤其言，远则不相汕。（当面批评，背后不汕谤。）一人有善，其心好之，一人有恶，其心痛之。货则通而不计，共忧患而相救。生不属，死不托。（活着时不嘱咐，临死时不请托。）《论语》：子路云：'愿车马轻裘，与朋友共敝之。'（共用直到破烂。）又曰：'朋友无所归，生于我乎馆，死于我乎殡。'朋友之道，亲存不得行者二：不得许友以身，（化案：如专诸以身许子胥先请命其母。）不得专通财之恩。友饥则白之于父兄，父兄许之，乃称父兄与之，不听则止。故曰，友饥为之减餐，友寒为之不重裘。《论语》曰：'有父兄在如之何？其闻斯行之也。'（听到就去做。）"

《白虎通》中《论纲纪所法》一节有云："六纪者，为三纲之纪者也。师长，君臣之纪也，以其皆成己也。诸父兄弟，父子之纪也，以其有亲恩连也。诸舅朋友，夫妇之纪也，以其皆有同志为己助也。"

（化案《白虎通》有关纲纪各节名目：一总论纲纪，二论三纲之义，三论纲纪所法，四论六纪之义，五评纲纪别名之义。）

五伦通五常，五常通五教。（化案五教，指五伦应守之道德规范，即：父义、母慈、兄友、弟恭、子孝。）《书·舜典》："敬敷五教在宽。"《左传·桓三年》："务其三时，修其五教。"《孟子·滕文公上》："使契为司徒，教人以伦。父子有亲，君臣有义，夫妇有别，长幼有叙，朋友有信。"《管子·八观》："背人伦而禽兽行，十年而灭。"《荀子》："人伦并处，求同而异道，同欲而异知，生也。"注："伦，类也。"（化案：此释人伦为人类。）

先秦已有此说，董生概括为五常。一、同五教。《书·泰誓下》："今商王受狎侮五常。"二、即五伦。三、仁义礼智信。见《汉书·礼乐志》刘向议。《白虎通·情性》。四、五行（金木水火土）。《礼记·乐记》："合生气之和，道五常之行。"（依五行之性也。）《白虎通·情性》："仁者，不忍也，施生爱人也。义者，宜也，断决得中也。礼者，履也，履道成文也。（化案：言道之形式。）智者，知也，独见前闻，不惑于事，见微知著也。信者，诚也，专一不移也。故人生而应八卦之体，得五气以为常，仁义礼智信也。"

《孟子》："女子之嫁也，且命之，往送之门，戒之曰：往之女家，必敬必戒，无违夫子以顺为正者，妾妇之道。"赵歧注："女子当婉然从人也。"

五常从属三纲。仁用以对人。"以仁治人。""以仁安人。""仁者爱人，不在爱我。"义用以对己。"以义治我。""以义正我。""义在止我，不在正人。"（同儒家"求诸己，而不求诸人。""躬自厚而薄责人。"但其分殊仁与义之异，与孔子"己欲立而立人，己欲达而达人"之说相悖。反对爱我，流于反对尊重自我。）

《白虎通》的编撰者认为人间的一切尊卑贵贱，亲疏关系，都是仿效自然界的阴阳五行的运行规则而建立的，因而是天经地义的。（化案：天人合一——人伦与自然合一。《白虎通》似将孟子的人伦观点合法化、确定化、体系化，这一点颇值得探讨。）

## 九月二十日

近读贺麟于一九四零年所撰《五伦观念的新检讨》一文，其中颇可玩味者，择记如下：

关于三纲——"五伦观念的最基本意义为三纲说，五伦观念的最高最后发展也是三纲说。而且五伦观念在中国礼教中权威之大，影响之大，支配道德生活之普遍与深刻，亦以三纲说为最。三纲说实为五伦观念的核心，离开三纲而言五伦，则五伦说只是将人与人的关系方便分为五种。此说注重人生、社会和等差之爱的伦理学说，并无传统或正统礼教的权威性与束缚性。儒家本来是与诸子争鸣的一个学派，其进而被崇奉为独尊的中国人的传统礼教，我揣想应起于三纲说正式或成立的时候。"

五常伦的消极意义——"偏重五常伦的思想一经信条化、制度化，发生强制作用，便损害了人的自由与独立。而且把这五常的关系看得太狭隘了、太僵死了、太机械了，不惟不能发挥道德政治方面的功能，而且大有损害于人伦的超社会的种种文化价值。德国哲学家锐嘉特（H. Rickert）认科学、艺术、泛神教为非个人的（Impersonal）、反社会的（Asocial）文化价值。所以我看不减少五常伦说之权威性、褊狭性，而力从开明自由着手，而想根本推翻五常观念，不惟理论上有困难，而且事实上也会劳而无功。"

"等差之爱——五伦观念中包含有等差之爱的意义在内。'爱众而亲仁'，'亲亲，仁民，爱物'，就是等差之爱的典型解释。在德行方面，因为爱有等差，所以在礼仪方面就服有隆杀。""说人应履行等差之爱，无非是说，我们爱他人，要爱得近人情，让自己的爱的情绪顺着自然发泄罢了。""等差之爱的意义不在正面提倡之，而在反面地消极地反对并排斥那非等差之爱。""一、兼爱，不分亲疏贵贱，一律平等相爱。二、专爱，专爱自己谓之自私，专爱女子谓之沉溺，专爱外物谓之玩物丧志。三、躐等之爱，如不爱家人而爱邻居，不爱邻居而爱路人。又如以德报怨，也可算在躐等之爱的范围内。这三种非等差之爱，一有不近人情，二有浪漫无节制，爱到发狂（Fanatic）的危险。此种狂诞行径，凡持兼爱说者，特别是基督教中人，往往多有之。而等差之爱不单是有心理的基础，而且似乎也有恕道或絜矩之道作依据。"（化案"絜矩"，《大学》："君子有絜矩之道。"郑注："絜，犹结也；矩，法也。君子有絜法之道，谓常执而行之，动作不失之。"）"持等差之爱者……重在一个推字，要推己及人。……我们虽可取'老安少怀'的态度，但须依次推去，不可躐等，也不可舍己耘人。"若不养成爱敌人，尊重敌对方面的宽容之怀，则政党间的公开斗争，商业上的公平竞争，学术上的公开辩难，均有为褊狭的卑鄙的情绪和手段所支配，不能得相互攻错，相得益彰之益。"

## 九月二十二日

余撰《记辛劳》一文，其中倒第二段最后一句，曾修改多次。就记忆所及，大致记录如下：

（早期稿）：我不知道为什么老天爱才和忌才总是纠缠在一起？

（其后）：我不知道这究竟是天地爱才，还是天地忌才？

（接着当天夜里醒来时，念及此句仍觉不妥，遂改成）：我不知道这究竟是天地爱才，还是天地忌才？为什么命运要将众多的苦恼降在这样一个才气横溢的人的身上？

（过后再读全文，读至此句仍未惬于心，再改成）：我不知道这是天地爱才，还是天地忌才？既然这个人被赋予了大量的才华，为什么又偏偏要将众多的苦恼降在他的身上？

（再读仍觉未畅己意，至今天清晨，卧床未起时，伏枕再改成现在的句子）：这究竟是天地爱才，还是天地忌才？既然赋予这个人以过人的才华，为什么又偏偏要将众多的不幸降在他的头上？

至此始觉文可定。

## 十月二日

陆丹林《革命史谭》记有日知会事：

　　在鄂党人借圣公会开会欢迎，演说革命，空气紧张。被清吏张之洞、张彪们侦得，于十一月十一日派兵围圣公会，捕去刘家运、朱子龙、胡瑛、李亚东、殷子衡、吴贡三、李雨霖等多人，检出名册四大本，多属军学两界分子。余诚、冯牧民等幸得逃脱。

　　日知会在两湖的革命运动中，主干人物，除了教会牧师胡兰亭、黄吉亭之外，在湖北方面有曹亚伯、刘家运、冯牧民、张纯一、吴贡三、陆费逵、朱子龙、李亚东、殷子衡、余日章、梁钟汉等。湖南方面有：黄克强、刘揆一、禹之谟、易本义、胡瑛、宋教仁、陈天华等。他们对于革命运动，尽过很大功绩。

　　党人借教堂或教会学校做革命机关，有在长沙、武汉两处的圣公会，武昌的文华书院，上海的圣彼得堂。

## 十月三日

　　前刘人寿邀我担任正在编辑的潘汉年文集的顾问，送来潘的著作目录。我发现潘在二十年代在创造社做小伙计时，曾写过一篇倡导"新流氓主义"的文章。这使我理解到鲁迅当年撰文批判创造社有所谓"才子加流氓"的说法，并非毫无根据。可惜这一点，至今无人谈到过。我曾询问一些在大学教授现代文学的熟人，知道不知道潘汉年写过一篇"新流氓主义"的文章？都答以不知道。这样去研究文学史是十分危险的。现在越来越不重视资料工作，逞臆妄谈之风流行，无怪乎现在人所写的文学史与文学评论，大多引不起读者的兴趣。

　　潘氏离开创造社参加实际革命工作，其一生颇富传奇色彩，而后来的经历也极为坎坷。一氓老人逝世前，八十年代中期来上海，下榻金山的一家宾馆，曾约我去住宿一夜。他向我和方行述潘案经过甚详，谈了将近两小时，可惜未及时记录下来，其中多外间所不知。但所谈重点则在潘被捕时中央几位领导人对此事的态度。我对潘案亦有难以解释的疑点。相传潘案关键在他于抗战期间曾被李士群挟持去见汪精卫，潘事后未向组织交代，我认为此事不足以为潘定罪。潘见汪精卫并未给组织带来任何损害，何以竟成潘的历史问题？李士群挟持潘去见汪必有所图，倘汪伪组织从潘处一无所获，又何必出此下策？在此之前二战形势已日趋明朗，李为留后路计，曾向中共表示愿以功补过，诱潘见汪之举岂不使补过行为前功尽弃？又，相传潘本想当中共召开七大会议去延安时，将被挟持见汪精卫事向毛泽东坦白陈述，但见面后二人相谈甚欢，故未启齿云云。此事亦有可疑者。倘见面时，毛对潘态度不好，潘将原来打算取消，尚属合情合理。今相反，毛对潘态度甚好，正是可以解释清楚的时机，反而因顾虑缄口不谈，岂非怪事？总之，我对上述传说，觉得多有不可解释的破绽。潘案终是一个谜团。

## 十月十六日

得王蒙电话称，从张锲处得悉，将随一位副部长于十八日来沪，准备访我。我告以不日就要离家，恐无法见面了。中国作协四大即将在京召开，我告王蒙届时我不能赴京。

## 十月十七日

《文汇报》专刊所载之文令人感到大批判风复炽。

## 十月十八日

午后四时偕可乘社联车去浦东东方文化中心小住，以避来访者，准备四日后回家。

## 十一月三日

今天晚报文化新闻版出现了宣传倾向强烈的报道，这篇报道的标题是："对抗西方文化侵略，伊朗自制洋娃娃"。所谓"文化侵略"指的是美国制的洋娃娃芭比。美国洋娃娃在伊朗销售被称为"文化侵略"，这似乎是一种相当独特的说法。从这则消息看，这一说法并不是来自伊朗，因为所报道的"伊朗儿童文化促进中心"只是说，由于受到芭比娃娃的影响，伊朗女孩以为长大后应像芭比娃娃才算漂亮。这里并没有提到"文化侵略"。如果在商品社会把销售商品视为侵略，那么只有取消改革开放，回到闭关锁国，才是唯一反侵略的出路。

奇怪的是报上对日本在钓鱼岛事件却多有回避，不报道或少报道，而涉及中日交欢处颇多。不知何故？

读了《夜光杯》载萧乾所写《龙应台惹恼了新加坡》一文，令人痛痛快快舒一口气，倘无此文，今天这份报纸真会令人闷死。龙应台的直率敢言，新加坡《联合早报》刘培芳的理性，和萧乾虽在高龄而始终保持着清晰的头脑。在读了那些蠢话之后，无异是一帖清凉剂。

## 十一月十日

公巖夫子二公子复强先生自美来沪，住在妻弟艾明之处，昨日来访，适我外出，留一便笺离去。今日一早去艾明之处回拜。我与复强过去未晤面。一九四七年我在北平国立铁道管理学院教书时常往汪先生处问学，那时汪家住在兵马司。宅邸甚大，大公子健君、二公子复强均与汪先生同住。汪先生居室在一单独院落中，问学时除见汪先生外从未与其家人谋面，仅知复强在国民党空军任后勤工作。明之告我，此是一肥差，但复强为官廉洁，毫无贪墨行为。解放后，我不知复强消息，仅与健君先生有书信来往。我拟撰写回忆汪先生文，函请健君提供资料，回信答因年老，记忆不好，可请复强帮助。此次在明之处见到复强，得知汪先生生前曾自订年谱，现存彼处，俟回美后即寄来。他又告我，汪先生年轻时在张之洞幕府，与纪昀五世后人纪钜维（又名伯居老人）同事。钜维以女许之（即健君、复强之母），又以另一女许刘曾复之父。（刘现在京，已年过八十，虽是科学家，但精通京剧音律，目前罕有其匹者。）纪钜维许配二女时家道已中落。复强又告，抗战胜利后（即我在京向老先生问学时），汪家住兵马司中横街九号（现已改为房山小学）。清时为四铜鼓斋张（复强不记其名）家宅邸。记得当时老先生也曾将此房来历告我，但我已全部记不得了。

## 十一月十四日

季羡林寄来交《学术集林》发表的《甘蔗何时从印度传入波斯》一文的文前按语："羡林按：这是拙著《糖史》（未刊）第二编国际编第十章埃及以及其他阿拉伯国家的种甘蔗和制糖的一个附录，可以独立成篇，而且篇幅又较短，适宜于单独发表。徐文堪和钱文忠两兄屡次转达王元化先生的意见，索稿于我。元化先生正主编《学术集林》，文堪与文忠实为其辅弼。《学术集林》实为高规格高水平的学术文丛，不投时好，朴实无华，然而篇篇内容充实，言之有物，与时下流行的许多刊物，以新名词、洋名词哗众取宠者迥异其趣。我虽谫陋，亦应为之呐喊。谨将此文奉上，不知能为《学术集林》补白否？"季先生为我所敬重的前辈学者，他对文丛很爱护。按语当时未刊出，留此作为纪念。

## 十一月二十日

因《太平天国亲历记》重版，我在译序中谈到初版所译"芦墟"地名，遵罗尔纲意见，改译为"甪直"。译序发表，接连得到两封来信，认为初版所译"芦墟"不误。现择录如下：

杨其民与沈渭滨在《吟唎所记"芦墟"地名辨》一文中提出了五点意见：

（一）吟唎自上海出发，溯黄浦江至松江，再至芦墟、盛泽、平望等地买丝，然后循运河至苏州。而甪直在吴淞江中游，不经黄浦江。若由松江去甪直，则兜远路，且无水道直达。

（二）吟唎自称自芦墟至上海约六十英里水路。经查人民交通出版社《全国交通营运线路里程示意图》（一九七三年八月第一版）所载，自上海至芦墟水路为九一点四公里。按一英里等于一点六一公里换算，约合五六点七英里。自上海至甪直为八八公里，换算为五五英里。芦墟更接近六十英里之数。

（三）《亲历记》说到芦墟"佛寺捣成粉碎"。按甪直名刹宝圣寺，并未被毁，只打坏一尊伏虎罗汉（见《野烟录》载）。故甪直闻名中外的唐塑罗汉，至今犹存，列为国家重点保护文物。芦墟是否有佛寺捣毁，虽未见史料记载，但太平宗教为一神教，所至必毁佛碎庙，芦墟恐不免。

（四）芦墟、盛泽、平望为著名产丝区，所以吟唎携巨款去买丝。用直介淀山湖、阳澄湖间，系鱼米之乡，并不产丝。吟唎决不会去用直买丝。

（五）《亲历记》说："此地最近由英国人自太平军手中夺下交满清政府管辖。"此为一八六三年十月吟唎在上海《中国之友》西报所载重游芦墟通信上所说的话。查昆山于一八六三年五月三十一日被清军攻陷，用直一带随着失陷。芦墟一带失陷较迟。戈登于是年十月二十七日占八坼，距芦墟仅十余里（见李鸿章奏稿）。芦墟被占亦为是年十月，但先于八坼，所以吟唎重游时有中立地带，与他所说"最近夺下"日期较为符合。

陆铭之在《吟唎所记"芦墟"地名辨》一文中说：我即芦墟人。吟唎在书中将芦墟译为 Loo-Chee，系据当地方言，而叫 Io Qu。从前有些诗人称为"芦漪"或"芦溪"。自从试用简化字，有不少人也写成"芦坺"。可以想见吟唎到这里时问："这是什么地方？"本地人回答"这是芦漪"。与英译 Loo-Chee 相符合。又吟唎在书中说："我们到了芦墟，这是一个大村庄，离上海有六十英里。"按一市里零点三五七九英里计算，六十英里合一六八市里，相当于上海到芦墟的距离。吟唎又说："他们从黄浦江向内地行驶。"这条航路即上海到湖州的内河航线，是从黄浦江经米市渡、俞汇、芦墟往西走的。如果到用直去，应该沿苏州河经黄渡白鹤港直达，决不会走黄浦江这条航线。吟唎去芦墟的目的是"到太平军境内收购生丝"。当时生丝的主要产地江苏震泽、盛泽和浙江的湖州、嘉兴一带。这些地方往上海去大多先到芦墟，上海来收购生丝也要先经过芦墟再去内地，成为水路交通重要口岸。所以吟唎在书中说这里"处处都显出兴旺景象"。听父老传说及志书所载，一八六零年四月太平军攻克苏州、嘉兴后，吴江县盛泽、黎里、同里等镇有地主武装与太平军作战，失败后烧杀惨重。而芦墟则派人到嘉兴欢迎挺王派兵来驻扎，只烧掉一座庙宇。这些历史与吟唎在书中所描写，都是一致的。至于当时用直是清军驻守，还是太平军占据，还可作进一步考证。

## 十一月二十六日

文堪查得思辨一词曾有以下各人言及。一、王守仁《传习录》卷上："若只是温清之节，奉养之宜，不可一日二日讲之而尽，用得其学问思辨。"王夫之亦有"故必极学问思辨之力……然后可以治天下国家"（见《夕堂永日绪论外篇》）。至于思辨一词，源出于《礼记·中庸》，而清陆世仪（桴亭）有《思辨录》二十二卷，四库全书入子部儒家类篇，则是广为人知的。

## 十二月五日

日前徐钤拿来十二月二日台湾《联合报》。其中《读书人周报》专刊，将《清园夜读》列入每周金榜。并有南方朔的书评《第二类读书人》。书评作者说，他以三个夜晚将全书读毕，用红笔圈点。书评对书中蕴而未发的含蓄、用心处大多有所领悟，往往从中见到意在言外。并将书中各文互相参证，以揭示作者隐约所指的近来学风不振以及曲学阿世种种弊端。书评作者将读书人分为两类。大意说：一种是与时俱迁的大海上的灿烂浪花。另一种则是暖暖发光的沉潜自在的大海本身。作者将《清园夜读》归为第二种。

## 十二月六日

香港某刊将我为张中晓《无梦楼随笔》所写的序言，换了标题，文字也作了修改，仍用我的名字发表了。事先未征得同意，发表时亦未作任何说明，这是不应该的。我的文字是经过我仔细酝酿写出来的，在用字上我有我的选择，在风格上我有我自己的爱好，我既不喜欢别人将它刨平磨光，也不喜欢别人将它拔高扩大。我所接触的编辑大多是懂得尊重作者的，要有改动也知道先征求作者的同意，我还未碰到这次所碰到的事。我将上述意见简要地写给该刊编者，但未得答复。

## 十二月七日

读《文汇读书周报》所载《胡适最后的日子》："……有些人对胡适在雷震案中的表现不满，认为他没有为朋友尽到责任，在蒋介石的高压下屈服了。其实这说法是不对的。在雷震案中，胡适曾专门面见蒋介石为他鸣冤，对法院的判词也提出抗议。蒋介石当然非常不高兴，冷冷地说：'这一两年来，胡先生好像只相信雷儆寰，不相信我们政府。'胡适也不让步地说：'我今天盼望的是总统和国民党其他领袖，能不能把十年前对我的雅量分一点来对今日的人？'"胡适与蒋的这次会面鲜为人知，直到他去世后，才从他的日记中知道有这么一件事。胡适在雷震因《自由中国》事件被捕后所采取的态度在当时颇遭物议。不少人责他对国民党查封刊物逮捕编辑不够强硬。但我觉得他对此事并不是不关心的。这从他贺雷儆寰在狱中过六十五岁生日时，引杨万里《桂源铺》这首诗可以见出。当时，胡适引用这首诗来祝寿是寄意遥深的。诗中所说的"众山不许一溪奔，拦得溪声日夜喧。等到前头山脚尽，堂堂溪水出前村"，虽是景物，却正好用来表达一种看似弱小，却终将排除重重险阻的不屈精神。我读此诗时，感到一股深沉的暖流在胸中升起，为之感动不已。

## 十二月八日

朱东润自传《我的十八年》（《国学之声》摘刊）有一节提及唐文治在南洋公学教授古文："老师的讲法很别致，他从来没有给我们作字句的解释，也从来没有说这篇文章好在哪里，为什么要读。他只是慷慨激昂地或是低徊婉转地读几遍，然后领着我们共同诵读。他这才在教室里打转转，听着我们朗诵。有时他会搬过一张凳子，坐在你身边，说着：'老弟，我们一道读啊。'虽然带着太仓腔，但在抑扬顿挫中，你会领会到句号、分号、逗点、顿点，连带惊叹号、疑问号。后来我在英国，看到他们十七世纪的黑字本，也和我国旧时出版的书籍一样，没有标点，而在善于朗诵的读者口中，同样听到这些符号。这才明白符号只是一种指示，指导我们怎样去诵读，倘使我们不会去诵读，那么这些符号的意义会丧失的。"（化案：郭绍虞在论语文的文章中，也曾谈到同样的意思。他说中国的古文虽无标点，但朗诵起来，可以读出句逗。）昨日复旦为朱先生百年冥诞举行研讨会，未赴会，书一条幅祝贺。今天傅杰陪邵东方来，留晚餐。谈至深夜始散。傅杰谈到复旦有人说朱东润生前对《柳如是别传》有批评，大意说陈寅恪为何不写陈子龙等，而作《柳如是别传》，有何意义？此评可见见识之高下。

## 十二月十二日

近来文稿被不告而发表的事屡有发生，颇以为苦。香港某周刊是一例，前已写进六日日记。再早更有友人某君为沪上某画家向我索序，我被纠缠无法脱身，序写好交去，有人告知某君又拟将此序交某港报发表。近日又有熟人为某老书法家集索序，双管齐下，不得脱身，无奈请晓明为代。既成，又不经同意，即交某报专刊。我得知后几经交涉，仍拖延不理。直至我发火，始撤销。我自己的稿子，自己不能做主。发与不发，发在何处，均由别人摆布。这些所谓友人视写作为末技，作者为傀儡，令人气恼。又，对我的访谈也是一样，固然有不少编辑尊重我的意见，将整理稿先交我审阅修改后再发，但也有不少人不经我过目就匆匆发表了，其中误记之处（由于听错或理解错误，及我所不懂的种种原因），往往令我自己读后也感到羞愧。〔补记：如后来某港刊记沪报所载我的访谈时，就把我的话夸大了。我说钱钟书逝世意味着他这一代学人将随本世纪终结而消逝。某港刊却将此话改作钱将与王国维、陈寅恪一起，随着本世纪终结而消逝。钱是陈的弟子，更是王的后辈，在学术成就上是不同的。我并没有将三人相提并论的意思。〕因此我对朋友说，我只对自己写的收入集子里的文字负责。别人记我的讲话，未经我校对过的，我不能负责。

# 一九九七年日记

## 二月十日

　　去年底至春节前，不断生病。最初是病毒性感冒，发烧至三十九度，沈医生来探视，护士来吊针，五天后，热度退尽。接着腰疼病发作，又在床上休养了一周。去瑞金医院治疗兼检查。B超：脂肪肝痊愈。验血：血黏度、血脂、胆固醇仍居高不下。医生担心指标过高，可能有中风危险，决定用东陵克栓酶。又去医院吊针，一个疗程三针，隔日吊一针。验血查肝功能，基本正常。再验血检查血黏度，一周后报告出来，未见好转，说明吊针无效。再以服药为代替。医生用了一种进口药来降血黏度和血脂，有强烈反应，身上出现了大块紫色出血斑点，立即停止服用。

## 二月十一日

　　此次生病卧床半月有余。在床上读赵如兰寄来她父母回忆录三本。赵太太的两本书《一个女人的自传》和《杂忆赵家》均十分精彩。赵太太的语言文字尤有特色，跟别人不同，也是别人学不来的。小时由清华园搬进城里报房胡同后，赵太太间或到我们家来。她是一个热心肠的人。矮矮的，胖胖的，但动作却十分敏捷。至今我还记得她圆圆的脸上，一对大大的眼睛总是不时地眨动着，这是她的习惯。我很喜欢她，因为她每次到我家来，都要把我叫到她的身边，问问我的功课，叫我把学校作业拿给她看。她夸奖我字写得整齐，作业做得好。更使我觉得可亲的是她还常常给我看病。母亲总以为我生病是吃坏了，停了食，因此十之八九，都是灌我蓖麻子油。我最怕这种药，每次灌药时我都要呕吐。可是赵太太来看病，从来不用这种药。她是在日本学的医，用的是一张小白纸包着的药粉，撒在舌尖上，咽口水就吞下去了。这已是六十多年前的事了。

## 二月十四日

阅报见足球队常有争吵闹事的情况发生。奥运会时国内传媒常有挑动性的报道，中美女足比赛，裁判为瑞典人。报道时称裁判不公。当时我曾收看电视直播，这场比赛开场不久，裁判即判美国队犯规。裁判执法并无偏袒。可是第二天报上的报道却使用了不少带有偏见的语言。当时我想：指摘在外国比赛时的外国裁判也许是为了"爱国"，可是此风一开，观众就不再把体育当作健康运动，甚至也不再把体育当作竞技艺术来欣赏，而只是意气用事，赌输赢。由此将引出狭隘的民族意识，不再关心体育应有的正当意义，而 fair play 精神也就荡然无存了。于是体育场上再无宁日，不是吵架，就是打裁判，吐口水，连要求签名的观众也会被饱以老拳……

## 二月十八日

赴杭参加王国维全集研讨会，会期三天。下榻萧山金马饭店。王国维全集由华师大史学所编辑，浙江教育出版社出版。篇幅较以前所出所有文集（包括台湾出的全集）增加一倍以上。（无论大陆或台湾，已出的文集大抵以赵万里所编《遗书》为底本，字数在三百万左右。而此次所编全集，则为六百万左右。新增补的，计译文约一百五十万，佚文约一百五十万。）其中佚文大多为王氏早期发表于报章上的文字。（我已向维扬、鑫亮几位谈过，需谨慎加以辨别，勿将未署名而是据日人著作编写或本身即是日文著作的翻译误入其中。）我曾得兴膳宏转来其研究生一信，谈及在全集已出之补遗著作中曾有此类误断文章编入，故需特别注意。全集编辑及浙教总编骆丹，聘我及傅璇琮、李学勤、徐中玉、邹逸麟、陈得芝等为编委。在此以前，我曾向陈至立、龚学平、金炳华呼吁，希望上海政府拨款，将编印近代诸大家文集事立项，当时得到三人赞同。此事还在酝酿中，即闻华师大史学所与浙教签约，已着手进行。因此上海之议遂寝。

**二月二十三日**

蒋放年来接我至富阳。蒋在此有纸厂，并可印制线装古籍图书。最近他又在富春江边选好地点，拟兴建文化村。在富阳除参观外，可略作休息。

在旅舍翻阅随手找到的《读者》，其中摘有一九九六年十二期《交际与口才》的一篇文章，系爱因斯坦对从事应用科学的青年的讲话："如果你们想使你们一生的工作有意义于人类，那么只懂得应用科学是不够的。关心人的本身，应当始终成为一切技术上奋斗的主要目标，关心怎样组织人的劳动和产品的分配这样一些尚未解决的重大问题，用以保证科学思想的成果造福人类，而不致成为祸害。在你们埋头于图表和方程式时，千万不要忘记这一点。"爱因斯坦是本世纪最为杰出的人物，我以为他比那些著名的文学家、思想家，更多地体现了本世纪的人文精神。因为他有一颗博大而仁慈的心。二十世纪是一个在人文精神上显得苍白的世纪，有了像他这样的人，才使人不觉得寂寞。为什么这种精神竟然是更充分地体现在当代的科学家身上呢？……我们这里的一些科学家，尽管被称为某些尖端科学之父，他们只懂得为政治服务，而并不真正懂得造福人类。比如在荒唐的"大跃进"年代，就有这样的人，宣称运用科技方法可使粮食达到亩产五万斤！这些负有盛名的科学家，甚至还不如那些无名后辈。顾准的女儿顾淑琳的事迹是颇为感人的。年轻时她单纯地相信组织，和父亲脱离了关系。真相大白之后，她大彻大悟了。她的忏悔是震撼人心的。她读了父亲的遗稿，发现父亲的光辉人格，引用了爱因斯坦在悼念居里夫人时说过的那段话："第一流人物对于时代和历史进程的意义，在其道德方面也许比单纯的才智成就方面还要大。即使是后者，他们取决于品格的程度，也远超过通常所认为的那样。"

## 二月二十八日

　　我为了要写《记汪公巖夫子》，去信给先生大公子健君先生，索求先生的资料，今得回信。健君先生已年逾九十，信由别人代书。内容很简单，但附有公巖夫子于二十年代在清华教书时，为清华所撰校歌，其词如下：

　　　　西山苍苍，东海茫茫，我校庄严，巍然中央。东西文化，汇萃一堂，大同爰跻，祖国以光。莘莘学子来远方，莘莘学子来远

方，春风化雨乐未央，行健不息须自强。自强，自强，行健不息
须自强。

左图右史，邺架巍巍，致知穷理，学古探微。新旧合冶，殊
途同归，肴核仁义，闻道日肥。服膺守善心无违，服膺守善心无
违，海能就下众水归，学问笃实生光辉。光辉，光辉，学问笃实
生光辉。

器识为先，文艺其从，立德立言，无问西东。孰介绍是，吾
校之功，同仁一视，泱泱大风。水木清华众秀钟，水木清华众秀
钟，万悃如一矢以忠，赫赫吾校名无穷。无穷，无穷，赫赫吾校
名无穷。


小时居清华园，每逢节日盛典，学生聚会大礼堂，一开始全体起
立，唱校歌。我们这些员工子弟，参加节日聚会时，也同这些大学生
一起唱校歌。所以清华园的孩子们都会唱校歌，虽然那时我们并不懂
得歌词的意思。上面的清华校歌是最早的，大约作于二十年代初。由
汪公巖作词，何林一夫人作曲。如今早已不唱了，我曾问过现在清华
的许多人，他们都说不知道。倘不是健君先生见示，后李增德又为我
抄来一份，恐怕它将湮没无闻了。（一九八四年我在广东从化疗养，
邂逅高士其，我们曾在一起唱过。）至今我还记得很清楚，在挤满黑
压压人群的大礼堂里，一起唱校歌的情景。气氛十分庄严，我们也屏
着呼吸，一本正经跟着唱。但只唱完第一节就结束，从来没有把三节
一起唱完。现在我才知道在我会唱的第一节校歌后还有两节，但它对
我是完全陌生的。

### 三月五日

　　我无法避开生活中的苦恼，一九五五年的政治运动，精神的受伤；六十年代初撰写文心柬释时突然旧疾（静脉周围炎）复发，右眼失明，只得辍笔；"文化大革命"再一次被隔离，心因性病再一次袭击了我；"文化大革命"结束后，政治处境好转，平反在望，可是张可突然中风了；晚年又因另一种不幸，使我不断咀嚼痛苦，我是希望家庭幸福的……命运使我一生坎坷，不是政治打击，就是痛苦的折磨，幸而都度过了，可是又失去了生活的宁静……我要忍耐命运的颠簸，像《旧约》中的约伯一样……

### 三月六日

　　读朱正所赠《思想的风景》，其中《回头看袁世凯》是一篇长文，朱正很少写这类学术性文章，但读来亦颇有味。文中写到袁世凯称帝前，曾接见美公使芮恩施，对他说："我们传统习惯和你们西方很不同。我们的事情很复杂，不能稳妥地用你们的抽象的政策概念。"（引自《一个美国外交官使华记》）朱正此文与陶菊隐《袁世凯演义》不同，其中评断，较合实际。朱正不同意陶把古德若（一八五九至一九三九，美教育家，曾任霍普金斯大学校长）当作"是一个迎合袁世凯的政治需要帮忙造舆论的外国旅游者"。并引《大不列颠百科全书》，称古德若所撰《政治与行政》，乃在"阐明公众意志如何通过行政表现出来；在行政中，专门知识和等级制度发挥作用以实现公众意志"。朱正认为"这本书影响美国公众事务的行政管理达半个世纪之久，对官僚制度的改革作出了贡献"。芮书称古为袁世凯的宪政顾问，当袁问古共和与君主两种政体，何者更适合中国国情，古认为是君主政体，因为在这种政体中，权力的继承是规定了的，不致成为争夺的目标。朱文还就古对中国人群素质与政治传统的看法与杨度《君宪救国论》一文所述大致相仿，为二人辩解，认为古不是受人指使，杨亦是救国主张的失误，两人均是从国情出发。下面论述严复亦大致相仿。朱文还引蒙哥马利元帅的话，蒙认为中国古代帝王事先指定继承人，从而避免了如英国历史上所发生的争王位斗争，乃是聪明的办法。后来英国从中国人学来王位继承办法。以上观点亦可备为一说。

## 三月七日

吴敬琏寄来所作《市场经济的道德基础》，文中颇可采录：海耶克在批判"自然道德"本能的、狭隘的道德规范时，强调了自私与自利的区别。（参见《通向奴役之路》。）自私发自人的求生存的本能，它是所谓 ego，强调私己的生命和享乐，为了私己利益时刻准备侵犯他人权利，甚至可以把他人的生命作为谋取私利的手段。自利则是基于人的理性，它虽然强调自己的利益，但是从理性出发，特别是从"己所不欲，勿施于人"的道德律出发，时刻准备为了改善个人利益而与他人利益作某种妥协。自利的人维护自己和他人的产权，并准备为维护合作规则付出代价。（按照佛格森 Adam Ferguson, *A Thesis on the History of Civil Society* 的定义，只有自利的人才可以称作文明的人，而自私的人则仍停留在野蛮人的状态。）对自私的人而言，根本谈不上交换关系的建立。一群自私的人，只能在霍布斯（Thomas Hobbs）《利维坦》所说的"野蛮丛林"或"所有人对所有人的战争"中，很快地死去。为了避免这种命运，霍布斯提出"社会契约"和政府权威作为进入文明社会的手段。洛克继而提出民主政治的概念。西方启蒙思想的主要内容就是把互相尊重，由"生命、基本自由和财产权利"组成的产权，从其神学传统中理性化出来。

## 三月八日

续前。伯劳代尔（Fernand Braudel）的"整体历史框架"分下述三个层次：

1. 长期因素

每个特定社会的长期因素所决定的地理、环境、生理、文化和基本心理结构。

2. 中期因素（中期结构）

它的中期因素所决定的社会、政治和经济结构。

3. 短期因素（短期事件）

它的短期因素所决定的日常生活和事件。

汪丁丁说："在这样一个整体的历史里考察交换关系，它的前提条件，它的功能，它对经济整体效益的影响等等。这样才能得到真切的知识（三者提供了社会基础）。"

## 三月九日

我渴望有一个安静的环境，上图为我在二楼提供了一小间研究室（二零四）。连日到那里，躲进小楼一角去阅读或写作，没有喧嚣，没有任何干扰，成为我生活中的小片绿洲，是一种愉快的享受。这是我多年梦寐以求的，如今实现了。

## 三月十一日

家中已无法用书房，无法接见来访者——向组织申诉困难后，昨日为我落实了在衡山的一间类似工作室的房间，作为安身立命之所。晚间小周陪同去看房间。此事虽定，但心中惆怅万端。今天清早醒来，不能摆脱空虚之感。我已年过古稀，生命旅程已到最后一段，盼望过安静、和谐的生活，如今却以旅舍作为栖身之地，一个人在这间小房间内咀嚼痛苦——

下午回家吃饭，得纪霖电话，告已得东航机票，明日十七时十五分起飞，抵京次日将去清华园儿时所居之南院录像。自二十年代末，父亲因与罗家伦抵牾，辞去清华职务到东北大学去教书，我随母亲迁入北京城里后，就再也没有去过清华南院了。

今日上下午均去上图二零四室读书。

## 三月十七日（重返清华园日记）

三月十二日偕许纪霖飞京，中央电视台《读书时间》朱正琳与李潘到机场来接，下榻于梅地亚。因无硬板床，将铺搭在地板上。晚上难以入寝，服氟基安定始勉强入睡。次日，朱正琳、李潘和纪霖陪我去清华拍外景。清华文学院教授葛兆光接待，全程陪同。我和他还是第一次会见，我以前读过他的书，他是一位治学勤勉的中年学者。我们到校门时，天色朦胧，不久就有疏落的雨丝飘下，我和葛兆光谈到小时住南院，但他已不知清华还有一个南院。好在我还有印象。

清华园大门外，有一条河流，上面架着一座石桥，对面就是通向南院的道路。那里还是七十多年前的老样子。只是小河的河床似乎更向下深陷了。校园大门外停着的人力车，现在已看不见了。进了南院的西门，一切如昔，只是显得更为破旧。葛兆光告诉我说，清华的旧建筑都已拆掉重建，唯一没有改建的就是这块地方。不过，他已经不知道二十年代清华国学院的四导师，除梁启超住在城里外，王国维、赵元任、陈寅恪都曾住过南院。南院是方型，由两种不同样式的房屋构成，北面东面是西式房屋，南面西面是中式房屋，中间有一广场，我们小时就在这片场地上玩耍。那时觉得十分宽阔的天地，现在不仅显得狭小，而且是蔓草丛生了。我告诉葛兆光北面洋房第一号住的是赵元任家，二号是陈寅恪家，西面一排中式平房中，有一家我记不得是几号了，是王国维家。（现在一些传记文章都说王国维住西院，是误记。）现在清华已经无人知道这些应该珍视的故居了。我请和我们一起来的电视台摄影记者把这些值得纪念的地方拍摄下来，我担心这些陈旧的房屋也许不久将被拆除。

我们转向西面平房，走进一间门前有台阶的房屋，这里已改作退休职工活动室。五年前北图副馆长唐绍明来沪参加上图新址奠基典礼时与我相遇。他告诉我，他的父亲唐篔芳先生已九十多了，仍健在，现住在清华南院十四号，即我家过去住过的房子。这次我向活动室的几位退休老人打听唐先生，他们说唐先生已于去年去世了。前年我来京去北图，想约绍明同去清华拜望唐老，绍明因公务繁忙未果。除了唐老，清华恐怕再无人知道七十年前的往事了。我小时在南院广场一起玩耍的友伴，有马约翰先生家的启华、启伟、佩伦，李广诚先生家的增德、华妹，梅贻琦先生家的祖彬、祖彤，赵元任先生家的如兰、新那（这是后来的名字，那时如兰叫 Aris、新那叫 Nova），虞振镛先生家的佩曹、佩兰，杨光弼先生家的大田、二田（这是小名，我一直不知道他们的学名叫什么）。以上都是住在南院的。还有住在北院的王文显先生家的碧仙、碧云和几位外国教授的孩子，也有时到南院来和我们一起玩。其中我只记得美瑞和玉瑞。这是一对美国姐妹，她们有时也来我们家，喜欢吃我们家的中国饭菜，而我和三姐有时也到北院她们家玩，去喝他们家新挤出来的羊奶。我们这些清华园的孩子们在南园广场上顽皮嬉戏，那是多么无忧无虑的快乐日子啊！现在许多儿时的友伴已消息全无，不知他们是否还在人间？如果他们还健在，祝福他们，愿他们幸福；而对于那些已故的亡灵，我也默默祈求，愿他们在大地之母的怀抱里安息。

## 三月十八日（续前）

儿时我在南院住十四号，是南面一座三合院的中式平房。电视台摄影记者要拍我儿时的故居。我们一行找到了这里，请求现在的屋主人准许我们进去看看。来开门的是一位身穿旧警服的上年纪的人，他不修边幅，衣服久未洗濯，看来有些潦倒。我们说明来意，李潘指着我说，老先生姓王。这位身穿旧警服的老人马上问，是不是王国维的后代？他说，一两年前有王家后人来访过。接着他告诉我们，他是一九三一年生在这里的，又问我知不知道全家？我说知道。全绍文、全绍武当时在北京颇有名望，是我的父执辈。抗战上海沦陷时期，我通过母亲向全绍武商量，他曾将他的华亭路住房让出一间给我住。后来地下党文委将此地作为机关。全绍武虽多少有所觉察，但他对我们采取同情态度，从未有什么不满表示。我们在敌伪统治时期得以平安度过，是要感谢他那所豪华住宅所起的荫蔽作用。两位全先生都是很富有也很有地位的金融界和企业界人士，为什么这位穿警服的老人如此潦倒呢？他父亲是全绍志。这个名字我没有听说过，也许是两位全先生的堂兄弟吧。眼下这座房屋已破旧不堪。院子中间，还砌起一道墙将整幢房子隔开，更添加了一种败落景象。走进几间破旧肮脏的房间，里面光线暗淡，地上堆满垃圾。我不知道这些垃圾是做什么用的。主人的身份和他的职业是什么，也都使我难以揣摸。这里的一切都显得灰暗阴沉，已和我儿时的印象面目全非。不过，我们来访时，却发生过一件令人忍俊不禁的小插曲。这就是我和房主人的一场对话。

我问他："您知道唐篑芳先生吗？他住过这儿。"

他回答得很干脆："没有，唐篑芳是住西院。"

我坚持："不，唐篑芳是住南院。"

他更坚持："不，不，是住西院。"

我再坚持："不，是住南院。我以前在南院住过。"

他毫不犹豫地再否定我的说法："不，我知道。我三十年代初生在这儿的。"

我也当仁不让："我是二十年代初生在这儿的。"

我们两人顶牛顶到这一步，使得同来的人都笑了。李潘更是笑得头直往后仰，她把这场辩论称为"较劲"，她说："王老跟他较劲，真有意思。"这就是我七十多年来第一次返回儿时故居的情况，凭吊儿时生活的旧地，并没有引起惆怅，却出现了这场小小的喜剧，这真是没有想到的。

## 三月十九日（续前）

从南院出来，折返石桥，进了清华园的大门。原来紧挨着大门的西面是警卫室，东面有一条小径，通往售品所。那是我们孩子最熟悉也最喜欢的地方，因为只有在这里才可以吃到冰激凌。大门里有一条笔直的大道，小时觉得这条大道又宽又长，似乎没有尽头，给人以清洁整齐的印象。最使我难忘的是在大道左右两旁，各有一株三四个人才能合抱的千年老树，巍然屹立，气象非凡，看到它们，使人产生一种庄严雄伟之感。可惜不知什么时候，它们已经消逝了。抗战胜利后，我到北方交大教书，曾几次来清华看望在那里教书的友人吴征镒，那时这几株大树就不存在了，为此我曾唏嘘不已。

一起来的摄像记者，选出一些校园地点来摄像，其中有从前清华学堂的中等科和高等科，这是建成大学以前学生就读的地方。还有一处是当时最具规模的图书馆。图书馆有一层是铺的玻璃地板，二十年代这是使人叹为观止的建筑。再有一处是由回廊连成一体的工字厅，这是一些大大小小气魄宏伟的典雅厅堂，最后一进背靠小丘环绕的荷花池，大厅里面陈设着各种瓷器古玩，两厢各有一间可供人留宿的房间。小时一位在清华读书的大表哥曾带我在这里住过一夜，相传工字厅闹鬼，那天晚上我怕得要死，把头蒙在被里才睡着。这次旧地重游，工字厅因年久失修而显得十分破旧了。后面那一排大厅现在是校领导的办公重地，我们不便闯入干扰，只在后面的荷花池边的小道上绕行一周。这里是我童年常来游玩之地，我还记得这些道旁的小丘陵和不远小山上的钟亭。那时，悠扬的钟声为清华人报时，晚上最后一遍钟声敲响，那是熄灯信号，清华园的电厂供电到此为止，所有电灯马上就要熄灭了。父亲每天在熄灯前就将擦得锃亮的煤油灯罩预备好。油灯发出昏黄的微光代替了雪亮的电灯，孩子们发现夜晚真正降临，睡觉的时候到了。

离荷花池不远就是朱自清先生写过荷塘月色的所在地，小时候还不知道有这篇名著，也不懂得恬静幽美，只是觉得太静谧、太寂寞了。接着我们再去体育馆，体育馆不远是医务处，现在已改建，不知作什么用了。在体育馆前有一大片敞地辟为体育场，四周有跑道，中间是足球场。清华园的孩子常常来看球赛。小时候记忆最深的是赛棒球，清华的棒球队穿着镶着紫色条纹的白色运动服，戴着有紫色帽沿的白棒球帽。白和紫两色是清华校徽的颜色，队员个个雄赳赳气昂昂。马约翰先生还让他的两个孩子启华、启伟，穿同样的队服，排在前面出场。我们真是羡慕极了。比赛时，孩子们拼足力气为清华校队助威呐喊。清华重视体育，无形中对我们也发生了影响，后来，我和几个姐姐上了中学，都积极参加体育活动，还被选为校队，恐怕与儿时的熏陶不无关系。不过，清华给我最大的教益还是大学的学术气氛，自然我那时对此一无所知。经过耳濡目染，顶多只能领会一点读书的重要和乐趣。当我们一行走到王国维纪念碑前，李潘突然提出这个问题的时候，我就这样作了回答。不过现在想来，我觉得我们千万不要看轻儿童时代所受到的熏陶和影响。有人说，人的一生都被童年时期所决定，这似乎有一定的道理。童年时代所获取的印象像一粒种子埋藏在儿童的心田，慢慢地发挥着它的潜在功能。这些不知不觉的思想熏陶和影响，原本是极其简单粗糙的，随着时间的推移，在一定的气候土壤的培育下，逐渐地萌动、变化、发展、壮大——

## 三月二十四日

今天又发生了十五日故事，想起月前寅生责我对他及冒生过苛之事，心情殊恶。人与人理解难，交通更难，利害是其故障。亦当反躬自省：喜说过头话，做过头事，虽年近八十，仍冲动易怒，轻易臧否，倘非月前责难之事发生，万万料不到他竟怀有如此看法。

## 四月三日

三月下旬腰痛发作，卧床五天，请傅医生来推拿，四月初始恢复。这期间为上海京剧发展战略研讨会撰贺词。会上由人诵读。马科发言反对贺词中说的写意型。数日后，刘厚生与龚和德来访，刘厚生对程式化亦有意见。近来我所撰各文，唯谈样板戏及京剧最受反对，且有詈骂者。晚报仅摘贺词中关于培养人才比定剧目更重要一句话，不能表达原意。我请报馆考虑，贺词字数有限，最好能作为文章发表，以补片面性之缺。

补三月十九日未记之事：将莎翁及有关著作带至上图，置于二零四研究室，以备写序。

## 四月四日

一日《党史信息报》报道精神文明研讨会，提到"和谐精神等是中国传统文化中的精华，应加以继承，而有些欠缺方面则应加以改进，如民主意识、法制意识、商品经济意识等"（大意）。上述这些内容与我最近所写文章的观点十分接近，"文化大革命"时我所撰《文心雕龙柬释》稿被抄走。当时常怀恐惧，担心造反派倘细阅此稿，当会发现我所揭示的刘勰观点皆属于"和谐"（合二而一）而不是"斗争"（一分为二）。比如心物交融说中的以心服从于物和以物服从于心，这对矛盾的解决即在于和谐与统一，而不在于分裂。再如少和多、名和类、神和形、言和意、情和理、内和外等对立的范畴，在艺术创造行为里，也都必须求得和解，以达到和谐一致，而不能以斗争去促其分裂。这些都不是出于臆断，而是经过探讨和研究作出的结论。可是它与矛盾论的斗争哲学却是背道而驰的。"文化大革命"前不久发生的合二而一与一分为二的争论，已不是学术问题，而是政治问题。那时我时时都在担心这部《文心雕龙柬释》的稿件，会给我带来极大的麻烦，"文化大革命"中每个人都为自己的命运变得十分敏感，用不着别人来指出，都会为自己本来平凡的言行设想可以遭到种种意料不到的指摘，而感到不寒而栗。幸而在"文化大革命"中这件使人担惊受怕的事并未发生。

## 四月六日

近来凌晨二时必定醒来。今天也是一样睡不着，打开床头灯，读《收获》刊登的陆健东谈顾炎武文。张可数次催熄灯，遂止。

## 四月十一日

偕张可去瑞金医院验血。

## 四月十四日

夜半醒来后，想到恩格斯在费尔巴哈论中谈到人性恶的那段话。过去我深深服膺恩格斯的这一观点。我于"文化大革命"结束前所写的那篇《韩非论稿》，曾引用过这段话。但是现在我发生了疑问。恩格斯认为自产生了阶级社会之后，恶一直是推动人类社会发展的杠杆，并说明所谓恶指的是贪欲和权势欲这两种恶的情欲。此说很不全面，尚不及戴东原所谓禁锢情欲将造成社会的冷漠之说深刻。推动社会发展不能限于贪欲和权势欲两种恶的情欲，也许恩格斯本人批评史达克时所说的"追求真理的热忱"更是主要的方面。历史上许多科学家所作的伟大发现和发明，许多思想家所作的重大的理论贡献，许多政治家在危难关头力挽狂澜，使社会免除了破坏与毁灭……恐怕都是出于像"追求真理的热忱"这类善的动机或愿望，而不是出于掠取金钱的贪欲或攫夺权利的野心这类恶劣情欲。自然应该看到，在一定情况下，贪欲和权势欲也会促进社会发展，但是更应该看到，在大多情况下，贪欲和权势欲往往只会给社会带来破坏。

## 四月二十日

《读莎剧时期的回顾》写作历时一个月，今天基本上完稿，共一万六千言。五月三日将发表于《文汇读书周报》新月版，算日期那时我已去杭州。这篇文字也回忆了我对契诃夫戏剧的认识与感受，但有一件事却一直没有谈到。大约是五十年代初，苏联等国家举办了世界文化名人纪念，四五年一次，每次提名三四位。那次所提出的文化名人有契诃夫。为了纪念，中国方面由洪深撰写文章，通过新华社作为专电在报刊上发布。洪文我已无存，但内容还记得，文中曾提到契诃夫的早期多幕剧《伊凡诺夫》。洪深竟将剧中莱渥夫医生当作正面形象来加以歌赞。这个动辄教诲别人的正人君子，究竟是怎样一个人物？读读这出戏第二幕的一场对话，我们多少可以有些理解：

夏伯斯基

这位大夫先生，心地狭窄，自以为了不起。他自以为是圣芳济复生呢。谁要不像他那样嚷嚷，谁就是个浑蛋。至于他那吹毛求疵的脾气，简直更是惊人！如果一个农民还过得去，体体面面的生活，那么他一眼就会看出，那个农民是个贼或者是个光棍。要是我穿了一件丝绒上衣，并且是我佣人给我穿上的，我就是个浑蛋，我的佣人就是我的奴隶了。像他那样的人，这个世界没有什么可以让他看着顺眼的。我简直有些怕他。老实说，他随时要侮辱别人，把别人当作恶棍，竟好像是出于一种责任心似的。

伊凡诺夫

我也非常厌烦他，可是我不能不喜欢他，他究竟是很诚恳的。

夏伯斯基

啊不错，他的诚恳倒是美的很。昨天晚上，他跑到我这儿来，平地一声雷，开口就是："伯爵，我深深地讨厌你！"他并不是简简单单说出这种话，他真的俨乎其然，正正经经的。他的声音抖着，他的眼睛发光，他的血管都暴胀了起来。这是狞恶的诚恳，滚他的吧！……我诚然是个一钱不值的老朽，可是他至少也该讲点礼貌，来尊重我这满头的白发吧！嘿，该是多么愚蠢丧心病狂的诚实啊！

黎别杰夫

得，得啦，你自己也年青过来的，那你得原谅原谅他。

夏伯斯基

不错，我年青过，莽撞过，在我年青的时候，我胡闹过……我却不曾在有人吊死的屋子里议论着绳子的长短，可是你那位丧心病狂的大夫，如果他能扛起道德和人类理想的幌子，当众给我一记耳光，他大约会快活得上七重天了！

不管这个夏伯斯基老头有着什么缺点，你不得不承认，他是直率的，他说的是真话，并没有胡编乱造。他看准了莱渥夫的性格和特点。倘使我们再引用剧中主人公伊凡诺夫和他面对面时说的话，就可以更进一步认识这位医生是什么样一个人了。在第三幕中，当莱渥夫自以为掌握了伊凡诺夫的内心隐秘，声色俱厉地数落他的罪恶时，脾气温顺的伊凡诺夫忍不住对他说：

> 您以为世界上再没有什么比了解我更容易的事情，是不是？（举出莱渥夫所说的那许多事实上并不存在的事）您就是这样认定的是不是？啊，这种想法，是多么简便哪！可是，您错了。大夫，在我们两人身上，每一个都有多少的弹簧，多少的轮子，多少的轮齿……咱们谁也别想只凭一二先入的印象或两三个外在的表征，就一口咬定那是怎么一回事。我不了解您，您也不能了解我。咱们谁也并不了解自己。一个人可能是一个第一流的大夫，但同时，却无妨是个极低能的人格批评家。除非您过分自信，您总得承认这个的。

我实在不能明白，为什么洪深会把事情全弄拧了？那时候解放不久，正在加紧学习用阶级观点分析文学作品，难道剧中人物气壮山河的"正义"说教，把一眼就可以辨清的是非也弄混乱了？或者莱渥夫的道德教诲被当作了革命的大道理，以致使自己的头脑变得简单化了？我想像洪深这样的戏剧家本不该是这样的。但他的文章确实是这样写的，查查当时刊载新华社电文的《人民日报》就可以读到。

　　[补记：我在整理日记时，读到这段话不禁对契诃夫的那支笔深深敬服。《伊凡诺夫》中夏伯斯基说的"自以为是圣芳济复生"那种人，或伊凡诺夫说的那种泰山不移的"自信"，以为世上再没有比了解自己所批评的对象更容易的事，因为只要凭一二先入的印象或两三个外在的表征，就一口咬定是那么一回事了。这真可作为九十年代大陆上

出现的那些酷评家的惟妙惟肖的写照。]

## 五月八日

前六日偕可去杭州参加杭大百年校庆。同去者还有温流、中妹，准备在杭游览五天，七号返沪。一行下榻杭大老专家楼，取其人少清净。杭大自原校长沈善洪退下后，改由一位理科教授继任。从此风气一变，官气日盛。梅贻琦在清华主校政时，曾说大学者大师之谓也（与今日将大学作为官场迥异）。又说自己在清华只是个唱王帽的老生，在戏台上名为皇帝，实为配角。梅校长是学自然科学的，不仅懂教育，而且对中学西学，文科理科都能了解。今日大学校长亦多半是由学自然科学者出任，则无此等胸襟、此等识见。与过去相比，今日大学已成官场，大学不再以学者为荣，举行校庆时，竟以官阶相炫。杭大校庆纪念会于四日结束，我偕张可、温流、中妹由俞虹陪伴游云栖，回程经过郭庄，见园内湖边亭中有杭大数学系教授王兴华等围坐品茗，客人中有从北方来参加校庆的杨乐。事后王兴华告诉我说，杨乐曾问他："校庆会上为什么将王元化称为原上海宣传部长，而不称其为搞思想史的学者？"他对大学的官气似乎也有意见。

## 五月九日

王思任论汤显祖《牡丹亭》："无不从筋节窍髓以探其生动之微。"

辛弃疾《丑奴儿·书博山道中壁》："少年不识愁滋味，爱上层楼，爱上层楼，为赋新词强说愁。而今识尽愁滋味，欲说还休，欲说还休，却道天凉好个秋。"

张岱（书信）："布帛菽粟之中，自有许多滋味，咀嚼不尽。"

近日读书，得上述三条，细辨其味，皆深得文理。不知从什么时候起，读书或欣赏艺术作品，皆以节奏快为标榜，认为不如此不足以符合现代化潮流。传统京戏受到排斥，归咎于节奏太慢就是一例。不仅戏改者如此，就连我的一位年长的经济学家友人也惟恐落后，说他不喜欢传统京剧就因为节奏太慢了。殊不知读书和艺术欣赏恰恰应切忌十力老人说的"贪多求快"四字。在作品中以感官刺激去对付那些神经已变得麻木的读者与观众，这类作品是不需要任何含蓄与蕴藉的。

## 六月九日

旧作《谈汤用彤》一文中有云："他本老一代优秀学者，在治学上不容宗教政见杂入而只问是非真伪的独立精神。"已不记得此种见解引自何书，是王国维，还是陈寅恪？自那时到现在，情况愈演愈烈。近数十年更出现了种种说法：什么为政治服务、阶级斗争工具说、立足点较是非真伪更重要，是首先需要解决的重大问题，等等。

## 六月十八日

近代思想史的研究多侧重于政治，着眼于改革思想方面，如鸦片战争时期林则徐、魏源为了解"夷情"而介绍西学，曾、张、李的洋务运动，戊戌变法、维新运动等等。这固然重要，但对于乾嘉以后的学术思潮（如从陈澧到朱一新），则很少有人研究。因而也就很难去解释，何以宋学与今文学在乾嘉学派极盛之后得以复昌？民国以前康梁、民国以后古史辨派均重宋学与今文学，就是像王国维、陈寅恪这样的学者，也都与乾嘉学派异趣。如果我们不做好填空补阙的工作，那么也就很难清理出这种转化与发展演变之迹。

## 六月十九日（续前）

　　陈澧（兰甫）、朱一新（鼎甫）不为治近代史者所注意，但他们对乾嘉以后的学风影响甚大。陈澧生于嘉庆（庚午）十五年（一八一零），朱一新生于道光（丙午）二十六年（一八四六）。陈长朱三十六岁。二人均对乾嘉后期学风加以抨击。他们在治学上不立门户，调和汉宋。二人著作解放后长期未刊行，直到九十年代始得重排刊印。朱维铮编《中国近代学术名著》丛书，其中收有陈澧《东塾读书记》（外一种）。此编在校勘、标点、注释及索引方面都做得较为认真，足资参考。

　　[补记：东塾是早期评论汉学流弊的学者。钱穆《中国近三百年学术史》说《读书记》的批评"大率引而不发，婉约其辞"。钱书又称，一九三一年，广东岭南大学从东莞邓氏家藏购得《东塾遗稿钞本》六百余小册。此稿迄未刊行，仅见于钱书之援引及考论。东塾在经学方面并没有太大的贡献，但其中有关治学精神、治学态度、治学方法的论述却是不容忽视的。这些方面直接关系到学术的盛衰，可供研究近现代之学术流变及发展者参考。《读书记》自称其书是拟《日知录》而撰。《日知录》上帙经学，中帙治法，下帙传闻。《读书记》舍传闻与治法，但论学术。东塾说书中不谈治法，"非无意于天下事也。（而是）以为政治由于人才，人才由于学术。吾之书专明学术。幸而传于世，庶几读书明理之人多，其出而从政者，必有济于天下，此其效在数十年之后也。"这里需要补充的是，其实学术还不仅为政治培育人才，更为重要的是它能够转移社会风气，提高人的文化水平，影响人

的素质。学术上的虚骄浮夸陋习，往往会形成社会上的弄虚作假之风。自然这种影响正像文化人类学者所指示，是通过一些中介的媒体发生作用的。学术的社会效应不是直接的，而是间接的；不是快速的，而是迟缓的。正如东塾所说，"其效在数十年之后也"。由于社会效应的间接与迟缓，故这类学者往往被急功近利者讥为迂腐。]

## 六月二十日（续前）

乾嘉学术极盛之后，首先蔑贬汉学者，人多举方东树《汉学商兑》。此书始撰于道光四年（一八二四），越二年（一八二六）成序列。然而远在他之前，章实斋撰《文史通义》即已论及汉学流弊。章氏撰此书，是在乾嘉三十七年（一七七二），早于植之撰写《汉学商兑》达半世纪有余。它评核汉学的议论少为人知，因书中所指，多在学术风气。（如称："趋风气者未有不相率而入于伪"等等。）其"辞旨隐约，非善读者不深晓"。东塾评弹汉学的意见，《读书记》多引而不发，婉约其辞，而畅写之则见于未刊遗稿，倘遗稿不见于今日，则读者未必能知其渊旨。章实斋的情况也类似。《文史通义》一书在他生前未曾刊印，直至他去世三十一年后（道光十二年，一八三二）始刊行。实斋比东塾的条件更为不利，他没有畅言的遗稿存世，只有一部令读者不深晓的书供后人阅读。思想交流，心灵沟通，本是所有作者的愿望，某些作者隐约辞旨，不是故设障碍，不愿袒露胸襟，而是另有原因的。这一点钱宾四《学术史》曾分析说："盖深识之士，彼既有意于挽风气，贬流俗，而又往往不愿显为诤驳，以开门户意气无谓之争，而惟求自出其学立业之大，与一世以共见，而祈收默运潜移之效。此在实斋、东塾靡不然，若袁简斋、方植之，则态度迥异，亦可窥学者深浅之一端也。"唯其如此，所以深识之士以传播真知为旨归，而不愿以豪言惑众，取媚流俗。

## 六月二十二日

　　数日前辗转转来美国《哲学家索引》（*The Philosopher's Index*）来函，欲将《与友人书：谈想像》编入，嘱我写一摘要。适文忠来，劝我将摘要写好寄去。他说此志在美颇受重视，且是一本重要工具刊物，便于研究者检索。我的这篇文章由东方译出，发表于在美出版的《中国哲学》上。前此另一篇《与友人书：谈公意》亦发在同一刊物上，后来也收到《哲学家索引》来函索取摘要，未应之。

## 六月二十三日

　　连日读朱一新《无邪堂答问》。此书系一九四七年在北方交大任教时，自琉璃厂书肆购得，广雅书局版，线装，五册一函。迄今未见有铅印本，大概民国以来从未排印过。朱一新为汪公巖先生老师。但可惜我未问过汪先生，汪先生也未向我谈过。我读此书时将感兴趣者，陆续摘抄下来。书中有一段文字论辨伪倘出于臆断，其祸烈于焚书。文曰："姚氏（立方）古今伪书考，多出臆断。古来伪书，惟子部最多，经部作伪不易。汉魏六朝经师，一字之殊，斤斤考辨，若张霸、刘炫之伪造者，终不能售其奸。近人动辄疑经，唐以前无是也。《皇清经解》中，颇有此弊。大率以己之意见治经，有不合者，则锻炼周纳，以证古书之伪，而后可伸其私谈。若推此不已，其祸殆烈于焚书。"

## 六月二十四日（续前）

朱一新《无邪堂答问》论戴震《孟子字义疏证》一书："汉学家略涉宋学藩篱而以之攻宋儒者，推戴东原。乾嘉诸儒，东原、竹汀为巨擘。一精于经，一精于史。竹汀博洽过东原，湛深不逮，而弊亦较少。其言名物制度，历算音韵，故足泽逮来学。然戴氏之《孟子字义疏证》、《原善》、《绪言》三书，则谬甚。东原集中有《系辞论性》、《孟子论性》两篇，乃《字义疏证》之根柢，自以为揭孔孟之精蕴，不知宋儒固先言之矣。其论告子之学，亦不出李文贞《榕村语录》范围。文贞论告子甚精，似足补章句之所未及。惟东原误以人欲为天理，宗旨一差，全书皆谬。古书凡言欲者，有善有恶。程朱语录亦然。其教人退欲存理，特恐欲之易纵，故专举恶者言之，乌可以辞害意？东原乃以欲为本然中正，动静胥得。"（见本集"读《孟子论性》篇"）无论古书多不可通，率天下而祸仁义者，必此言矣。且既知义理与气质有别，而又执气质以为义理，自相矛盾，何也？惠定宇为汉学大师，东原等群相应和。惠氏经学虽深，未免寡识，其言易庞杂无绪，未得汉儒家法。（家法不宜太拘，独治汉易，则不能不拘守一家之说……）（惠氏）《九经古义》，撮拾前人弃置不用之说，其所推衍，亦罕精要，与臧氏《释经日记》略同。《史通补注篇》谓刘昭注《后汉书》，如人有吐果之核，弃药之渣，愚者重加捃拾，洁以登荐。惠、臧之书，殆亦类此。（化案：朱氏评东原论欲，全是宋学立场。其实东原并非不知欲之有善有恶。他认为禁欲絜欲之害，在于使人产生冷漠，而丧失发展进取之心。欲之不可禁，正如思想亦有恶，不能因此将一切思想禁绝。朱氏忽略了清代下半叶思想，是以欲作为伸张个性解放之说，所以他对龚自珍亦持同样的批评态度。）

## 六月二十六日

昨日因心情不好，读书被阻。今天再续记读《无邪堂答问》卷五答汪巩庵（公巖先生号）问曰："此儒但以博学为贵，思辨之功不讲久矣。善乎陆桴亭之以思辨名其书也。辨，谓辨之于己，非谓与人争胜。圣人且以学之不讲为忧。"

又，汪巩庵问："党锢诸君，清操亮节，诚足令人兴起，然矫枉过正，能无弊欤？"

答："诸贤当分区观之，其更相标榜，诚不免为名所累，然此坏于依附以立名之徒，声气既广，因缘并进，其人本不足为轻重。（张俭持议激切，而事上命，累及多人，益见李元礼、范孟情深劲气，为不可及也。贾伟节说窦霍以救元礼，而独闭门以拒岑旺，宜哉！）魏武取人，不恤廉耻，士风始变，卒酿篡夺之祸，纷纷至三四百年而未已。然则诸贤之隐持世运为何如？懔懔焉，皓皓焉，与崑玉秋霜比质可也。"（化案：许寿裳赞鲁迅曰："皓皓焉坚贞如白玉，懔懔焉劲烈若秋霜。"亦用此语。）

又论申韩非圣人一体云："吕氏《呻吟语》，谓申韩亦圣人之一体，非也。陆清献《三鱼堂集》已辨之。"

## 六月二十七日（续前）

问："太俭、太刚、太刻、太傲之人，似皆易流于不近情。"

答："太俭者，伪君子。太刚者，学君子而未至，否则亦好名之人。若刻与傲，则小人矣，岂止于不近人情焉？小人举动有极近人情以欺君子者，不可不察。俭为美德，过则弊生。故俭于己，谓之俭；俭于人，谓之啬，啬者不足论。俭而过者，非性安淡泊，则欲以邀名，其中又有等差。取人当观大节，未可以是而遽信之。素位而信处者最宜致力，可省却无数矫揉造作。凡矫揉造作者，充其量可行险侥幸，盖同此患得患失之心也。"

## 六月二十八日（续前）

汪巩庵问："独行不惧四字故善，然须以当言则言，当行则行八字为注脚，否则恐任意决裂，多有不当。"

答："独行不惧，本非齿莽灭裂之谓，惟其见理明而处之当，故能独行不惧，不然意气之私而已，何足当此？古来安心为小人者亦不多，大抵见理不明，自以为是，意见之私，有以害之。若持此以为独行，其流弊有不可胜言者。毁誉固不足计，然不计流俗之毁誉则可，倘持一自是之见，而概以人言为不足恤，则亦为小人之归而已。（王介甫为考宫一院之事，皆欲纷更，张方平知其必当误国。）故学术贵正大，不贵新异，高明者最宜戒此。"

## 七月一日（续前）

汪巩庵问："人须有我在，方足自立，持身方有崖岸。人所趋，我不趋；人所避，我不避，方不随人转移。"

答："善哉言乎！然天下亦有不妨共趋共避者，须精义之学乃能辨之。随人转移之非，固不待言；若不问理之当否，但求与众立异，尤非也。持身必有崖岸，理尚未足（疑下有脱文），能自立，能不为人转移，则不求异人而自异。若必好为崖岸，非儒者中正之道。凡人内不足而后以气凌人，其好立崖岸之徒，有本诸天性之刚者，有出于识见之偏者，亦有伪饰以欺人者，不可不察。"

## 七月二日（续前）

汪巩庵问："人虽当平正通达，似亦不可无奇崛盘悒之气寓乎其中。"（化案：汪先生此问，系紧接上面答语而发，似有向师商榷之意。）

答："奇崛盘悒之气，断不可少。醒醒者流，不可以入德，为其索索无真气也。人不特立独行，未免虚生可惜。此天之所与我者，人皆有之。世故日深，斯真气日寡；我但率性而行，初非以此翘然自异于众也。以此自异，则与醒醒者相去不能以寸。是以君子贵学，学则可抵于俊伟光明，不学则流于诡异坚僻。诡异坚僻者，其人亦多奇气，第一用于正，一用于偏，遂觉相去霄壤耳。"（下略）

## 七月三日（续前）

汪巩庵问："人无论和与介，均须独立不惧，有一自立之处，方能置一切荣辱毁誉于度外，而心地常坦然。习之当，即养气之功。"

答："配义以道，方能独行不惧。义之所在，生死且非所计，何论荣辱毁誉？至接人则和中自有介在，所为卑，而不可喻也。生斤斤于和介之辨，是犹有和介之见者存。须知接人以和，持己以介，和与介固并行不悖。若己介必以介责人，则触处皆荆棘。天下大矣，岂能人人尽如我意。趣向既殊，敬而远之可也。古今之至介者，莫如夷、齐；至和者，莫如柳下惠。然有直道事人，三公不易之节，而可言和。有求仁得仁不念旧恶之心，而后可言介。三子者不同道，其趣一也。（宋儒中，伊川以严厉名，然每见人论前辈之短者，则曰，汝辈且取他长处。此何等气象！潘四农《养一斋札记》有云：孟子论事刚决，所看"爱人不亲"一章，方知守道之严，立心之厚，不相悖也。）

后之君子则异是。故处士横议，而秦有焚坑之祸。顾厨标榜，而汉有党锢之灾。灾祸非君子所避也，苟以此为荣，而或激成之，则未闻君子之大道也。在下者与在上者地位不同，措施亦异。匹夫而操扬清激浊之权，灾必逮夫身。汉魏时，尚行乡举里选之法，月旦之评，犹可言也。后人而欲为此，思不出位为之何也？"（化案：观以上数日所摘师弟之间问答，可见二人胸中之丘壑。问者正当青春，气方盛，一再以作人当"独立不惧"、"须有我在"、"奇崛盘悱之气"等为立身之本，以与龌龊者流相区别。而答者，阅世深，思虑密，老成持重，处处戒弟子不可陷于片面，操之过激。我觉得这样切磋学问是很有意义的。其中所说一些修身道理就是在今天也可供我们参考。）

## 七月四日（续前）

汪巩庵问："西学在今日，亦当务之急。何者最为切要？"

答："治西学须明其地势，考其政俗，以知其人之情伪。为操纵驾驭之资。"

## 七月五日（续前）

汪巩庵问："赵易胡服，卒振朔方。日本步武泰西，甚至变服色，易徽号，而国亦因之日强，岂势之所值固有？当因时制宜者欤？"（化按："岂势之所值固有"一句，有反问切磋之意。）

答："取西人艺事，以辅吾不逮，未为非计。若改正朔，易服色，是亦不可已乎？且倭人亦何尝真强？不终为俄之附庸不止也。日本旧为封建之国，事神其本俗，而教法则儒释并用，释尤胜于儒。当平氏、北条氏时，屡有大将军削发，而仍执朝权者。（见《日本史》、

《日本外史》）足利氏兴，始尊儒术。藤原肃出，始宗程朱。物茂卿、太宰纯之徒，又诋程朱，尊汉学，皆视吾中国之好尚，以为趋舍。（荻生徂徕乃陈同鼎之流，非专汉学也。太宰纯、山井鼎辈，乃真汉学。）自攘夷议起，德川归政，行欧洲之法，废支那之书，而儒释皆不竟。盖彼视儒释与西学，同一来自外邦，故迭兴迭废，不以为异……"（化案：那时人不似今天所想象的那样守旧，他们是关心外面世界的。鼎甫所论虽有保守的成分，但他对日本学术思想脉络是相当清楚的。）

### 七月六日（续前）

以下摘无邪堂答问学数条。

汪巩庵问礼（略）

答：（前略）"汪双池读《近思录》，谓无物无理。随处目睹、耳闻、手持、足践，皆吾穷理之学。《朱子补传》：'在即物而穷其理'。一即字已吃紧，教人非谓只格一物，便可贯通。亦非谓必穷尽天下之理，只积累多后，自然见去。戴东原《孟子疏证》谓'闻见不可不广，而务在能明其心。一物豁然，使无余蕴，更一事亦如是，久之心知之明，达于圣旨，虽未学之事，亦岂足以穷其知?'案东原之说，正与《朱子补传》意同。而讥宋儒空指一贯何焉? 其言一贯，必推诸真积力久，一本万殊。又推诸违道不远，下学上达，曷尝空指乎?"（下略）。

### 七月七日（续前）

答问学中论清人之学逊于明人。"（国朝惟小学骈文优于明代，其他理学、经济、朝章、国故及诗、古文之学皆逊之。至说经之书，明人可取者固少。而不肯轻为新说，犹有汉儒质实之遗。近人开读书门径，而支离穿凿以蠹经者，亦正不乏。康熙时儒术最盛，半皆前明遗老。乾嘉以后，精深或过之，博大则不逮也。）百余年来，风流阒寂，遗书散亡。正谊堂丛书之刻，虽未尽餍人意，犹得藉是以窥崖略，其去取，亦颇审慎。（其中时有删节失当者。《皇清经解》亦有此病。）《宋元学案》捃摭最富，谢山持论最平。（黄主一之论颇有偏者，宜分别观之。）黎洲《明儒学案》虽主张王学，然于龙溪、心斋之徒，亦未尝有恕辞。惟何东、敬斋诸流派，采摭未备，是则门户之见耳。道之大原出于天，故《中庸》曰：‘天命之谓性，率性之谓道。’《系辞》曰：‘穷理尽性，以至于命。’（《大戴礼·本命篇》：‘分于道，谓之命。形于一，谓之性。’）所谓道者，与《系辞》‘一阴一阳之谓道’意同，与《中庸》之言人道者意异。戴东原据此以斥诸家，彭尺木《二居集》有书辩难。尺木他文多杂释氏，此则持论独正。东原复书，盖强辞也。）”

## 七月八日（续前）

“（《二程遗书》明道曰：利非不善也，其害义则不善也，其和义则非不善也。伊川曰：‘君子未尝不欲利，只是以利为心，则有害者。上下交征利而国危，便是害。未有义而遗其君，便是害。’仁义未尝不利，是则近人之所据以攻宋儒者，程子早言之矣。）（化案：此一节义利之辩，申宋儒之理，可供参考。）（中略）（仓颉造字，自营为私，背私为公。自营者，自坏也。私本非美德，而近人亦必故反其说，甚至援干禄百富之文，以释《论语》之干禄。不思求福于天，乃诗人颂祷之词，干泽于人，岂圣贤诚勉之意？《大戴礼》有子张问入官篇，夫子答之，与此篇迥异，安得援以为证？《集解》引郑注，与《集注》初无异议，乃支离曼引，欲以此回护贤哲，而不知适以大恶归之。此皆扬圣门、释非禄之余波。西河妄言，可为典要焉？说经不顾其要，而徒好为新异，以便营私者藉口。苟充其类，则世人夤缘奔竞，皆分所宜能。鄙夫患得患失，尤势不容己，无惑乎？以长乐老为圣人矣。吁！可畏哉！）"（化案：二节论义利尚有可辩，亦有可观。此节论公私，唯引证圣人之训，不就问题本身进行探讨，无论据，亦无论证。只可作卫道之言看。）

### 七月九日（续前）

答问学，辨前人注"一以贯之"诸家之说。"（《论语》多求仁之方，罕言仁体。西铭则专言此。盖西铭源出《周易》也。）"又"（《论语》何注，以不待多学而一知之释'一贯'。离学识以求一贯，其言远不如《集注》之精实。近儒反以'堕于空虚'疑《集注》。阮文达遂释'贯'为事，而云'一以事之'。姑无论其说之是非，恐亦无此文法。）"（中略）"治经治史，皆欲穷至事物之理以措诸用，而非摭拾细碎，傲人以所不知之谓博也。（姚姬传言'诸君皆欲读人间未见书，某则读人间常见书。'其言深可玩味。索诸六合之外者，往往失诸目睫之前。惟精研训诂，覃思义理，久之自然通贯。一事不知以为深耻，学者当立此志。知之为知之，不知为不知，学者当存此心。天地之大，圣人有所不知，不知不害为圣人也。若破碎支离，辗转返袭，以为求知之道，为人乎？为己乎？欺人乎？欺天乎？）苟徒索诸虚，而不知证诸实，是为无用之学，异端以之。泥于器数之末，

不知性道之原，是为无本之学，俗儒以之。"（下略）

## 七月十日（续前）

汪巩庵问："人虽游遍五岳，所处仍不过一庐。为学而有兼骛专营之分，其理想亦如是。"

答："学固有安身立命之处，然不游五岳，专守一处，所见已隘，所志亦卑，为学第当知有归宿耳。始基固，不可不博也。（胡子《知言》有云：'学欲博，不欲杂；守欲约，不欲陋'。二语可为学者之良箴。[案五峰之言，《近思录》取之。]《张南轩集·答胡季履书》曰，博与杂，相似而不同，不可不察也。徐伟长《中论·治学篇》曰：'凡学者大义为先，物名为后，大义举而物名从之。'然俗儒之博学也，务其物名，详于器械，考于训诂，摘其章句，而不晓其大义之所极，以获先王之心。此无异乎女史诵诗，内竖传令也。荀仲豫《申鉴·时事篇》，语有之曰：'今为一目之罗，无时得鸟矣。'道虽要矣，非博无以通矣，博则方通其说。）"

## 七月十一日（续前）

汪巩庵问（编书目涉及兵书事。略。）

答："兵法为学问中至精之事，亦儒生分内之事。（古儒者多通此。）然而，学而能者，制阵束伍之方；不可学而能者，审机应变之略。兹事半由天授，古人恒慎言之。若夫周秦诸子，持之有故，言之成理。苟去其偏，皆足经纬雷合。故恒景以黄老致治，诸葛忠武，学兼申韩。特其言驳杂不纯，非以义理载之，则害多利少，故不若儒术之纯粹无疵也。"（下略）"汉承秦后，驭民如束湿薪，民困兵革久，故清净无为，足以致治，非其时，则废弛矣。东汉之季，王纲解纽，刘璋暗弱而无能，蜀民庶富而无制，故信赏必罚，乃可为国，非其时，则操切矣。治莫大乎因时，拘泥成法者，不足以语远猷。然苟不知为治之本，则补苴琐屑，法立弊生。衰世之政，治丝愈棼，职是故也。申韩久为世诟病，而蜀先主以训其子，谓《商君书》益人意智，亦为其时其人而发耳。非此者，乌可藉口。"

## 七月十二日（续前）

汪巩庵问："学问如筑室，然须自根基筑起，逐渐推去，方成完备之室。非然者，亦终如海市蜃楼，惝恍迷离而不可恃。注疏奥衍难晓，不如趁此时将诸经正文温读一二过。《史》、《汉》、《通鉴》，亦阅其大概。经济词章虽不必遽弃，但暇时涉猎后再致力。俟数者稍有得，方阅理学书。似此或不致逐末忘源，而如筑室无基。"（化案：此问，似亦可作为答语看。想是朱先生令公巖师自述如何治学，始胪述其门径与步骤，有如此详细者。）

答："筑室之喻良矣，但其所持为根基者，则有所未尽。注疏所以释经，经义隐奥，故注疏以释之。专读正文，须经义已通者方可，不然安能领会也。（原注略）生近读《曾文正集》，文正往往言归宿于义理。所谓归宿者，读书所得，每日所行，必印证于义理，而以此为归，非谓姑置于后为缓图也。生质本聪颖，志趣亦不凡，第为学太杂，欲兼包并骛，而少循序渐进之功，又未免见纷华而悦之意。故日记中多自刻责语，而终不免游移，无他，年少气盛，而未能收敛心神之所致也。学问之道，有本有末，有专营有兼及，有所弃乃有所取。考据之学，非生专长，亦不愿生之汩没于此。然既知经史之宜治，义理之可贵，而又作骑情之见何也?"（下略）。（化案：从以上数则答问来看，可知师弟之间切磋学问之情状。一方面多用引导之法，循循善诱，而绝无耳提面命，生硬灌输之态。另方面则因此养成了一种不受拘束、好学钻研的精神。这些不仅可供学术上的参考，亦可作为教育上的借鉴。不知今日教育家是否注意到以前书院所积累的教育经验否？倘将过去的东西一概视为必须加以反对的糟粕，那么，我们只有像十月革命后的无产阶级文化派那样，连已有的铁路也当作资产阶级的毒瘤，必须扒掉，重新去建所谓"无产阶级的铁路"了。)

　　[补记：当时所记读《无邪堂答问》笔记，至此而止。我已不记得当时为何而中断了。答问中尚有许多有关自然科学方面的内容。据我看，朱一新是吸取了截至那时为止中国在自然科学方面所积累的最新最全面的成果。我由于自然科学基础差，读这些篇章时多不理解，但对其阐述的渊博和精深感到惊讶和敬佩。公巢夫子从广雅书院卒业出来，时在清末，他最早所做的工作不是在学堂教授中文，而是教授自然科学。看来，他恐怕和杜亚泉一样，要算是我国早期的自然科学教育家。这是当时知识分子的特殊表征。]

## 七月十九日

　　应加拿大梁燕城要求，在教育活动中心底层咖啡室举行座谈。邀请了十余人参加，会开了近三小时，颇疲乏。复旦姚大力所谈多西方新思潮，较为一般。伯城则力捧孔子，认为是中国文化发展之大害，并称颂五四反传统之可贵。朱学勤对此说大表赞赏。近三小时会上所谈者，多表态语，无甚新意。

## 八月十五日

夜读《读书》七月号，其中数则，摘录以备考。

费孝通《青春作伴好回乡》："社会学命运多蹇，一九五二年高校院系调整时，各大学的社会学系被取消了。一九五七年由于有些社会学者想效法苏联，恢复社会学在学术上的地位，都被认为反党反社会主义，许多社会学者被划成了右派，受到人身打击，直到'文化大革命'结束，一九七八年党的领导才决定替社会学恢复地位，并要求补课，就是要在大学里恢复社会学系。"

［补记：整理日记时不禁感慨系之。一九五二年院系调整是教育界的一次"大折腾"。当时砍掉了许多有着悠久历史的著名大学，使所有大学向专业发展。在一些综合性大学内，不少院系，撤销的撤销，合并的合并，以致使一些好传统好学风丧失殆尽，至今无法恢复。（如过去清华国学院所留下来的学风与传统，就只剩下美好的回忆了。友人王瑶虽然在院系调整时被并入北大，但他始终声称他是"清华人"。）经过这样的大折腾之后，元气已伤，教育水平下降，更是无庸多言。我引为深忧的是目前教育体制又要大动了。这次相反，是朝合并的方向发展。我担心这样是不是会消灭某门课程上在不同学校所体现的不同特点与风格？海外有"大舰队"之说，这是指大企业的合并。就企业来说，这样做是对发展有利的，但是不是因此就可以照搬到教育方面来？根据目前情况看，对企业有利的，未必也同样对教育有利。这样大动干戈，会不会给教育界造成第二次大折腾？我愿将我于一九九三年所介绍的杜亚泉《减政主义》一文中的话，再援引如下："今各国政府组织繁复之官僚政治，视社会上一切事务均可包含于政治之内，政府无不可为之，亦无不能为之。政权日重，政费日

繁，政治机关之强大，实社会之忧也。"杜亚泉认为政府在教育事业方面应做的，仅仅是司其政务，而不必自己去做教育家；要教育发达，并不是政府多颁学堂章程，多编教科书。他说："不察此理，贸贸焉扩张政权，增加政费，国民之受干涉也愈多，国民之增担负也愈速。干涉甚则碍社会之发展，担负重则竭社会之活力。"杜亚泉这些意见是在一九一二年说的。诚哉斯言，至今仍无可易之。]

## 八月十六日 （续前）

汪丁丁《学术中心何处寻》："学生是否愿意把时间和金钱投入到关于基本问题的人力资本的积累中去，在经济学的框架里，这取决于激励机制所产生的成本与效益的比较。例如，香港大学生们，身边充斥着挣钱机会，几乎每个学生都有课余兼职，每月收入从几千到几万，看干的是什么工作了。除了考试时间，学生们大多不会安排课余时间阅读功课和研究问题。百分之九十以上的香港大学学生是在'混文凭'，但求以最小成本得到一个关于'能力'的发信号权（signalling right）。香港是个商业化都市，这里中高收入的工作大多是商业性质的。对研究基本问题的属于'软'专业人才的需求，虽然有一些，但需求量很小，报酬也较低。所以从经济学角度看，很少会有学生选择纯学术和研究基本问题。以港大的经济学课程为例，注册金融和货币银行课程的学生，每年都在几百人以上。注册学习中国经济课程的也在三百人左右。但是选择博弈论或者比较经济体制课程的就只有几十人甚至十几人。到了选修经济思想史这门课程时，注册学生就常常只有两三个人甚至一个人了。"

（化案：这段话虽然只是从大学谈到香港教育，但是可以从中看到，人文精神正在这块土地上死亡。它是在不被人注意的情况下，悄悄死去的。没有哀悼，没有眼泪，也没有因此而引起人类前途的忧虑，社会照旧是那样美好，那样歌舞升平。我在深圳大学所见到的正和香港的大学相仿，它是按照香港模式建立起来的。我头脑中甚至出现了这样的想法，香港教育的今天将是中国教育的明天，其差别也许是后者会走得更远。一九八五年，我应汤一介之邀去深圳大学参加中国文化研讨会，就住在深大。那里的生活，包括伙食、用车等，都是由深大同学承包的。这所学校成立不久，得到了北大、清华的支援。校长由原清华副校长担任，北大则支援一些主要教授，按年轮换，汤一介和乐黛云两位正由北大派往那里。他们很想将深大建成一所像样的大学，提出不少方案。汤力主深大设立历史系，认为这是文科不可少的。当时深圳特区书记是梁湘，他是一个思想很解放，也想有所作为的人。更重要的是他理解知识分子，对文化人十分尊重。但汤一介的这项建议仍未被采纳。原因是当地政府认为深大应为深圳培养应用人才［如经济师、财会人员等］，而历史专业对深圳毫无用处，从学校出来后连安插工作都困难。所以深大至今是没有历史系的。过去龚自珍曾说，灭人之国去人之史。如果自己先把自己的历史去掉了，那才真是可怕的事。深大的学生既忙于承包生活、做生意，也就谈不到学业了。那时乐黛云是教文学的，她要我们来开会的几个人［Wakeman、庞朴、杜维明等］每人去给学生讲演一次。讲前她一再打招呼说，千万不要讲得太深。我问她学生课余读什么书？她说只有武侠小说。糟糕的是我对武侠小说一窍不通。果然后来演讲仅仅开了一个头，就觉得满不是滋味，台下毫无反应，只得草草收场。这是我演讲中最失败的一次。前几年报载教委负责人，竟公开声称，应多办职业大学来代替综合大学，以便使学生专于一门应用技术。不知中国教育将往何处去？）

## 八月十七日（续前）

刘纳《咬文嚼字六十年》："八十年代初，他（唐弢）在文章中引用了鲁迅极为愤激的言词：'我总要上下四方寻求，得到一种最黑最黑最黑的咒文，先来诅咒一切反对白话、妨害白话者。'（《朝花夕拾·二十四孝图》）唐先生在引证了这段话之后写道：'这种愤激的心情和语气，恐怕很难为今天的人们所理解的了。不过，我们如果回顾一下当时黑暗势力的浓厚，那些白话文反对者居心的毒辣，巧言令色，欺世盗名，用种种手段欺蒙社会舆论的事实，就会觉得鲁迅这样说并不过分。他是亲身经历了这场斗争的。'（《鲁迅日文作品集序》）未曾亲身经历当年白话文之争的唐先生也始终持守着保卫白话文的鲜明立场，他同样是把白话作为反封建反传统的铺垫。"

（化案：五四时期的文白之争，其性质是属于文化上的问题，可是参加这场论争的人，在辩论中丧失了冷静，把它上纲上线，变成了一场你死我活的斗争。以致出现了攻击、谩骂、诅咒、诬蔑等等。这哪里还是什么学术民主自由讨论？自以为掌握了绝对真理、终极真理，和我意见不同的就是异端，就是敌人！我觉得这和后来路线斗争中所出现的"残酷斗争，无情打击"也有某种相似之处。[虽然两者一属文化领域，一属政治领域，在性质上不同，但这里是就思维方式而言的。]例如，一度被称为第十次路线斗争对刘少奇的批判，纵使说这场斗争真正是关系到走什么道路及国家命运这样严重的大事，为什么非得按照残酷的路线斗争的方式来解决？是不是舍此就没有其他办法了？为什么有些国度碰见了不同政治力量发生类似路线分歧的时候，可以通过更合理的民主方式，而不是非得采取不是你死就是我活的路线斗争办法呢？记得抗战初我到上海不久，读到友人林淡秋翻译的一部苏联作品，其中记述高尔基和一位革命领导人的对话，高尔基认为那斗争手段太残酷了，这位领导人开导他说："当两个人进行激烈拼搏的时候，你能说打山的哪一拳是对的，哪一拳是错的么？"〔大意〕当时我认为这话对极了。多年以后，仔细想想，觉得有些不对了。文化论争更不能用这种为达目的而不择手段的办法，而必须遵守"游戏规则"，否则是谈不到学术民主和自由讨论的。唐弢的《鲁迅日文作品集序》，我没有读过，不知作于何时。仅就作者的引文来看，我觉得那些说法是许多文学史家所习用的套语。倘真正将双方辩论的真实情况揭示出来，恐怕会发现唐弢的这些议论有渲染过分的地方。）

## 九月二十九日

　　读蒋天枢《陈寅恪先生编年事辑》（增订本）。这一版为章培恒整理。时蒋天枢教授已逝世多年矣。一九七九年初我平反前在大百科上海分社工作。当时听姚芳藻说，蒋天枢为陈寅恪某些遗稿被中山大学某生掠去事甚觉气愤，不知向何处申诉。我将此事告诉陈虞孙，他认为可通过梅益向胡乔木反映。后蒋天枢到大百科上海分社办公室来谈过几次，并拟就一份书面报告转胡乔木。这些事都是我经手的。可是梅益负责将信转去多时，却一直没有得到胡乔木的答复。当时蒋天枢说，倘去追索被掠去的遗稿是可能追寻到的。

## 十月二十日

　　夜不能寐，已子夜三时矣。

# 十一月二日

余秋雨来，留下所撰《长者》，请我修订。我向他说，我只改其中涉及张可和我两人言行部分，使我们所说所作尽量符合事实。至于涉及秋雨本人的部分，我不能改。[补记：后经我改动的，如秋雨记张可嘱他学英文的谈话中，有"必须"、"应该"字样，一律删去。我说，据我和张可共同生活的数十年经验，她从不用这种社论式的命令词。此外，秋雨文对我评价中有一些称赞语，亦由我删去。]文中所记我对张可的评语是经过我反复修改过的。在不眠的夜间，这句话经我一再斟酌，修订了数次，现记录如下：

秋雨记我所述原文：

张可心中无恨。从不相信斗争哲学，只散布善良、和谐、温柔、宽恕。跟我受了几十年的苦，从未流露出一点一滴的抱怨。像我们这样敏感的文化人，只要有一个眼色中稍稍有点不耐烦，也能立即感到，刻下深深的伤痕，但在她的眼睛里从来没有出现过这样的眼色。

最初改在原稿上：

张可心中似乎从来没有仇恨。我没有一次看见过她以疾言厉色的态度对人，也没有一次听见过她用一个重字眼说话，总是那样善良、柔和，待人总是那样宽厚。几十年来，我的坎坷生活给她带来无穷伤害，而她从未流露出丝毫的不满与抱怨。知识分子是很敏感的，只要一个眼神稍有表露，就能立即感到，但在她的眼睛里，从来没有出现过这样的眼色。

最后改定：

　　张可心里似乎不懂得恨。我没有一次看见过她以疾言厉色的态度待人，也没有一次听见过她用强烈的字眼说话，总是那样温良、谦和、宽厚。从反胡风到她得病前的二十三年漫长岁月里，我的坎坷命运给她带来无穷伤害，她都默默地忍受了。人受过屈辱后会变得敏感，对于任何一个不易觉察的埋怨眼神，一种稍稍表示不满的脸色，都会感应到。但她始终没有这种情绪的流露。这不是任何因丈夫牵连而遭受磨难的妻子都能做到的，因为她无法依靠思想和意志的力量来强制自然进发的感情，只有听凭善良天性的指引才能臻于这种超凡绝尘之境。

## 十一月十五日

　　外语学院李棣华教授陪同意大利《团结报》记者莉娜·唐布利诺（Lina Tamburrino）来访，赠所著 *I Drago* 一书，其中有一段涉及我的文字：

　　为了给孔夫子制造一个新的身份，本世纪初，陈独秀、李大钊、鲁迅等知识分子把传统的压力，也就是说把从孔夫子那里继承的遗产看作是应当予以打倒的主要障碍。李大钊一九二七年写道："孔夫子和宪法风马牛不相及。孔夫子是帝王专制的护身符，而宪法是现代国家自由的保证。"同时期的著名学者陈独秀声称："孔夫子和主张独立、平等、博爱的共和立宪制度毫无关系。"鲁迅则认为孔夫子的传统是堕落和虚伪的象征。几十年之后，到了八十年代，中国当代最重要哲学家李泽厚认为中国要现代化，只有让它的社会、文化、心理的遗产在西方物质文明开放过程中得到深刻改造。今天已是九十年代末期，国家特征和传统之间、民族精神和外部世界之间的关系依然困扰着知识界。中国最有权威的、观察细致的美学家王元化沮丧地看到所谓年轻一代被西方文化所吸引，但从中只学到最商业化和最没落的方面。他们根本不了解自家的财富。王元化认为文化和文化之间，文明与文明之间的区别不应被抹杀掉，否则就产生新的霸权主义。他的理想是相互尊重的共处并进行有益的交流。这同五四时期许多知识分子的想法是一致的。……（化案：我没有用过"新的霸权主义"这样的名词，我所说的是"西方文化中心主义"。不过唐布利诺以一个异邦人，对中国现代文化思潮能有如此清晰的理解，我认为是很不容易的。）

（上面这段话是请上海外语学院陈师兰教授据意大利文译出，特此致谢。）

## 十一月二十八日

江西"百花洲"邮汇来《读黑格尔》一万零四百余元的稿费。无稿费单，也不说明是多少印数的版税。当去函询问。

## 十二月二十九日

发函给江西百花洲文艺出版社总编室，就其刚寄来的特快专递函，作进一步质询。

**一九九七年除夕**

　　将《清园近思录》后记电传给王俊义。王震坤偕李子云同来，二人去时，无车受阻。震坤做东，邀至楼下毕卡第晚餐。晚，得金华从美打来长途，云吴文出走。结婚六年，竟不告而别，殊出意外。

# 一九九八年日记

**一月一日**

早回家度岁。得张光年电话。访陈敏之，将他向我借阅的《始末》带去。

**一月五日**

得到的贺卡中，有一份是傅璇琮先生寄来的，其中的附笔实际上等于是封短笺。他说的多年以前的一些事是为人所不知道的，颇值得一记：

元化先生文几：

近读《文汇读书周报》上所记先生学谱，得益良多，但亦不胜感慨，尤其是五五和五六两年。琮五五年七月毕业于北京大学中文系，但是年五月间则受到当时政治运动的牵连。五一和五二年我就读于清华中文系，上英文课。五二年院系调整，至北大，攻读俄文。二年级时，曾翻译了几篇当时苏联文艺理论（文章），投寄上海新文艺出版社，通讯地址由教课之俄语老师转。不意及胡风运动起，俄语老师上告，学校党委以我与新文艺出版社有联系，即为胡风集团嫌疑分子，于是进行审查，搜查我的东西，几乎使我二十二岁的青年精神分裂，哭了好几次。最后总算不了了之。八月份毕业，留校做助教。此事我从未与人说过，今特奉告。

璇琮  九七，十二，二十四。

## 一月十日

下午周进偕教育学院竺洪波来访。

## 一月十一日

晚杨泰俊邀去晚餐。

## 一月十三日

午后三时上海电视台为《太平天国亲历记》新版问世来拍电视。

## 一月十四日

唐振常约至吴越人家晚餐。谢正光亦在座，他自爱荷华来沪，带来承林赠我的小礼品。上海师大文科基地朱旭强、王璞、孙彦、王弘治来访。

## 一月十五日

孙恒志及其弟约至玉佛寺吃素斋。

**一月十八日**

上午九时在上图为梁燕城来沪约少数人座谈。晚丁锡满邀去晚餐。

**一月十九日**

得读者郭林雪函（江苏盐城小海北路二号）。午后，北大出版社卢济恩来访。

**一月二十一日**

宣传部在广电大厦举行迎春会。

**一月二十三日**

汪丁丁来信，并赠《在经济学与哲学之间》。徐文堪、王欣来谈《学术集林》事。宗福先来电话约我二月去宁为谢晋《拉贝日记》座谈，已辞谢。

**一月二十四日**

钱钢来。午后林其锬来访。《书屋》发来《癸酉日记》传真。

**一月二十五日**

得华君昨日寄来的长信，现摘出其中有关学术界的一段话如下：

去年十二月我去北京一次，听到一些情况。据说是朱学勤提出，现已被学界接受的一种分析，言目前学界有三派，一是国粹派，以季羡林为首；二是启蒙派，以李慎之为代表；三是后学派，大多是留洋的青年人。现在主要矛盾是启蒙派与后学派的争论，启蒙派仍高举五四旗帜，强调自由民主；而后学派接受西方的解构思潮，开始批判民主自由，批判启蒙主义、人文主义。（化案：下面谈到《读书》更人后种种情况。从略。）启蒙派丧失了阵地。在北京与李慎之先生吃饭，他很认真地说，有生之年要全力做的一件事就是为启蒙派找回一块阵地。这次他又问起先生，如何从启蒙转向《学术集林》？……

（化案：在华君来信谈及此事之前，赵君告我，我已被三分说者划为"国粹派"。又有人告诉我，当我表示不同意"南×北×"说后，不久也传出同样不同意的声明，其理由是我是"传统派"云云。但他们和我见面时从未露出过一点消息。）

## 一月二十六日

得余英时先生一月十九日寄来的贺卡，上面有一段附言摘录如下：

> 欣悉先生身体健康如恒，至为高兴。英时曾于九五年底割治胆石，然小手术，不足为意。近二三年来顽躯尚健，亦勉可工作。承赠大作《清园论学集》，已拜读，极佩卓识。彼此可印证者不少，尤有空谷足音之喜。
>
> 去年曾撰有关陈寅恪文字二三篇，得数万言。近与旧文合刊，不久收到后当寄赠请正。如不方便，乞示之，以免为先生增麻烦也。附上近年英文论文二篇，其中论 bussiness culture 一文，

颇费心力，在中国史研究上尚有一点开山作用，盖此题尚未有系统研究也。

## 二月二日

《报刊文摘》刊登了一月二十三日《中国妇女报》发表江苏泗阳县仓集镇政府王荣林的来信，信中说："前几日在邻居家听他家上小学三年级的孩子讲，他们班上的班长可'发'啦！原来学生的小头头们每天都有人送'礼'，小到铅笔橡皮，大到手枪飞机之类的玩具，甚至隔三差五，还能到小卖部里'吃请'，那些送礼请客的大多是成绩较差，生性懒惰而家境较好的同学，班长'受贿'以后，当然会在检查作业布置劳动任务时，大开绿灯，甚至在考试时都要'互相帮助'。据笔者进一步了解，这类风气不但在小学生中普遍存在，而且在中学生中间也很盛行。"

## 二月五日

元旦以来有一个多月什么事也没有做，整天休息以恢复长期的疲劳。自从在衡山安顿下来后，感冒和腰疼的毛病均未发作，大概是房内有空调气温较暖的缘故。闲时看电视，有线二台播放的 Discovery，内容均是自然科学的题材。我看到的是关于哈伯望远镜的纪录片（其中似亦有后来补拍的一些镜头），讲述二三十年前有几个青年科学家，提出通过卫星发放望远镜，以观测太空的设想，被人讥为科幻小说。但这几个青年锲而不舍，一直埋头研究。数十年后，他们成了白头老人，终于研究成功了。运载望远镜的卫星升入了太空，他们在观测室里发出欢呼。他们的喜悦，看了实在令人感动。可是望远镜发回地球的摄影，因玻璃面磨制时有五十分之一的发丝粗细的误差而失败了。他们在大功垂成之际受到了挫折，于是再派两位科学家乘宇宙飞船，由火箭发射升入太空，对望远镜做技术处理。望远镜经过修复后，工作正常了。这些屡受挫折而坚持不懈的科学家的经历是十分感人的，在二十世纪中能够继承上世纪人文精神的只有这样的科学家。我们的电视尽是媚俗的小市民趣味的低级制作，为什么不多放放这种有益于观众的片子呢？我相信，它们是比那些伪劣制作更能赢得观众的赞美的。

## 二月六日

　　得《荆州日报》编辑陈礼荣来信，并附文章一篇。午后徐文堪、傅杰、钱文忠来讨论《学术集林》事。

## 二月十七日

　　《新民晚报》发表记者林伟平对我的访谈，说我自春节以来因为腰疼痛发作，一直躺在床上静养，这就有了时间打开电视看看。访谈中又说，我认为反映志愿军战俘的纪录片，如实记录了这些不幸人们的坎坷命运，很不错，而对于《科学与发现》则特别赞赏和推荐。访谈还记述了我对"戏说"一类的戏的看法："戏说不是写历史，比如鲁迅的《故事新编》，虽然以历史为题材，就不是一部写历史的小说。写历史自然不能违背历史史实，而以历史为题材的戏说就不能这样要求，它可以带点荒诞意味。问题在于戏说也得是一台戏，要有艺术，要有生活内容，甚至要有现实感，让人爱看，能唤起感情共鸣，而不能是胡闹。许多戏说戏令人反感，就因为缺乏一种严肃的内容，只是洒狗血，卖噱头。《康熙微服私访记》这部片子，采用戏说手法，可自由发挥，康熙走出宫廷来到民间，这样就扩大了视野，揭示了宫廷所无法见到的世情民隐。……"[补记：这部片子只有头一、二集尚可一看，后来就完全不行了。]

午前邓正来偕夫人孩子来访，留在楼下毕卡第西菜馆午餐。蒋丽萍来谈邓母传序事，彭小莲来取报。

## 二月十八日

束纫秋迁新居邀去青松城午餐。清姐后到，要去参观束的新居。我和可已上了小吴车，但她要可同去。我先回家。孰知她们回来乘思再自备车，可进车门时不慎仰面跌倒，急送至医院，经检查幸无大碍，只是轻微脑震荡，但后脑跌破处有血。

## 二月二十二日

腰疼已数日。这些年所突起的调侃之风，使人想起鲁迅在《新文学大系小说二集序》中评王鲁彦的一段话。（下略）[补记：已整理为《谈诙谐》一文，可参见拙著《九十年代反思录》末篇《邂逅草书话》。]

## 二月二十三日

今日接可回家。昨夜醒来，想到遵命文学之弊。即如鲁迅亦不可免。他遵先驱者之命，写过反文艺自由和批第三种人的文章（批第三种人时，将施蛰存、魏金枝亦牵连进去）。实际是遵从了第三国际、斯大林所谓"反中间派"的极左思潮，以致违背事实，丧失了应有的公正。再如《我们不再受骗了》、《答托洛斯基派》等等均是。

## 二月二十五日

往洞庭西山看梅花。

## 二月二十七日

得开元古文化传播公司经理王国强来件。得林同奇信，内有称赞小许的话。得江西刘景琳信。陈礼荣来信谈到外祖父在沙市办美鹏学堂一事。

## 三月二日

近读唐德刚谈艾思奇的一篇文章。唐称毛泽东的两论是抄袭艾思奇的《大众哲学》。抗战前艾思奇的《大众哲学》是以《哲学讲话》的名称，在李公朴编的《读书生活》上分期连载。一九三六年用原名《哲学讲话》在读书生活出版社出版，不久即遭禁售。抗战爆发后才以《大众哲学》的名称出书。我最初所读的是在《读书生活》连载的《哲学讲话》。唐似乎并不知道《大众哲学》以前是《哲学讲话》，竟称前者为最早的版本。抗战初艾思奇去延安，颇受毛泽东的器重。那时毛向艾请教一些哲学问题，大概也是事实。毛在抗大讲授两论听取过艾的一些意见，似亦可能。至于说毛掩盖艾的著作，将其窃为己有，则恐未必。唐文此类说法，并无根据，只是臆断。两论为后人奖饰过高，其中并非无可议者，但谓之袭取他人，未免太过。唐对艾思奇极为敬佩，甚至竭力拔高，说他可与胡适并驾齐驱，当时学界仅此二人而已。此论殊令人骇怪。细按之，这原因恐怕是唐少时读哲学著作，以《大众哲学》为入门也。

## 三月三日

近日检出胡适《什么是文学》一文。此文作于一九二零年十月，次年收入亚东版《胡适文存》，一九二五年又收入文明版的《胡适白话文钞》，一九三五年再收入希望版《胡适论说文选》，最后收入《新文学大系》中的《建设理论集》。可见是把这篇文章当作他一贯倡导的文学主张。文章说："文学有三个要件：第一要明白清楚，第二要有力能动人，第三要美。"胡适把明白清楚作为第一要义，从这一原则出发，他反对文章用典，无论古典今典，他都反对，因此他在评骘陈寅恪的时候，认为陈的文章写得不好。既然提倡明白清楚，要求文章使读者可以一览便知，因此也就谈不到文章的含蓄与蕴藉了。胡适在别处又提出："有什么话，说什么话，话怎么说，就怎么说。"因此就出现了胡适嫌"丁文江传"的书名不好，于是用"丁文江的传记"来取代的事。照他看，只有后者才是合于口语的白话文。但是我感到奇怪，难道"丁文江传"就叫人不懂糊涂起来了，而只有"丁文江的传记"才是"清楚明白"的么？后来瞿秋白提倡大众语，把白话文也骂做非驴非马的"骡子文学"。这似乎是一种更激进的主张，但在根底里仍不脱主张言文一致的窠臼，只不过是将言文一致更推到极端，要求达到言文同一罢了。我于战前在北平读中学时，曾参加校中同学组织的新文字研究会。那时新文字运动就在大力贯彻废汉字，用拉丁拼音，采取方言等主张。我还记得有人提出倘用拉丁拼音写上海人说的"回到屋里相去"。岂不会被外地人误会成"回到窝里去"了吗？当时这类问题有很多，争得很厉害，甚至鲁迅都出来为新文字讲了话，但是终于这条路并没有走通，今天恐怕年轻的读者已不知道半个多世纪前的这桩公案了。

## 三月七日

浙江教育出版社骆丹来访。

## 三月八日

下午钱钢来整理学术年表。

## 三月九日

收到《明报月刊》三月号。其中有金庸与池田大作对谈录之十二。池田大作谈到"造反有理"的一段话，颇与我过去所论有暗合之处。他说："'造反有理'与无政府主义正是表里一体。无政府的黄金定律正是'自由'吧？但是这种'自由'是怪论，是必须予以注意的那种纠缠极端凶暴的邪论。那种以追求'自由'而引发的运动，就是导致其结果会招致'独裁''专制'的'自由的邪论'。看看近代的历史，无政府主义的狂热风景，一定被恐怖政治和强权政治作为手段加以利用。"

新华总社内参部来电话约谈。赵兰英来采访。

## 三月十五日

收到卢新赠阅的三月六日《济南日报》，副刊《随笔》上刊有董乐山写的《俄罗斯人文精神的失落》。董的文章很一般，但这一篇颇值得注意。文中说："随着苏联的解体而来的是社会动乱，人欲横流，在汹涌的商业大潮冲击下，人人都向钱看，无人再顾及精神需求了。"接着举出一些著名人物：萨哈罗夫刚选进国家杜马就突发心脏病猝死于会场。索尔仁尼琴于一九九四年回国后，在电视台主持一个节目，一周一次发表对社会的看法，仅仅一年节目就被腰斩了。艺术家们感到被冷落。瓦里亚·诺伏德伏斯卡娅过去是个所谓异议分子，苏联解体后说："大多数异议分子对人民已经没有吸引力了。"剧作家亚历山大·格尔曼埋怨当政者不再去请教他们。流亡德国的讽刺小说家弗拉基米尔·伏伊诺维奇说："我们的影响是零。"生物学家科瓦廖夫（被认为继承萨哈罗夫的异议分子）曾被请去担任人权委员会主席，但这个机构只是一个"小摆设"，他为俄军摧毁了车臣一个小村庄提出抗议无效而辞职了。在俄罗斯，随着这些人作用的消失，他们的声音也喑哑了。

## 三月十六日

东方来传真告知新加坡大学请我去讲学，拟辞谢。钱钢来。

## 三月十七日

得摩罗来信，并附文章复制件数篇。

## 三月十九日

白天温度二十度，半夜起风，有雨，气温骤降。

## 三月二十日

气温降至五度左右，天降雪珠。

## 三月二十一日

飞雪。葛涛陪刘军来。刘伤足，用拐杖，但甚有头脑。

## 三月二十二日

学勤夫人来拿书。

## 三月二十三日

为中国作协题字："中国作家之家"，系美国华人作家请托。

## 三月三十一日

王春瑜赠书二种。得霍韬晦邀请做顾问函。往医院探林炳秋。

## 四月二日

《笔会》载有易中天《武汉人的脾气》。文中所谈，颇令人发噱。如引民谚："北京人什么话都敢说，上海人什么国都敢出，广东人什么钱都敢赚，武汉人什么人都敢骂。"又如将上海人和武汉人的脾气作了比较后说："正如全国都有点讨厌上海人（但不害怕），全国也都有点害怕武汉人（但不讨厌）。"文中曾谈到武汉方言的一个"啫（zé）"字。说："这个字字典上没有，是武汉独有的方言，它和上海话中的'嗲'有相近处又大不同，通常指那些没有资格撒娇、发嗲或摆谱，却又要装模作样、忸怩作态……遇到这样的情况，武汉人就会十分鄙夷地说'你啫个么事?'……怎样才能不'啫'? 就是要爽朗，武汉话叫'唰喇'，不知是爽朗一词的音变，还是一个象声词。这就使他们难免给人一种少有教养的感觉。武汉人说话直统统的，很少拐弯，也不大注意口气和方式……这就很让外地人受不了。一般地说武汉人心眼不多，至少不像上海人那样精于算计，或像福州人那样深于城府，处处周到，他们甚至常常会做蠢事，而且不讲道理。比方说，你到武汉商店去买东西，问价的时候，如果碰巧那售货员心里不大痛快，便会白眼一翻：'你自己不晓得看！'这是一种很没道理的回答，也是一种很不合算的回答，因为假使回答十元才说两个字，回答'你自己不晓得看！'却是七个字，多说了五个字。可是武汉人不会去算这笔账，他们宁肯不落好，也要毫不掩饰地表现自己的不耐烦。"但作者认为，你如果了解武汉人，不太计较他们的"恶劣"态度，就会发现他们其实是很好相处的。因为"他们骨子里有一种率真的天性，哪怕就是那种被惯坏了的骄横无理的孩子，也总比大人好相处一些"。接下去作者还说了许多有关武汉人的好话，甚至连"九头鸟"这个徽号，也当作代表武汉人"生命力特别顽强的意思"。读到这里，实在令人忍俊不禁，但仔细想想，又感到其中也似乎不无道理。我祖籍江陵，生在武昌，也算是个武汉人，我觉得，除了作者所没有提到而应视作楚人（也包括武汉人）最大毛病的暴躁和冲动性格等等之外，他所说的也都是或多或少地接近事实的。我自己的身上就可以印证这些特征的存在。作者的片面处，在于他没有用些篇幅多谈谈坏的方面，比如上面所说的暴躁和冲动性，就是在谈武汉人脾气时无论如何也不能避开的。我自己就为自身的这份家乡遗产深感苦恼。我很不喜欢这种自己也无法控制的脾气，但是要克服却十分困难。它是遗传基因在人的气质上所发生的影响，正如遗传基因在人的体质上所发生的影响一样，都是巨大的。这种脾气使人对武汉人也是讨厌的。我不知易中天是不是武汉人？八十年代他曾和我通过几次信，后来我们失去了联系。他这篇文章引起了我的兴趣。

## 四月四日

得复旦外语系教授陆谷孙三日发出的来信，答谢我不久前托傅杰转赠的《莎剧解读》。陆西学中学兼优，在复旦教授中是罕见人才。据闻学校曾拟推他任校长，陆坚辞不就，不愿放弃英文专业，这是在当今教育界少见的品格。他的信虽以钢笔书写，但苍劲有力，亦可见少时练字之功。现摘信中两段文字如下：

张可先生幼学之年就译出奥尼尔的剧本，真是俊彩星驰，如此人才因时难而早枯，弥可伤恍。元化先生的这篇序言，熔文评（中西兼顾）、随笔和回忆录文字于一炉，写到要害处，察而不激，辩而不争，去年读时就非常钦佩。我尤其注意先生对五四意图伦理的分析，近日又读到先生引用张昊若旧文，对这个问题的进一步阐发，诚深湛之思，已课督我系所有研究生细细研读（把元化先生作为思想家来阅读），体会"大人之学为道"的真谛。

世道薄恶，理想主义渐成濒危物种，莎剧读者自然越来越少。我向自嘲以理想主义的血肉之躯撞击现实主义的铜墙铁壁，大概注定落得个悲剧下场，于是更加专注地读起莎士比亚来。只是当年爱读 Hamlet，现在醉心于 King Lear 了。

## 四月八日

上午往医院验血，可检查身体。

## 四月九日

上午去作协参加王西彦创作六十五年讨论会，我作了发言。

## 四月十日

赵兰英将访谈稿寄来。

## 四月十二日

得陈朝华来函，为《南方都市报》组稿。他原在《南方周末》工作，现调至此报社。

## 四月十四日

上海电视台李美娣（张可在上海戏剧学院的学生）来拍专题片。

## 四月十九日

《南方周末》陈明洋来访。

## 四月二十二日

晚六时往戏剧学院实验剧场参加颁发上海文学艺术奖大会。受奖后致辞。〔补记：收入《集外旧文钞》〕

## 四月二十三日

《今日上海》记者刘晓云来访。获奖后来电祝贺者有：长生、凌之浩与莎莉、冯玥珍、王烈光、史中兴、汪道涵、谢春彦、叶彬彦、蓝瑛、张定香、魏同贤、钱伯城、钱文忠、姚以恩、刘莺、刘东邻、赵铮等。

## 五月六日

得裘克安四月三十日来信。裘先生是一位研究英国文学的专家。

老一代的英文专家为王文显、方重、郑麐、孙大雨等，均已先后谢世。裘是这方面的一个老前辈了。他曾襄助将中央领导人的著述译为英语。我认识他约在八十年代中期，后来因他不大来上海，见面机会就少了。他在信中也谈到《莎剧解读》，此书问世后未引起一般读者注意，却引起了几位专家相当强烈的反响。现将他的来信摘录如下：

多年没有联系了，你好！今天购得你和张可译的《莎剧解读》，首先读了序和跋，感到很亲切。我原来是读英国文学的，身不由己地搞了许多年的外交和外事翻译，八四年才回来搞莎士比亚。由于考虑到要还莎士比亚的本来面目（这也是你的主张），我主编了莎士比亚注释丛书，（商务出版，你见过吗？）至今出了十九种，仍饶有兴趣地在继续进行着。欣赏和研究莎士比亚，如果不能读原著，是极大憾事。退而求其次，才是读译文。（中略）请你代向张可同志致意，祝她安康！

你序言第十六页上"为什么上帝先要让人有了缺点，才使他成为人？"这句话原来不是疑问句，见 Antony and Cleopatra vi 引处。以后有空可以慢慢讨论一些有关莎士比亚的事。这次还不知这封信能否送达左右，因为听说你住在衡山饭店。（中略）下次我如果去上海，想来看望你。现在知音相聚的事太少了。

（化案：《莎剧解读》出版后，在读者中引起的反响很少。但这本书成为使我和一些平时极少来往的朋友交通起来的桥梁。裘克安、陆谷孙的来信就可作为此事的证明。还有谢希德，她虽未写信给我，但前些时我刚刚走出住宅大楼的时候，就看见她从驶到大门口的汽车上下来。一见面还没打招呼，她头一句话就是："我同意你；我同意你。"这话是这样突如其来，使我茫然不解。后来弄清楚了，她也和裘克安一样，是很不赞成用戏曲表演去介绍莎士比亚的，因此特地表示对我意见的支持。大凡对西方文化具有较高修养的人差不多都持相同态度。我认识的人中只有张君川是例外，前几年在上海由他主持的莎剧学会上，我提出了上述意见就曾引起了他的强烈反对。大概从莎剧的普及化方面，他考虑得太多了。裘克安信中提到我引用的那句话确实记错了。当时我未查原文只凭记忆写下来。现查出它的原文是这样的："A rarer spirit never/ Did steer humanity; but you, gods, will give us/ Some faults to make men." 说这话的人不是凯撒，而是阿格力巴（Agrippa）。引文虽然意思不错，但确不是疑问句。朱译下半句是："可是神啊，你们一定要给我一些缺点，才使我们成为人类。"）

## 五月八日

中午钱谷融约至红房子用西餐。

## 五月十日

今年《书摘》第四期载有《毛泽东与中共中央定都北京的经过》（摘自中国国际广播出版社的《首都中国：迁都与中国历史大动脉的流向》）。文中称，毛泽东对建国后首都的选定及国家政权性质的确定，起了至关重要的作用。文章记述了一九四八年九月八日毛在西柏坡村召开的中共中央"九月会议"上的重要讲话："我们要建立的是无产阶级领导的以工农联盟为基础的人民民主专政。这个政权不仅仅是工农，还包括小资产阶级、包括民主党派、包括从蒋介石那里分裂出来的资产阶级分子。政权制度采用民主集中制，即人民代表会议制，而不采用资产阶级的议会制。各级政府都要加上'人民'二字，各种政权也要加上'人民'二字。如法院叫人民法院，解放军叫人民解放军，以示与蒋介石政权的根本对立。"

（化案：毛所发表的关于国家政权的讲话，后来都付诸实行了。其中有几点值得注意：一、其国家学说的来源。和卢梭的国家学说、列宁的《国家与革命》、苏联的政权体制、解放区的政权经验等关系，均应作出探讨，这是至今没有人认真研究过的问题。二、看样子毛在"九月会议"上的讲话，是有充分准备的。不知事前做过怎样的酝酿？是集体还是个人？哪些人参与其事？等等。三、那时确立的国家政权学说，随着时间进展，以后曾有所更改。例如最早的国家政权是包括资产阶级、小资产阶级在内的。可是在七届二中全会决议中，则指出建国后的主要矛盾将是无产阶级与资产阶级的矛盾。两者说法是有差距的，因此那时干部对于党的资产阶级政策——限制与反限制斗争一直吃不太准，常陷入或左或右的摇摆之中。实际上，二中全会既定为主要矛盾，资产阶级的命运就已经被决定了。至于把小资产阶级包括在国家政权之内，也同样是策略性的权宜措施。一九五四年毛泽东在中央文件上已将"小资产阶级"一词的"小"字全部删去。当时我在上海文委工作，文委书记是夏衍，下设三个处，我是其中一个处的处长。有一天夏衍对我说："你注意到没有？毛主席在中央文件上把小资产阶级的小全都删去了。"当时我们都不理解为什么要这样做。实际上这是把一向称作小资产阶级的知识分子划作资产阶级了。否则为什么六年多以后，周恩来在紫光阁会议上，陈毅在广州会议上，专门来为知识分子摘帽呢？倘以前没有戴上资产阶级的帽子，又何来此举呢？什么时候戴上资产阶级帽子的？我以为准确地说就是一九五四年。解放后前两年还讨论过文艺的工农兵方向是不是可以写小资产阶级，那时小资产阶级还不算无产阶级专政的对象。这一桩公案没有人谈过，大概今天的青年多半不知道了。）

## 五月十一日

午后龙应台来访。约至宾馆一楼餐厅叙谈，并进晚餐。七时半，龙离去。钱钢、王震坤、彭小莲来。

## 五月十二日

许纪霖、陆灏来。

## 五月十三日

得安徽丁宪松写来的詈骂信。丁是陈敏之介绍，陈又将他的《人性的反省》转来嘱看。读后实在提不出意见，我又不愿说敷衍话，乃托人将其书稿寄回，并代复一信。

## 五月十八日

为了写答吴江信，上午由蓝云陪送，自梅陇乘快车去杭。唐玲代为安排在大华饭店下榻。晚许江邀去吃饭。回饭店睡时忘关空调，腰疼发作。

## 五月十九日

（在杭州）由柯朗曦用车接至灵隐中国作协的创作之家，打算在这里住下来写作，费用较低也。开始集中再读《社约论》。

## 五月二十日

（在杭州）午后李子云陪贝塔斯曼公司陆峰来访。再读《社约论》，每到紧要处辄援笔记下。

## 五月二十一日

（在杭州）骆丹偕黄育海来访，赠明前茶二听。

## 五月二十二日

（在杭州）再读《社会契约论》。晨至茶园对面林中散步，再转至街上。这是一条通往市区的大道，行人和车辆稀少，甚为恬静。街道两旁都是树丛绿荫，难得见到人家。再往前行，至九里松地段，参天古木渐多。其中有一株香樟，耸天而立。树梢直刺苍穹，树干粗壮，枝丫盘曲奇崛。旁立有石碑说明，此树已达五百年。我想到龚定庵咏古树的诗句："奇古全凭一臂撑。"我每行到此，必伫足观赏。

## 五月二十三日

（在杭州）再读《社约论》。

## 五月二十四日

（在杭州）开始撰答吴江函（即《与友人谈社约论书》）。

## 五月二十五日

（在杭州）撰写答吴江函。

## 五月二十六日

（在杭州）撰答吴江函。

## 五月二十七日

（在杭州）撰答吴江函。

## 五月二十八日

（在杭州）撰答吴江函。

## 五月二十九日

（在杭州）撰答吴江函。

## 五月三十日

（在杭州）钱钢偕小林带女儿来此，准备作一日游，次日午后还沪。夜同去灵隐寺，在夜色苍茫中漫步，别有情趣。

## 六月一日

（在杭州）午后答吴江信完稿，共一万四千言。曹意强携女儿书书来访，舒传曦与唐玲接踵而至。用晚餐毕，在花园中饮茶。书书随父在伦敦就读，小学尚未毕业，为我诵读英国文学名著《傲慢与偏见》，一口牛津音，清脆悦耳。后漫谈至十时始散。

## 六月二日

六时三刻，蒋放年派车送我回上海。午前抵达，何倩将答吴江稿取去。

## 六月三日

午后清姐来，徐文堪来。抽空理发。晚何倩送校样来。

## 六月五日

得中国社会科学院《历史研究》副主编张亦工于五月卅一日来信。我和他过去没有来往，这是我们头一次接触。来信是为《历史研究》明年拟出"五四"八十周年纪念的专栏约稿，也谈到对我文章的一些看法。现摘录如下：

尊论关于五四时期的四种观念（意图伦理、激进情绪、功利主义、庸俗进化观）的分析反省，关于杜亚泉、鲁迅、张奚若、卢梭等人的评判议论，在在发人深省，而您的平允宽和所体现的独立之精神、自由之思想，尤为令人感动。长期以来，许多人缺少这种独立和自由的意识，而一旦想到"独立""自由"，往往出以极端、激烈，甚至暴烈、乖戾，结果很可能适得其反，并不能实现真正的独立自由。改革开放二十年以来，学术界的变化，基本囿于社会环境变化带来的"社会规范"的变化，而"思维规范"的变化相对滞后，迄今为止，对多数人而言，思维方式似乎没有发生根本的变化，更缺乏明确、系统的认识。敝刊同仁对于您重视思想方式和思维模式的见解，至为钦佩。

**六月九日**

出席文艺出版社下午二时召开的《释中国》座谈会。

**六月十二日**

梁燕越自加拿大来沪，晚至毕卡第用餐，再回房间叙谈，十时后始离去。

**六月十三日**

房外油漆，迁至五号楼六零一一房间暂住。

**六月十五日**

蓝瑛约至香樟苑晚餐，清姐与可同去。

**六月十六日**

回至原房间。

**六月十八日**

复张亦工函。

**六月二十日**

美胡佛研究所墨子刻来沪，通过高瑞泉要与我约见。今日上午九时半在上图中宾室约少数人座谈。同来者有台湾中研院黄克武，黄在胡佛研究所进修，与墨共同研究严复，曾在台出版了《自由的所以然》，副题是"严复对约翰·密尔自由思想的批判"。墨称康有为的空想来源于传统，而不是受海外思想影响。[补记：高瑞泉后来告诉我，墨说"王的文章不易驳"。]

## 六月二十一日

河北教育编辑张子康来访，为组《文化名人影集丛书》约稿，并赠我图章一方。

## 六月二十五日

《作家通讯》总二十二期刊有《第四届上海文学艺术奖颁发》。内称：巴金、王元化荣获了"杰出贡献奖"，王安忆的《长恨歌》、王小鹰的《丹青引》、王运熙与顾易生等的七卷本《中国文学批评通史》和钱谷融的《艺术·人·真诚》荣获了"优秀成果奖"。我获奖后的致答辞发表在《劳动报》上。

## 六月二十七日

《新疆经济报》记者来采访。

## 七月六日

午后朱静偕法国高等社会科学现当代研究中心研究生艾米丽（Emilie Tran）来访，艾此来是问学。

## 七月十三日

得庞朴信。

**七月十四日**

复庞朴信，并附剪报。又以便笺和剪报寄骆耕漠、徐雪寒、许觉民、梅志等。

**七月十八日**

江陵熊自强等三人一行来访。

**七月十九日**

上午小谷与李辉来，留午饭。午后李辉进行访谈。王征来。

**七月二十日**

前数日《南京日报》记者吴崇明打长途来采访。他提出"北有钱钟书南有王元化"之说，问我有什么看法。我说："钱是前辈，我各方面都比不上他。这种说法是不妥当的，现在媒体有种种传闻，有的与事实相差很大，有的甚至无中生有，我没有办法去一一更正。至于有些关于我和别人并提或作比较的种种说法，我就更难以去辨明或说出自己的意见了。我不说，不是同意，更不是默认。人要有自知之明，要看到自己的不足，自然也不应妄自菲薄，而要实事求是。今天你们采访使我有机会表白我的意见，我很感谢。"采访记者还提出一些问题，我也作了回答。这篇采访披载于二十六日《南京日报》第二版上。

**七月二十八日**

得近期《黄河》杂志，寄来的杂志封套上写的是山西社科院谢寄。其中刊有两篇涉及我的长文，一是单世联的《告别黑格尔——从张中晓、李泽厚、顾准到王元化》，另一篇是林贤治的《娜拉：出走或归来》。我与林在五四问题上、鲁迅问题上、传统问题上，有不同看法。（但我并没有否定五四和鲁迅，只是指出今日继承，需辨明其局限，而对传统我也认为其中有坏的部分。）仅仅观点不同，即诟骂备至。（我与林未曾见过面，无瓜葛，以前他还向我组过稿。我曾寄去一篇，他置于所编刊物的卷首。）何其怨恨如此之深也？

## 七月三十日

刘育文来谈画传的照片整理事项。

## 七月三十一日

傅杰晚间突然而至，我们已长久未见面了。

## 八月六日

中央电视台（东方时空）主持人邵滨鸿、编辑李景梅、摄影王红军三人，为我拍摄东方之子的电视来沪，《文艺报》熊元义（江陵老乡）来电话组稿。

## 八月九日

中央电视台邵滨鸿、李景梅（山大毕业，是牟世金的学生）等三人中午来，谈至三时始去。

## 八月十日

东方时空摄制组上下午均来拍摄镜头，忙了一天。他们的工作认真，效率也高。

## 八月十一日

胡雪桦兄弟下午来访。上午东方时空来吴兴路家中摄像，他们要拍一些日常生活的镜头，如我每天在家中大楼后的小花园散步等等。又去上图拍我在二零四研究室工作情况。连日不停拍电视，颇觉劳累。

## 八月二十二日

晚间陈保平陈丹燕夫妇来谈，至十一时半始去。他们将我所读的有我批注的《社约论》借去。

## 八月（日期未记）

《新民晚报》曾刊有一则消息。内称，荷兰菲利普公司在上海地铁站做广告。广告的图像是一个人坐在我国长城的墙垛上，旁边有一行字："让我们做得更好"。菲利普公司在中国做广告都是用这句话，这是大家都知道的。可是有一位先生却为此到处去告状。他的理由是长城是中国的象征，坐在长城的墙垛上就是对中国的侮辱。而那行文字就更不像话了，岂不是表明以后还要把我们"做"得更厉害些吗？使人哭笑不得的是这场官司他居然打赢了，菲利普公司只得在地铁站撤销了这个广告。

（化案：这不是天方夜谭，而是实实在在的真事。但我当时未将报纸剪下，倘有心人愿花点时间去查查报纸是可以查得出的。不然问问上海地铁公司有关方面大概也同样可以知道的。这里只是"立此存照"而已。）

## 九月一日

钱文忠午后来。得台湾《联合报》文化基金会来长途，要我将赴台应办手续资料寄去。

## 九月二日

朱静偕艾米丽来访。晚报有数则报道的标题是：一、上面小标题：《球场上闹事，监房里挨揍》，大字标题："智利足球流氓自讨苦吃"。二、大字标题："壮国威、压美韩、争市场"，下面小字副标题："析朝鲜发射新洲际导弹"。三、报道萨达姆抵制联合国销毁伊核武器的消息。上面小标题："缅怀为国献身英烈"，下大字标题："伊所有学校村庄以烈士命名"。我以读者名义给报纸领导写去一信提意见，认为报纸不宜过于倾斜性，要科学性、客观性才好。

## 九月三日

刘祖慰来访。

## 九月十一日

王世伟来，为上图所出《历史文献》索稿。

## 九月十三日

读者姚式川来函，述其四十余年冤案，姚今年已七十有七矣。今天整理旧信重读，甚觉凄惨。

## 九月十五日

周作人于一九二零年写的《中国戏剧的三条路》，纠正了他自己在前几年写的反旧剧的观点。这篇文章收入他的《艺术生活》中。文中有几句话说："我相信趣味不会平等，艺术不能统一。使新剧去迎合群众与使旧剧来附合新潮，都是致命的方剂，走不通的死路。我们平常不承认什么正宗或统一，但是无形中总不免还有这样思想，近来讲到文艺，必定反对贵族的而提倡平民的，便是一个明证。"五四时期虽然倡导学术民主思想自由，但像这样体现民主自由精神的议论是不多见的。我甚至要说这可以称作是超脱五四时期的意图伦理的声音。文学史家不大注意当时人的反思精神。我不是从事这方面工作的，只觉得这项研究是很有意义，值得有人去做。周作人由于他在抗战期间的投敌行为，至今为人所不齿。但我觉得反对他投敌，却不应该否定他在五四时期的历史。这和现在不少人绝口不提张爱玲在上海沦陷时期与敌伪的关系，而只是一味赞扬她的才华，都是不应有的偏颇。

## 九月十六日

得读者李烈辉（湖南芷江盐业公司）信，即复。

## 九月十八日

应北京《读书》杂志与天则经济研究所之邀请，偕钱文忠北上赴会。会议是为纪念戊戌政变一百周年而召开的学术研究会。此行因汪晖打来电话坚邀，但主要是想趁此机会去会晤北京诸位老友。五月间于光远来沪时，曾约定今年将抽空去京一行，与他在京会晤。车上，我向文忠戏言："现在学术界也有拉帮结派之风，但我不参加互助组，也不参加合作社，准备单干到底。"文忠闻言大笑。文忠不肯乘国内航班，力劝乘火车前去。这是我十多年来第一次乘火车去京。车上睡眠与如厕为两件困难事。途中遇程兆奇。

## 九月十九日（续前）

下火车后乘出租车抵西山卧佛寺，会议在此召开。上海参加会议者尚有朱维铮、张汝伦、许纪霖。

## 九月二十日（续前）

我和维铮、汝伦同在今日上午发言。我的发言主要谈如下三点：

一、戊戌政变前——政变是在一定的改革思潮背景上发生的。乾嘉时期如惠栋、戴震所反对的禁欲洁欲之说，龚自珍所提出的自我，曹雪芹和洪昇所歌颂的爱情，邓石如在书法上反对馆阁体和郑板桥在绘画上表现的不羁精神等等，都可视为体现个性解放和自我觉醒思潮的萌芽。

二、戊戌政变外——比戊戌政变略早出现的湖南新政，似乎至今没有引起多少人的重视，却是十分值得研究的课题。它与戊戌政变都是当时很有影响的改革运动，但两者本身却存在着很大区别。这一点陈寅恪早就指出过。戊戌政变是采取激进手段，把成败寄托在帝党与后党之争上面，以为帝党胜则改革成，这是一种由上而下的改革路线。湖南新政则相反，它所采取的是渐进手段。湖南新政的最大特点还不在于它继承了洋务运动未能完成的事业，也不在于它的开民智——办时务学堂以培养人才，办《湘报》作为新政的舆论，而是在于公官权，即从基层入手推行地方自治。显然这一从基层入手的措施使它和戊戌政变分别开来，说明两者是走不同的路线。我有一种想法，尚不成熟，先提出供参考。据《散原精舍文集》，可以看到陈宝箴父子与郭嵩焘关系密切，感情笃深。文集目录后有用小字排印的寅恪附言，内称其先君三立壮岁时与筠仙（嵩焘）往复商榷诗文。文集中又载三立所撰《船山师友录叙》。文称，船山遗书"久而后显，越二百有余岁，乡人湘阴郭侍郎嵩焘，始尊信而笃好之，以为斯文之传，莫大乎是"。这几句话因船山而涉及，但亦可见其推崇之重。文集中的《郭侍郎荔湾话别图跋》，这本是为他在离开粤东前与友人王少鹤、丁禹生（日昌）、陈兰甫（澧）等十余人，同游潘氏海山仙馆名园的图影，所写的纪游小文，但也点出他"痛言古今之变，得失之宜……立自强之基，振兴变革"的胸襟怀抱。

　　郭嵩焘是早期变法维新思潮的代表人物，他的思想不仅远远超迈倡导洋务运动的前辈，就是同时期的维新人物也难以和他比量。光绪元年（一八七五）他于福建按察使任上所写的《条议海防事宜》，就已申言："西洋立国有本有末，其本在朝廷政教，其末在商贾。"商贾不是本，洋务派所向往的坚甲利兵声光化电也不是本。当时能有此种议论是很有见地的，而尤其难得的是他在《条议》中还提出自己所倡导的"自治"观念。自然这时他对自治的认识还很朦胧。但他出使英国，一到那里就竭力搜索西方的政教知识。最初向井上馨、马格里等询问政治经济的著作，得知阿达格斯密斯（亚当·斯密）的《威罗士疴弗呢顺士》（*Wealth of Nations*《国富论》），抟葨儿（约翰·密尔）的《播黎地加儿伊哥那密》（*Political Economy*《经济学》）。他的《日记》中大量记载了参观访问活动。光绪三年二月三十日记："赴下议院听会议事件。"同年十一月十八日在日记中谈到英国的巴力门（Parliament 议会）和买阿尔（mayor 民选市长）："推原其立国本末，所以持久而国势益张者，则在巴力门议政院有维持国是之义，设买阿尔治民有顺从民愿之情。二者相持，是以君与民交相维系，迭盛迭衰，而立国千余年终以不敝。人才学问相承以起，而皆有以自效。此其立国之本也。"同年十二月十四日的日记也讲到英国的两党制："二百年前即设为朝党、野党，使各以所见相持争胜，而因济之以平。"十二月十九日记他和李凤莲议论英国政治涉及制度与道德问题颇堪注目："西洋君德，视中国三代令主，无有能庶几者，即伊、周之相业，亦未有闻焉。而国政一公之臣民，其君不以为私。其择官治事，亦有阶级、资格，而所用必皆贤能，一与其臣民共之。朝廷之爱僧无所施，臣民一有不惬，即不得安其位。自始设议政院，即分同异二党，使各竭其志意，推究辩驳，以定是非，而秉政者亦于其间迭起以争胜。……朝廷又一公其政于臣民，直言极论，无所忌讳，庶人上书，皆与酬答。其风俗之成，酝酿固已久矣！"（以上引自钟叔河编郭嵩焘《伦敦与巴黎日记》）。郭嵩焘对英国的民主政治是有较深理解的，在当时还没有人能望其项背，这大概与他亲自在英国作了考察有关。由于他与主持湖南新政的陈氏有着密切关系，我以为湖南新政的"开民智"（办学办报）、"公官权"（地方自治）大概都受到了他的（倘不是最主要，也是很大）影响。自然这还只是推理，倘要进一步证实，还需要做大量资料爬梳的工作。尽管湖南新政不如戊戌政变像一场骤风暴雨那样激动人心，而只是像没有大的波澜起伏的平静河水向前缓缓流去，但是日本的维新人士却对它甚为推重，将它比作在日本维新时期的长门和萨摩两个藩。长期以来，我们对戊戌政变给予很多的注意，但对于当时和它采取不同方式（如果不遭意外也许可以获得成功）的湖南新政则几乎没有人关心也很少有人研究，这不能不说是一件憾事。

三、戊戌政变之后——对改革失败后所引起的义和团运动的再认识再估价，对康有为的批判。近代史只研究变法维新的思想家，而缺乏学术脉络的梳理，以致像陈澧、朱一新等的学术思想研究长期成为空白，这是亟待填补的，否则连变法维新思想都不可能得到完整的理解和认识。比如陈澧对治学精神、治学态度、治学方法的探讨，比如朱一新对康有为的批评（注意及此的人不多，早有钱穆，今有朱维铮），都是在研究维新思想时不可不注意的，但至今这些有关的著作，甚至连新排印的铅字本都没有，遑论其余？这也不能不说是一件憾事。

［附记：感谢天则经济研究所根据记录将我的发言整理成文。后来，《公共论丛》的编者王焱来信，也附来纪录稿，向我征求意见准备发表。我因当时的发言太匆忙，不成熟，打算花一点时间，补充资料，重新整理，但始终未能如愿。这里所记是经过增订的，已和原来的发言（也包括原来的日记），不完全一样了。但和我想要写成的文章还是距离很远，因为我实在没有那么多时间和精力去核查资料了。］

上午发言毕，提问者有茅于轼等。下午因疲倦未赴会。午睡后，文忠来谈，会上发生争论，甚激烈。茅之后，有人出言多带攻击性，对朱维铮、张汝伦大肆诋諆，这也难怪，目前学界正是酷评之风盛行的时候。凡行此道者，不思以理服人，只图以气势汹汹之谩骂，使人慑服也。

## 九月二十一日

早偕文忠离卧佛寺进城。朱维铮亦离去，留下继续开会的仅许纪霖一人。经长江嘱友人安排，我与文忠下榻香格里拉饭店。

## 九月二十二日

在饭店进早餐，未点菜而用自助餐，我只饮了豆浆，吃了一两样简单点心和水果。结账时，每人竟近两百元，价之昂贵令人吃惊，早餐不在房价内，需自付也。午后，经长江安排，在圆明园旧址万春园宴请诸老友，以省去一一个别拜访。邀请的人有杜润生夫妇、李锐夫妇、于光远、吴江、李慎之、朱厚泽、朱维铮、钱文忠、孙长江本人及其友（操办聚请的一位私营公司老板）。秦川未找到地点，怅怅而返。胡绩伟甫出院，未来赴宴。谈话时我说到光远在沪时曾询我的看法。（即有人认为当前有一股复古倾向，这指的是放弃了五四时代的反传统，认为这种倾向成了改革开放之大障碍，并指某某即这种倾向的代表，故必须加以批判云云。我说当时来不及谈，故约定到北京一起研究一下。）我也谈到我的看法，我说目前思想学术界不能说主要问题是复古倾向。有人点某某名，是这种倾向代表，应进行批判，这一说法则更成问题。某某在大是大非问题上态度很好，不能因其对传统的一些看法与自己不同（即使存在缺陷）就去批判（当然讨论是正常的），这是很不妥的。当时李锐、杜润生都同意我的看法。李锐还提到现在不应去歌颂那位掌管思想战线的已故理论权威。

## 九月二十三日

由许纪霖陪伴乘飞机返沪。

## 十月六日

得北京杨凯军电话，告我汪丁丁地址。

## 十月七日

屠岸由彭小莲陪同来访。

## 十月十九日

为谢晋从影五十年图片展写会标，交去。

## 十月二十一日

龙应台下午三时来谈。

## 十一月十八日

今年三月间曾得台湾"联合报系文化基金会"来函，邀请我携一位亲属或助理陪同照料去台湾两周，时间在下半年，日期由我自定。后又得林毓生长途电话云届时亦将偕祖锦夫人去台。遂决定应邀前往，并约胡晓明同行。行前办理出境手续极为繁琐。出境前夕，得《联合报》社长张作锦传真，谈及他于一九八九和一九九二两年曾来舍访问，会面晤谈，内称："此次敝报基金会邀请先生来台访问、讲学，承蒙俯允，闻将于日内命驾，谨先致欢迎之忱，期盼早日在台重聚。"云云。

## 十一月十九日（续前）

今日九时许乘飞机先飞香港，办理赴台入关手续。在虹桥机场出关时，应出示台方准许入境证明，但由于自己马虎，未注意到这一点，幸经晓明向检查人员几经说明始得放行。[补记：直至从台湾回来，翻检前时信札，始见台方所发入境证件夹在其中，这完全怪我记忆不好误事。]去港的飞机九时许起飞，十一时二十分抵港。事前约好钱文忠（现在香港中大进修）会同基金会驻港办事处人员刘云龙同在机场出口处等候。遂同往金钟台湾中华旅行社领取入台证。幸有刘云龙在场，诸事办理顺利。午餐后，时间尚早，与晓明同游太古广场，四时回机场。台湾华航飞机五时五十分起飞，近八时抵台北中正国际机场。基金会刘文慧小姐举姓名牌来接。下榻于仁爱路三段一六零号福华酒店。安顿完毕，已十时半矣。

## 十一月二十日（续前）

晨台湾达摩禅学院（主持人南怀瑾）张尚德来访。张曾到过大陆数次，当时冯契尚在，曾以学会名义两次邀张座谈演讲并聚餐，时我也被邀参加，故与张曾有数面之雅。闲谈中张问及汪道涵。我答以殊少见面。张拟送我一长袍，以手量我颈项后即离去。（后他将长袍送来，穿上竟很合身。我已长久未穿长袍，胡晓明特为我摄影留念。）接着毓生偕祖锦来看我。他们亦住在同一饭店。我们有四年多未见，异地重逢，相见甚欢。毓生未见衰老，风采依旧。十一时后，《联合报》记者曹铭宗来采访，我要求他将采访稿由我核定后再发，他答应而去。接着基金会执事长张逸东偕主任秘书陈洁明小姐来访。一上午接待甚忙碌，午后略事休息，陈洁明按约定而来，三时同去诚品书店购书，（来前承义要我替他物色线装旧书，据说诚品书店有售。）书店甚大，陈洁明耐心带我们四处搜寻，均未寻得。后她去询问书店售货员，据称原先确有旧书出售，但不久前均被单位收购一空。书店新出书籍很多，我买了一本马基雅维利的《佛洛伦萨史》，从书店出来再去药品商店。我因防止腰疼，拟购买一条护腰的腰带，但药店只有女用束腰带，无奈只得购买一条代替。回饭店后，晚餐用毕，约十时左右《联合报》派人送来采访校样。校样是打字印刷的，有一定格式，名称为"联合报综艺中心书面稿"，前有编号、日期、字数、行数等十来项，下面就是记者写的采访稿了。曹铭宗要我看毕打电话给他。由于时间很急迫，我匆匆校改后，即与他通话，口述如何修改，他在那面用笔记下。上床已过十一时矣。（报馆办事很认真，次日看报，采访是照修改稿印出来的。）

## 十一月二十一日（续前）

雨。早上看到昨日《联合报》刊有我们抵台的消息，内称："联合报系文化基金会主办的'跨世纪文化反省及展望系列论坛'邀请中国大陆知名学者、华东师范大学教授王元化及中研院院士、美国威斯康辛大学教授林毓生来台主讲、对谈。王元化及林毓生昨晚分别抵台。王元化以正直著名，坚持思想应该多元与自由，广受学界敬仰，林毓生对他也非常推崇。这次论坛的主题'百年来中国知识分子的思想特色'，即由林毓生与王元化共同研商后决定。因为这是他们两人长期思考的问题，也希望藉由两位重量级学者的演讲及对话，呈现两岸学者对近代中国知识分子之角色及历史作用的不同反思，同时为下一世纪中国知识分子之形象与责任有所期许。……（下面是报道何时在何处演讲等等，从略。）"

上午基金会廖弘琪小姐陪同参观钱穆故居素书楼。这是位在市区的一座二层楼的小洋房。客堂悬有朱熹书"静神养气"的擘窠大字。两旁是对联，上联是："读圣贤书"，下联是"立修齐志"，横批与对联均是拓片裱装。我在宾四先生铜像前摄影留念。回程在汽车上与司机闲谈。据称此楼是蒋经国赠送给钱穆的。陈水扁任台北市长后，以为非法，曾想收回云云。文人不被重视，令人叹息。

晚，基金会由张逸东设宴邀请晚餐，请来劳思光、毓生、祖锦、李亦园、陈忠信、钱永祥等，联合报系出席的有张作锦、刘国瑞、林载爵、陈洁明、李宗霖，连我和晓明共十四人。席间张作锦祝酒时称，本欲留我在台过生日，我欲早日返沪，故以今天晚宴为我祝寿。并上寿桃寿面。我答辞感谢。

今日《联合报》文化版以头条发表林毓生和我的谈话，并刊有记者在访谈时为林和我所摄的照片。林谈话的标题是"知识分子应发挥社会力量"。我谈话的标题是"知识分子要走的路还很长"。记者介绍了我的《文心雕龙》研究及其在日本的影响，说我在大陆是"促进思想现代化的重要人物"。记述了我对五四的认识，也记述了我认为"缺乏学术自由学术民主的传统，以致学术成了只是为它自身之外的目的服务"以及我提出"学术既需要思想提高，思想也需要学术来充实"。


## 十一月二十二日

晨与毓生夫妇共进早餐，后回房谈天，毓生谈话颇有风趣。他从语言来分析台湾人的性格，说台湾人性格不爽朗，说话说不清晰，都是从小在家庭教育中形成。他对《联合报》的张作锦与陈洁如二人，甚为推重，说他们头脑清晰。中午未午睡，午后一时三十分往亚太大饭店艺文中心去演讲。演讲在一中型大厅（可容百余人）举行。我到了那里听众差不多已坐满，我和毓生在面对观众的长桌后就座，在我们中间的是主持会议的中研院副院长杨国枢教授（他是一位心理学家，年龄与毓生相仿）。主席台上就只我们三人。我们背后墙上是会标，中间大字为"百年来中国知识分子的思想特色"。我就座后见听众席上有一老者向我点头致意，最初不知是谁，中间休息时走到听众席前，始知是公严夫子的二公子汪复强。三年前他来上海，我们曾会晤过，现在似乎显得有些老迈。但我们讲毕提问时，他的发问声如洪钟，中气十足，就是青年也不大多见。另外我认识的金春峰也坐在第一排，他是到中研院来做先秦史的研究。我的讲话内容基本上都取自我最近在大陆所发表的论五四的文章。毓生演讲内容似乎也是取自他的著作。我们讲毕，有十一人提问。当我回答一位提问者说，"中国文化不可以西学为坐标，但又必须以西学为参照系"时，反响强烈，听众似乎很赞成这说法。休息时，我的讲话刚结束，杨国枢对我说，我对激进主义所作的界说，即"态度偏激，思想狂热，趋于极端、喜爱暴力"很好。但我觉得自己讲的不如毓生讲的内容丰富，语言简练。我认为这次我讲得并不成功。回饭店后，晚与毓生、祖锦在餐厅吃火锅。夜间十时曹铭宗始将明日见报的新闻稿送来交我校改。由于发稿在即，曹急得很。我刚刚改了几句，催我的电话就打来了。我赶忙再抓紧，电话还是一个接一个不断。我不再细磨，匆忙交卷，上床时精疲力竭，已经是深夜了。

## 十一月二十三日

　　早原定去参观故宫博物院，基金会派李宗霖陪同，我们等在饭店里，久候不至。十一时已过，李才打电话来联系。我告诉他中午要休息，二时后再来接我。我请他陪晓明先去。下午二时三十分李宗霖与晓明吃过中饭来了，我们一起上路。故宫博物院院址设在山上，甚为宽敞，因为四周没有其他建筑物。博物院是宫殿式的建筑，西式楼房上覆以蓝色琉璃瓦。我们在大门外下车，走了一段路，始进入院内。先去参观瓷器馆。战前，我小时曾随大人参观过北平的故宫博物院，至今仍深深留在印象里。没有多久，故宫的古物就南迁了。那时我刚进中学读初一，记得老师曾出过一道作文题，叫作：《古物南迁记》。我在作文中还提到那些好看的瓷器呢。我不知道这次还能不能看到它们。很多参观者一批一批随我们一起走向瓷器馆的入口处。进入馆内，参观的人都挤在展品橱前观看，我们只能等观众走掉一批后，趁空隙插进去，所以看得特别慢，但这样也比别人看得细一些。展品中宋代的雨过天青瓷和明代宣德官窑的青花釉瓷，堪称精品。这些巧夺天工的名瓷隐隐地闪发着润泽幽光，沉稳而不浮躁，凝敛而不火气。它们唤起了我少年时期在北平参观时的印象，使我心中升起一种亲切之感。每种展品下都置有卡片，说明它的朝代和属于官、汝、钧、哥、定中哪一个窑的产品。展品是按时代顺序陈列的。从史前陶器，经过魏晋南北朝，发展到宋元明三代，瓷器的制造越来越辉煌。可是入清之后，到了嘉道年间，就日渐窳败，开始走下坡路了。宣统忝居末世，也有展品陈列，但造型丑陋，色彩粗俗。它们蹐处馆中一隅，好像自惭形秽，愧对昔日的辉煌。我陡然想起，龚自珍在一篇文章中曾说，器物显示了国运的兴衰，盛世所造，坚固持久，气象恢宏。到了末世，则粗劣简陋，连外形也变得诡异怪诞了。龚自珍是嘉道时代人物，他曾撰写过《伪鼎行》，以喻国运的式微。如果他看到了这些丑怪的器物，真不知要发出怎样的感慨。

靠近瓷器馆的是玉器馆。玉器馆要小得多了。走入馆内，我一眼就发现中央展橱内的那棵玉白菜。它是用一块间有白绿赭三色的完整玉石雕刻而成。绿色作叶，白色作帮，赭色正好是下面的根髭。这棵玉白菜浑然天成，约七八寸长。它的晶莹剔透，却是真白菜没有的。我特别感到兴趣，因为它正是我小时看见过的。这是人间稀有的珍宝，所以我印象深刻，一眼就能认出它来。我由此想起小时所听到的一种传闻。据说，那时北平故宫博物院中还收藏有一个玉西瓜，也是由一块整玉雕成，绿皮红瓤黑子，像那棵玉白菜一样，也是一件稀世珍宝。据说在易培基任故宫博物院院长时，将这个玉西瓜偷走了。也有说是李石曾参观博物院时，把玉西瓜扣在礼帽内偷出去的。这是不是真的？我不知道。我做孩子时听到大人常议论，所以事隔半个多世纪还记得。

从玉器馆出来，时间已经不早了。有些馆只得割爱，略去不看。但展览"朱批奏折"的地方，却不可不看。我们由李宗霖引路，匆匆忙忙向那里赶去。那地方很远，路也曲折，走了好一阵才到。"朱批奏折"又称"宫中档"，原贮藏在大内懋勤殿。现台湾故宫博物院共藏十五万八千多件朱批奏折。折子有满文写的、汉文写的，也有满汉合璧的。折子质料分黄绫、白绫、素纸等。内容则有奏折、密折、请安折、谢恩折等。这些都是研究清史的好资料。前几年一位在日本教书的友人杨启樵，就根据雍正朝的密折写了本书，颇受读书界的重视。我们到了那里已是傍晚时分，关馆的时间快到了，只得走马观

花，匆匆浏览一过。但这些展出的折子只有细看才知道它的价值。据
说，博物院的图书文献大楼图书馆中，设有善本图书阅览室，供人前
去借阅。这办法极好，给读者开了方便之门，很值得效法。从朱批奏
折室出来时，经过临时增设的张大千画展，我们索性放慢脚步，不走
近路，循着画展走廊去一一观赏。所展出的画甚多，大都是十尺以上
的巨幅，气势酣畅，笔墨淋漓。这时馆内的铃声响起，彻耳不绝，我
们只得向大门走去。出了这座大楼，见到张大千展览会的会标上，树
有一幅长达丈许的肖像，是他和毕加索的合影。外面已是夜色苍
茫了。

今天《联合报》文化版以通栏大字标题刊出："王元化、林毓生
谈知识分子有批判有呼吁"。下面小标题："对于中国百年来的改革运
动都失败，王指'激进主义'作祟，林则呼吁建立'责任伦理'"。
报道说："这项演讲在台北市亚太大饭店艺文中心举行，由中研院副
院长杨国枢主持，吸引满场观众，讨论热烈。"消息全文约一千余言，
摘录了我们两人演讲的要点（从略）。并刊有一幅会场主席台图像。
同日《民生报》艺文新闻版也以头条报道了昨天演讲的消息，标题是
"王元化、林毓生演讲不约而同呼吁避免激进主义建立责任伦理，政
治改革中知识分子应慎行"。并附有演讲会场主席台与听众席一角的
图像。

今天得杨国枢副院长来函：

　　元化教授赐鉴
　　　昨日下午亲聆教益，受惠匪浅，特此敬致谢忱。他日访沪，
　　定必专诚拜谒，再请指教。

昨日见面，忘带名片，颇觉失礼，特此补送，尚祈见谅。随函奉上中研院简介一册，敬请卓参。

　　尚此并颂

时绥

　　　　　　　　后学　杨国枢　拜上
　　　　　　　　一九九八、十二、二十三


## 十一月二十四日

《联合报》系联经出版社刘国瑞到饭店来访。午后二时三十分，李亦园来饭店接我与晓明去南港中研院。张作锦社长和中研院的王汎森、黄克武陪同我们一道参观。我们先参观近代史所。中研院各所均有独自的图书馆。近代史所图书馆藏书可以电脑检索。当场查出馆内收藏我的著作有十四种（其中有同一种的不同版本）。后又参观史语所、文哲所及李先生的民族所。中研院各所都有自己单独一幢楼房。经费较大陆多出十倍以上。研究人员的薪金也比大陆多得多。他们多半有自己的汽车，自己购买的住房，也可以出国讲学和进修，条件很好。这次陪同参观的王汎森，曾在美国进修，是余英时的弟子。他已出版了好几本著作，见解深刻，时有创见，可以见出具有深厚的基础，黄克武则在美进修，与墨子刻共同研究严复译述，将严译与原著按字逐句对勘，以检索译本中有哪些因不理解而误译错译，有哪些经过渲染而强调，有哪些因观念不同而有意淡化……由此来探讨严复是如何通过自己的认识，在移译过程中对原著进行有意无意的筛选和过滤的。这可以使我们借此进行中西文化的比较研究。前次墨子刻偕黄克武来沪时，送给我他们合著的这本书，使我很感兴趣。后来他要我为这本书的大陆版写序，我因手边有其他事要赶着做而未果。但我向出版社写了推荐信以表示支持。

我在中研院几个所转了一圈，接触了一些学者。我本来是没有资格谈什么意见的，因为所知有限，但由于关爱和期望，我还是冒昧地说说我的感想。我有一种杞忧，也有些担心，台湾的中青年学者是不是过于倾向西方文化？他们中间有很多人在英美等国进修留学，打下深厚基础，成绩斐然，这是值得称赞的。但是另方面他们似乎对于本国文化的传统渐渐疏离了。二十年代中国的学者大多是学贯中西的，我可以随手从长辈举出几个例子。一个是我的四姨父闻亦传，从美国回来后，在北平协和医科大学教授胚胎学。他是闻一多的堂兄，闻一多小时读中文是他给打下的基础。他擅长于中国的诗书画，我在读中学时喜看现代作家作品，他也时常向我借阅。还有一个是我的父亲，他一直在大学教英语，他是圣约翰大学的第一届毕业生。他觉得自己中文根基差，曾向清华大学同事汪公巖先生问学，此后在教英语之余，挤出时间练毛笔字、画中国画、学做中国旧诗。他曾以英文写过两本论中国画的著作，又以英文翻译过《孟子》、《文赋》等。他的成就不一定突出，但那种勤学苦练精神，却令人敬佩。他天天读写，直至逝世前三天因病而停止。再有一个是上面提到的汪公巖先生，年龄比我父亲还要大，他不但关心西学，而且文理兼通，早在清末就教过自然科学。更为使我惊讶的是他思想并不左倾，却读左翼书籍。四六年我在北平向他问学时，就看到他的书架上排列着一套鲁迅等翻译水沫书店出版的马列主义文艺理论丛书。四十年代因战争受到影响，这种人已经不多了，但仍勉强继续着。可是五十年代提出了"厚今薄古"以后，中国传统文化列入了封资修黑名单，一概予以打倒。这和苏联不同,在那里罗蒙诺索夫、别、车、杜、普希金、托尔斯泰等等一直受到尊重,历史未割断,传统在继续。台湾没有将传统当作反动的封建主义打倒,可是今天也岌岌可危了。但愿我所得到的信息不可靠,但愿我的担心成了真正的杞人之忧。不过,在这问题上我是比较悲观的。有人认为二十一世纪将是东方文化的世纪,我却认为这个世纪恐怕将是中国传统文化的没落期。

从中研院出来,我们一行冒雨前往胡适墓地。这几年我一直记起胡适说的"生平不降志,不辱身,不追赶时髦,也不回避危险"。每次我在大学演讲后都背诵了这几句话,作为向听众的献词,因为我觉得今天能够像他那样做到这一点就不愧为一个中国的知识分子了。我们伫立在胡适墓前合影留念后,就匆匆赶到世贸中心。李亦园假座此处设宴招待。他很热情,早在来大陆时就约定我到了台湾要宴请一次。这里是个高级俱乐部,不对外,只有会员方能在此宴请。所以有些赴宴的人从未来过。宴会出席的客人还有胡佛(我第一次见到)、张逸东、王汎森、黄克武、陈弱水、李孝悌、钱永祥、陈洁明、李宗霖。这里的烹调十分精美,其中有一道甜点尤为脍炙人口,是用"四季果"(?)制成的冷冻,类似北方奶酪,色白味鲜,入口即化,我从未尝过。赴宴的除熟人外都是中研院的中青年学者,大家不拘形迹,聚谈甚欢,至九时始散。九时后我已约好南方朔在饭店碰面。前两天我才知道南方朔就是王杏庆,一九九一年的夏威夷之会上我们已见过,只是没有交谈。他是一位很有头脑的评论家,文笔也很好,写过不少有见解的文章,现正在主编一份刊物《新新闻》。他赠送几期给我。谈话中我感到在台湾办刊物也不易,因为受到商业潮的干扰,不投合时好即不能生存。他说大陆学者基础深厚,我认为不见得,这样说并不是谦词。但他坚持自己的看法，他一定有所感而发，只是未说出来而已。我们谈到十二时后始散。

## 十一月二十五日（续前）

晨，与毓生在富华饭店房间内叙谈。这是我们此行的最后把握了。他即将偕祖锦去台南省亲，而我亦将去花莲旅游。临别前，毓生将他年轻时的同窗好友张亨先生介绍给我。他说我会喜欢张的性格作风，一定可以和他谈得拢。接着我们就话别分手了。我本不打算去花莲，连日来十分劳累，只想好好休息一下。其实我何尝不喜欢去看看风景，但精力不济只得放弃了。这次决定去花莲，全是晓明的怂恿，他说，花莲是全球闻名的旅游胜地，不去可惜。我的台湾之行，亏他一路照料，我不想使他觉得自己白白来台湾一趟，就同意了他的建议。中午，张亨先生来了。一望而知是位不务名利性格淡雅的人物。在言谈中，我更觉得他器宇高远，身上丝毫不染世俗浮华之习，可以说躁释矜平，达到了炉火纯青的境地。在我所接触的学者中间，他是不大容易见得到的人物了。他送我一本他的著作，是谈文学的。我们在饭店餐厅午餐，最后还是他付了账，匆匆分手。希望以后再能和他相会。

下午偕晓明由李宗霖陪同赶往机场，搭乘复兴公司班机，一点五十分飞往花莲。下飞机后再乘汽车，六时抵达，下榻天祥晶华酒店。台湾多以我国古代民族英雄命名，天祥即取文天祥名，又有岳亭，纪念岳飞也。晶华位在群山环抱中，方圆数里之内，罕有人家，乃穷僻乡间。晶华饭店是一家现代化的大饭店，设备甚为豪华。李到柜台开房间，我们三人每人一间，房价亦昂，李说在新台币五千以上。房间内灯具俱由电子控制，浴室十分宽敞，设备齐全，有澡盆、淋浴及浴池。浴盆外放置两个日本人洗澡的木桶，以备冲淋。这是我在其他地方（包括在日本的饭店中）所未见过的。台湾受到日本生活方式影响，由此可见一斑。我曾问过台湾友人，他们说和日本有着千丝万缕的关系。日本人侵台时，台湾的原居民（多为高山族）亦曾奋起抵抗。但侵占以后，行怀柔政策，与侵略大陆时一味强取豪夺，采取血腥统治不同。台湾光复后，国民党军队进入，不思抚慰，反酿成二二八大血案，以致民心丧失，良可叹息。

## 十一月二十六日（续前）

一早乘租来的小巴游中横公路各景点。沿途没有平原，都是起伏的山峦，汽车行驶在峡谷中的蜿蜒车道上。峡谷两旁悬崖遮天蔽日，岩石嶙峋，气势宏伟。我们好像进入一个如古诗中所说的"千山鸟飞绝，万径人踪灭"的世界。汽车越前进，风景就越变得美丽。谷底的溪水，急流飞湍，向前奔腾。轰响的水声在峡谷中回荡，震破了四周的静寂。这里的山岩都是巨大的大理石，层层叠叠，嵯峨巉崄。天光从高耸入云的群峰空隙中照射下来，光影明灭，变化不定。峡谷两旁的山岩，随着光线的变化，闪烁着不同的颜色。我从来没有看见过这样的奇景。直插天际的悬崖上有羊肠小道，自下仰望，如一条白色的细练，盘桓于群峰之巅，下面则是万丈深渊。据小巴司机称，小道宽不过肩，原居民高山族人在上行走如履平地。日人入侵台湾时，他们曾利用这条小道，飞速行军，抗击日人。司机又指山巅两处地方让我们看，从下面望过去，这两处地方的距离顶多不过里把路，但司机说在山上走起来，需要数日方可到达。汽车驶过一座架在峡谷两岸的大桥后停下来，司机让我们下来行走，他从另一条道路把车开过去，在前方等我们。我们走的这条路是专供游客步行的。路上间或有些旅游者和我们擦肩而过。前行不远，峡谷顺着山峦的回旋向右急转，谷底的溪流在转弯处，飞溅起高达丈余的浪花，雪白的泡沫掩盖了蓝色的溪水。急流如万马奔腾冲击着山岩，喧哗声震耳，显示了大自然的无穷威力。我们沿着峡谷间专为旅游修筑的道路，一边观赏着风景，一边慢步向前走去。我记下了经过地方的名称，它们是锥麓断崖、太鲁阁、布洛湾、燕子口、长春洞、清水断崖等处。这些地名颇具特色。兼做向导的司机不在，所以无从打听它们命名的缘由。我们在这条路上走了四十多分钟，才到达出口，小巴正停在那里和我们会合。这时天空下起蒙蒙细雨。我们上车后希望快点开出山区，经过风景区，这里已经没有什么可看了。但是偏偏不巧前面在修路，只得停下等待。据司机说，这一带大理石山岩虽然美观，但石质坚脆，容易崩裂，当年修筑峡谷旅游车道时，曾因此而死伤了许多人。这使我们心口感到了一种说不出的滋味。古代留下供人游览的景点，恐怕都具有这种性质。什么时候人类创造的奇迹，能不必再付出血泪的劳役呢？汽车出了中横公路，驶到东海滨。这时阴雨不止，大海变成灰蒙蒙一片。我们不顾雨水浸湿，下了车到海滩拾石子，准备带回几颗送人留作纪念。天色更加黯淡起来，雨越下越大了。我们匆匆上了车，赶到花莲机场，回到台北。晚上张逸东在都一处为我们饯行。这地方是蒋经国生前最喜欢来用餐的地方，也是文化人林海音等常来的地方。都一处原是北京的老馆子，以炸咯喳闻名。林海音在北京长大，怀旧来此是可以理解的，为什么它能吸引这么多的文人？这家饭馆不大，也十分平常，菜肴有些是北京名菜，但在我吃过的京菜馆中并不算十分突出。张逸东没有邀请别人，只有和我们接触过的基金会全班人马。他们向我说，陆铿曾到饭店找我多次，所以也临时把他找来了，因为明天一早我们就要离开台湾，没有机会见面了。

## 十一月二十七日（续前）

行色匆匆，一早赶到机场乘华航 CI609 班机飞往香港。再由香港改乘东方航空班机返沪。两处均因误点多时，抵家已九时过了。

## 十一月二十八日

半夜醒来有这样的想法：中国知识分子之间往往不能建立一种合理的正常关系。他们不是像刺猬或豪猪（为了避免伤害，你不碰我，我也不碰你），就是像豺狼（一旦碰在一起就眼睛发红，露出了牙齿）。酷评在最近又风行了。

## 十一月二十九日

我一直在思考的一个问题是，今天中国仍需要启蒙，但又须防止或克服启蒙的"扭曲心态"。（这个词不确切，尚须再酌。）〔补记：后来我在文章中用了"意识形态化的启蒙心态"一词。〕这种心态，一、以为人的力量是万能的，人的理性可以掌握终极真理。二、一旦自以为掌握的是真理（即"真理在握"），必不容怀疑，更不容别人反对。因而反对真理的人也就名正言顺地成了异端。对于反对真理的异端（为了全人类的利益），不是去改造他，就只有去消灭他！（我还记得年轻时所常听到的一种说法："如果敌人不投降，那就消灭他！"）三、由此形成的理想是崇高的，伟大的，可以为之献身，也可以为之牺牲自身以外别的一切！（应该将它"执着如怨鬼，纠缠如毒蛇"。）这就形成一种狂热，一种激进，一种偏颇。［补记：后来我的这一观点最受攻击。］

## 十二月十日

往复旦演讲（题为谈鲁迅），听讲者约四百余人。

读鲁迅，得以下二条：一、《自选集自序》："我所遵奉的是那时革命的前驱者的命令，也是我自己所愿意遵奉的命令，决不是皇上的圣旨，也不是金元和真的指挥刀。"二、《我们不再受骗了》："帝国主义和我们，除了他的奴才之外，那一样利害不和我们全相反？我们的痈疽，是他们的宝贝。那么他们的敌人，当然是我们的朋友了。"（毛的《语录》："凡敌人反对的，我们就要拥护。凡敌人拥护的，我们就要反对。"）［补记：近来有人把鲁迅和毛泽东的"思想联系"，归之于许广平在解放后为了适应环境，而在自己的记述文字中有所增饰。这固然是可能的，但二人在思想上确有相通之处，亦不容抹煞（如斗争哲学、排中律等）。正因为如此，毛对鲁确有共鸣处（昔日曾听冯雪峰言及），而不仅是借重其影响与威望而已。］

## 十二月二十二日

多年前已觉《费尔巴哈论》中论性恶说之不正确。所谓恶的情欲：如《论》中所举贪欲和权势欲竟成为推动历史发展的杠杆。实则这两种恶的情欲对社会破坏作用更大。相反，科学的发明创造，"追求真理的热忱"等等，均不属恶的范畴，但在促成历史的向前发展中，却是主要的力量。又，昨读《周报》谈金岳霖一文。文称，解放初艾思奇在清华大学演讲，痛诋形式逻辑。可见艾在解放初期时仍遵循斯大林反形式逻辑的观点。

## 十二月二十三日

陈独秀《调和论与旧道德》："譬如货物买卖，讨价十元，还价三元，最后结果是五元。讨价是五元，最后的结果，不过是二元五角。社会上的惰性作用也是如此。"鲁迅有过类似的说法，大意是："要开一口窗，必遭反对，倘扬言要毁掉整座屋子，就可以开口窗了。"

## 十二月二十四日

偶然清理出一篇复信底稿，是我就柯嘉来信复编者王恩重的：

转来柯嘉先生《重谈周汉》文，已阅。对于周汉的评价，当时就有几种不同的意见。陈三立文中所说的，"周汉屡张揭帖，攻西教煽乱，殴打传吏"等等行为，向有两种看法。一、认为是反对陈宝箴在湖南行新政的蛮横行为。二、与前说相反，认为是反对洋人（也有说是反帝）的爱国行动。我主张前者，柯嘉先生主张后者。这正如对于比当时稍晚出现的义和团砍电线、扒铁路等行为也有截然不同的意见。这是众所周知的事。现柯嘉先生单举他所赞成的廖树蘅说法，断言我读了《一士类稿》中的《谈廖树蘅》一文，却不摘引廖的论点，"如此剪裁不知是一时疏忽，还是刻意安排？"柯嘉先生如此罗织，未免做了搭题了。我那篇不满千字的短文《周汉其人》（收入《清园夜读》），只是谈谈我对周汉的一点看法，而并没有纵论这一事件的始末和概述环绕它周围的各种议论。我的"安排"就是如此，这里面也没有什么"疏忽"，我想柯嘉先生本可知道这一点的。

## 十二月二十六日

清理札记卡片时，发现一张是摘录李锐《日记》中一段话。这是记他于一九八九年赴美，在哈佛燕京图书馆见馆藏陈宝琛八十四岁到哈佛时所书楹联："文明新旧能相益，心理东西本自同。"李称："跟电视剧两回事也。"《日记》有句话亦颇可玩味："受难使人思考，思考使人受难。"

## 十二月二十九日

浓雾，气温开始下降。读到刚收到的十二月二十五日的《南方周末》，载有朱学勤《一九九八年，自由主义的言谈》，其意见已改变，文中称，他和李慎之是反对激进主义的。

## 十二月三十日

儿时看过两出京戏，颇能刻画世态。一出是《打棍出箱》。说的是甲乙两个小偷（丑扮），黑夜来至荒郊，见一口大箱子弃置道旁。二人大喜，以为发财机会到了。为了不致因争抢伤了和气，于是约定只许背向箱子各站一头去摸，谁摸着什么就是什么。结果甲摸得元宝，乙摸得破鞋。乙不依，于是二人调换位置，再去摸，结果仍是甲摸到好的，乙摸到坏的。以后屡次调换，结果都是同样。夫复何言？时也，命也。另一出戏是《老黄请医》，小时曾见萧长华在吉祥园演过。以后再没有听到有人演出这出戏了。前两年托翁思再向艾世菊借得此剧的抄本。这出戏由两位丑角扮演，说的是老黄为相公娘子去请医，请得医生刘高手，闹出不少笑话。刘高手看好病要从老黄身上取"药剂子"。先摸一下老黄的头，老黄问："这是什么?"答："龟头。"又拔下老黄的几根胡须，说这是"菟丝"。再抓一下老黄的手，说这是"鸡爪黄连"。再打老黄的屁股，说"使君子"……取完了老黄的药材，再取自己的。也是先摸一下自己的头，老黄说："龟头。"刘高手答："鹿茸。"又碰了一下自己的胡子，老黄说："菟丝。"答："龙须。"再同样抓一下自己的手，老黄说："鸡爪黄连。"答："佛手。"最后向茶盅里吐了一口痰，老黄问："怎么吐痰?"刘高手答："啊，冰片。"过了半晌，老黄这才转过弯来："哦，原来到你这儿全变了。"

# 一九九九年日记

## 一月二日

去岁五月十五日美国《亚洲华尔街日报》（The Asian Wall Street Journal）载有希拉·迈尔雯（Sheila Melvin）所撰写的《一位有良知的改革者》（*A Reformer with a Conscience*）。全文较长，现摘要如下：

王元化一般不愿离开那间宾馆住屋，那是他的伏案之所，在那里他整日沉浸读写。然而这位著名作家上个月却被吸引到大众目光中，这是一次市政府举行的旨在展示上海文化风采的授奖活动。

王先生，一位作家和知识分子，也是老资格的共产党员，曾经担任上海市的宣传部长。但他维护了自己作为一个名副其实的自由思想者的声誉，这是基于他的信念而非个人得失之考虑。正因此，王先生在知识分子中受到普遍尊敬。在该授奖活动的一星期后，上海图书馆为表达对王先生的钦敬而举行了一次为他的著作开辟专柜的仪式，专柜中陈列有他过去六十年所写的众多著作。那天王先生著作的签名本引起读者一时踊跃争购。王先生是一位散文家、小说家和思想家，他的作品所涉广泛，从佛学到莎士比亚无所不至。他的写作生涯始于革命前的上海，那时他是共产党地下刊物的编辑。由于国民党的经常迫害，他学会了如何讽刺揭露，如何转移住所，以及如何将文章藏于排水管道以防备国民党宪兵深夜突然闯入时暴露。一九四九年共产党胜利后，他被委任当地新政府文化部门的高职。他的灿烂生涯于一九五五年似乎中断，其时他因一场反胡风（一位作家与编辑）的运动而受株连，胡氏抗争党对文化的控制。王先生被指控为"胡风分子"，并且被指令去揭发这位他曾为其出版过作品的人。他拒绝遵命，因此遭受多年隔离审查。尽管他此后曾一度获得自由，但是在"文化大革命"期间他又受到打击，被遣送农村做苦力，不准握笔写作。今天，王先生是一位众望所归的学术讲演者，这主要是由于他对五四运动的观点，这场运动被认为是中国现代史上的轴心运动。确实，五四依然是如此令人激动的话题，以至当王先生答应给上海复旦大学的二十名研究生作一次小型讲话时，许多大学生执意参加，遂使主办者不得不将场地改至能够容纳二百人的大讲堂去，并用预先发票方式以控制人数过多。王先生对于五四运动改变中国的成功也持相对批评的审视态度。例如，他带着微笑指出，民主曾是五四的目标和口号之一，但"民主这门课必须重新补上"。王先生反对简单化的五四观念，他认为那种人们熟知的所谓新旧之争、文白之争的概括并无多大价值。"个性解放是五四的最重要成果"，他说道，"儒家反对情感，以礼遏制情感。五四要求情感获得自由"。但是正如五四好坏兼有一样，中国传统文化也有好坏种种成分。"这正是中国与苏联的不同所在",王先生强调道,"他们并不一概反对自己的俄罗斯传统,他们依然被允许尊敬陀思妥耶夫斯基和柴可夫斯基。不管斯大林曾经如何可怕,他却并没有企图全盘消灭传统文化"。王先生并非主张重新审视五四运动及其遗产的唯一人士。有些学者甚至说,五四运动既使自己脱离了好的传统,又未能充分吸纳那些所憧憬的西方观念。作为一位全国承认而广受尊敬的作家,他的观点有着特殊分量。王先生并不固步于已有荣誉。最近他潜心探讨卢梭的《社会契约论》,他在那间宾馆斗室中闭门谢客,研读该书中译本已有两个月,他思考的是卢梭理论对马克思、对毛泽东,以及对现代中国的影响。王先生痛感对一种理论未正确理解就急于搬用所造成的弊端。正由于未能如此,"改革开放"导致了许多问题,包括经济方面,它并非真正以市场为基础的体系,而困扰于寻租活动。此外,改革有诸多好处,但是"中国人真正站立起来并实现现代化,那仍是漫长之路"。王先生的微笑略带忧郁,他注意到听讲人中他的老朋友们的谈论,他们提问道:"您的反思(revolutionary thinking)遇到什么麻烦吗?"他一言而蔽之曰:"我已经历过太多。"(晓光译)

## 一月五日

张隆溪自港来沪,下榻衡山饭店,午后来访。

## 一月六日

午后约少数人在上图与张隆溪座谈,晚在图安酒家晚餐。张颇喜上海。夜感到不适,嗓音发哑。忙服感冒药,希望能将感冒压下去。

## 一月十七日

流感（尚无热度）十余日，在衡山休息，怕感染张可，住衡山而未回家。

## 一月十八日

李辉再来访谈录音。[补记：即后来在河北大象出版社出版的《世纪之问》（访谈录）的第一篇。李辉为此已来沪访谈过一次，因我觉得不理想而作废。此次是第二次访谈。]

## 一月十九日

李辉继续来访谈录音。今日毕其功，录音在三小时以上，两日始完成。他回去整理后，即将访谈稿寄沪，由我修订定稿。今日孙长江自京来沪，亦下榻衡山饭店。他系为友人电视片事来沪，请我介绍有关方面洽谈此事也。

## 一月二十一日

晚读宾四的三百年学术史，书中论及实斋东塾之学风有云："盖深识之士，彼既有意于挽风气贬流俗，而又往往不愿显为诤驳，以开门户意气无谓之争，而唯求自出其成学立业之大，与一世以共见，而祈收默运潜移之效。此在实斋、东塾靡不然，若袁简斋、方植之，则态度迥异，亦可窥学者深浅之一端也。"宾四此书，多涉及学风，其论精卓，余谨记之。数十年来，学人多喜作刻骨镂心之评，意在求胜，以詈骂为高。近日酷评之风复炽，更视对手如异类，非打入畜生道不为之快也。宾四同书又引王西庄《十七史商榷》："大凡人学问精实者必谦退，虚伪者必骄矜。生古人后，但当为古人考谈订疑，若凿空翻案，动思掩盖古人，以自为功，其情最为可恶。"宾四称此种胸襟为"博学以知服"。

## 一月二十八日

感冒又发作，有热度。

## 一月二十九日

早与沈医生通电话后，由高建国陪同，乘小吴车至瑞金医院。留下住在四楼四零八室（单人间）。当即吊针，用的是青霉素与病毒唑。

## 二月三日

（住院）热度开始退去。高建国来院陪伴。

## 二月四日

（住院）请吴曼青在医院对面豆浆店代购豆浆等早点携来医院。高建国来陪伴。

## 二月五日

（住院）同昨日。

## 二月六日

（住院）同昨日。

**二月七日**

（住院）同昨日。

**二月八日**

（住院）同昨日。

**二月九日**

（住院）吊针今日撤去，改服抗菌药。高建国读他写的顾准传。小高早就要我读他这部文稿提意见，现人已基本恢复，但仍需卧床，故请他诵读也。

**二月十日**

（住院）高建国来读文稿。他撰写此书，遍访顾准的亲友同事等五十余人，并翻阅大量有关文献资料，用力甚勤，但出版困难，高不擅于与出版界打交道，当助之。

**二月十一日**

（住院）昨因连日服用大量抗菌药（过量?），染成腹泻，一夜五次。今天改服它种药物。仍继续听小高诵读。

**二月十二日**

（住院）腹泻未止。仍听小高诵读。

## 二月十三日

（住院）腹泻已止。仍听小高诵读。

## 二月十四日

今为小年夜，向医院请假，回家过年。

## 二月十五日

今为大年夜，未早日定座。临时觅一餐厅，遂偕清姐、张可、承义去附近富豪酒店晚餐，价昂而不佳。

## 二月十八日

高建国抄来数条他书中所引党史文献资料（是我所要的）：

一、席宣等著《文化大革命简史》（中央党史出版社一九九六年版）："一九七三年八月十大召开，毛对外宾说：'我也是秦始皇，林彪骂我是秦始皇。……我赞成秦始皇，不赞成孔夫子。'"

二、《豫南党史资料》："五八年十一月十三日，毛泽东接见遂平县领导和嵖岈山卫星人民公社领导时说：'从一八七一年到一九五八年共八十七年，巴黎公社是世界上无产阶级第一个公社，遂平卫星人民公社是第二个公社。'主管农业的政治局委员谭震林则在华北六省农业协作会议上，把嵖岈山卫星公社明确称为'共产主义公社'。"

三、《顾准文集》："斯巴达本身的历史表明，藉寡头政体、严酷纪律来长期维持的这种平等主义、尚武精神和集体主义，其结果必然是形式主义和伪善，是堂皇的外观和腐败的内容，是金玉其外而败絮其内……"顾准一九五六年六月十四日日记："中国这三十年中（洋务运动到中日战争），没有什么光怪陆离的思潮，而中日战争后生长的一代，只有康有为那一派，与大革命中的国民党左派。以后，孙中山鲁迅这一班，就直接走俄国革命之路了，只是旁门左道而已。值得提一下的只有胡适，可是他在历史上所起的作用太小了。"（化案：顾准这些话虽简略，却是一般论者说不出的。）

## 二月二十日

一月十五日《南方周末》载《耻辱钟声不再响》一文称：洛阳白马寺钟声象征"赐福呈祥"，最近七年来成为河南旅游总公司与日本一家旅游公司共同开发项目。在这七年中，按日本新年时间（即北京二十三时）敲钟。居民屡屡提出意见。一九九八年除夕，麇集寺外，二十三时未照往年敲钟，居民纷纷询问何时敲，答曰不知。俟至二十四时元旦前，钟声仍未响。居民问何以不敲钟？答曰：上面未安排。

另一篇报道，题为《大学生不知文革》。文称：一九九八年是改革开放二十周年，也是结束"文化大革命"灾难的二十年纪念日。《大学生》杂志做了一次对大学生"文化大革命"认识的调查，其结果令人震惊。百分之八十的同学自认为对"文化大革命"的了解仅限于"听说过一点"；不少人不知道"文化大革命"的起止年月及标志。在问及"文化大革命"的产生原因时，有人答：由个别领导或反革命集团阴谋策划。在问及未赶上"文化大革命"有何感想时，有人说遗憾，失去一次锻炼机会。在问及再来一次"文化大革命"时，有人说未尝不可，"文化大革命"中的群众运动方式可抑制当前的社会腐败。对于今天总结"文化大革命"的现实意义，有人说没有什么现实意义，有人说它的意义不过是一段历史而已，有人说在于为发动真正的

"文化大革命"做准备。呜呼！这就是天之骄子，国家栋梁的大学生对"史无前例"的认识！才刚刚过去二十二年，我们就把最不该忘记的一段历史忘成这个样子！极力主张建立"文化大革命"博物馆的巴金先生当哭！〔补记：我曾向编者建议多刊登一些这样的文稿，少摘登一些文艺腔的空话，但看看近来的该报，情况似乎适得其反。〕

## 二月二十六日

胡适在《中国哲学史大纲上卷》以中学比附西学，其情况恰似魏晋时代传译佛书引庄书为连类所谓"格义"一样。《大纲》中多次提到"生物进化论"。如称："墨子以后便有许多人研究生物进化。"又如，引《庄子》："物之生也，若骤若驰，无动而不变，无时而不移。何为乎？何不为乎？夫固将自化。"胡称："自化两字，是《庄子》生物进化论的大旨。"（《秋水》）又引《寓言》："万物皆种也，以不同形相禅，始卒若环，莫得其伦，是谓天均。"胡称："'万物皆种也，以不同形相禅'，这十一个字竟是一篇'物种由来'。"《大纲·上卷》出版四十年后，胡适在《中国古代哲学史台北版自记》中称："'庄子时代的生物进化论'是全书里最脆弱的一章"，是"一个年轻人的谬妄议论，真是侮辱了《物种由来》那部不朽的大著作了。"

## 二月二十八日

《中国哲学史大纲·上卷》引《荀子·天论》："大天而思之，孰与物畜而制之？从天而颂之，孰与制天命而用之？望时而待之，孰与应时而使之？"胡称此论为"要征服天行以为人用。"又说："这竟是培根的'勘天主义'（conquest of nature）了。"

## 三月二日

近日东方寄来汪荣祖撰《胡适与陈寅恪》一文。其中引寅恪审读报告论冯友兰哲学史之得失，实则涉及胡适以西学为坐标之弊。汪文引寅恪审读报告中的这样一段话："今此书作者，取西洋哲学观念，以阐明紫阳之学，宜其成系统而多新解。然新儒家之产生，关于道教之方面，如新安之学说，其所受影响甚深且远，自来述之者，皆无惬意之作。近日常盘大定推论儒道之关系所说甚繁，仍多未能解决之问题。盖道藏之秘籍，迄今无专治之人，而晋南北朝隋唐五代数百年间，道教变迁传衍之始末及其与儒佛二家互相关系之事实，尚有待于研究。"这段话案而不断引而不发，倘不细心阅读，极易忽略其中深意。汪引上文后，阐明其旨说："明言新儒家的产生尚有待于研究，中国思想史中古一段尚多未解决的问题，则新解又如何落实尚未落实，而遽以西洋哲学观念系统之，岂非诬甚？"

（化案：汪氏的阐释有需辩者，寅恪所谓新儒家乃指宋代之新儒学。今冯氏对于尚待研究的宋代新儒学之产生尚不明了，骤以西洋哲学观念加以阐明，岂非谬妄？寅恪以"宜其成系统而多新解"评之，实寓讥弹之意。意谓以西学阐中学，自然宜于构成一新系统新解释，奈其内容之虚妄何！）

## 三月四日

近从一份材料中看到，一九四一年九月延安召开的政治局扩大会议上，毛泽东批评了"苏维埃后期左倾机会主义路线"。博古在一片指责声中检讨，说自己"完全没有实际经验，在苏联学的是德波林主义的哲学教条"。王稼祥也检讨自己"实际工作经验很少，同样在莫斯科学习一些理论，虽也学了一些列宁、斯大林理论，但学得多的是德波林、布哈林的机械论，学了这些东西害多益少"。

（化案：从此段记述才知道毛泽东在《矛盾论》中批判德波林是和当时斯大林整肃布哈林、德波林，把他们打成反革命有关。但毛反对德波林的差异性，认为只有矛盾而无差异的哲学观点，对于以后的大陆思想界发生了极为严重的影响后果，即提倡一分为二的斗争哲学，使合二而一成为反革命理论。大陆哲学教科书从此再也没有"多样性的统一"的观念，甚至连这一词语也绝迹了。取消了"多样性的统一"，也就取消了思想多元化，而使之定于一尊，实现舆论一律式的一元化统治。）

## 三月八日

午后五时，北京有电话打至吴兴路，我不在那里。六时又打至衡山，告我《学术集林》收到，谈及章太炎、冼星海及其妹等。四日前我为赵复三事致函有关方面。[补记：后一直未得回音。]

## 三月十五日

将数日前定稿的《对五四再认识答问》（我据李辉访谈录写成）传真给林载爵。林为联合报系联经出版社的总编，曾来信约稿。当即得林来长途电话致谢。[补记：此稿后收入联经为纪念五四的《五四新论》一书中。不久，林又专函约我的书稿交联经出版。我将书稿请人带至香港，烦王汎森当面转林。林收到后，一直无回音，写信问林，也不理睬。不知何故？]

下午收视中央台答记者问节目，谈到人权问题。谓较奥尔布赖特从事人权运动要早，举早期阅读卢梭《民约论》和参加五四揭橥民主与科学大旗的运动为证。(化案：我最近刚刚写完论卢梭《社约论》及谈五四问题的文章。我的意见可详这两篇文章。答记者问中有上述说法，可见卢梭的《社约论》与五四的民主与科学一向是我国上下一致所信奉的国家学说和民主理论。)

## 三月三十日

赵自来谈。他带来《走近哲人罗素》一文。文中述及罗素于一九三八年去美国纽约市立大学任哲学教授，因反对宗教而遭受攻击。爱因斯坦撰文为之辩护说："当一个人并不轻率地顺从因袭的偏见，而是诚实地、无所畏惧地运用自己的聪明才智时，庸人是不可能理解的。"

## 四月八日

午后二时去华师大为研究生演讲《对五四的再认识答客问》。原定教室因来听讲的人多，乃调换到另一个大厅。演讲时间用去了两个半多小时。

## 四月十五日

午后外办带来香港电视广播有限公司许慕贞来为纪念五四拍电视录像。拍摄了约一个半小时。[补记：后许偕该公司摄影人员追踪至北京，又拍了北京五四纪念会的许多镜头。但后来看到他们如约带来的像带，其中几乎全都被删去，仅留下不到半分钟的镜头，而且掐头去尾割取了我的意思不完整的一句话播放出来，使人啼笑皆非，这使我决定以后尽量不再与这类电视拍摄人打交道。]

## 四月二十七日

《对五四的再认识答客问》校样送到，其中有两处划有红线，据说是负责理论版面的头头所划。一处是文中谈到"独立的精神与自由的思想"，认为和中央所提出纪念五四的三点意义（爱国主义等）有出入。另一处是文中谈到"近八十年来民主与科学在中国一直不能实现的原因之一……"认为是说中国没有民主与科学。当即打电话到报馆给这位划红线的头头说明原委。关于"独立精神与自由思想"不是我另行提出纪念五四的意义，有意唱对台戏。我是在讲历史，五四思潮也包括"独立的精神与自由的思想"在内，是历史事实，这是陈寅恪在王国维纪念碑铭中说的。现这块碑铭还树立在清华园大门内，从没有人认为有什么问题。目前提到这一说法的文章很多，也都没有什么问题。希望对我的文字也同样对待。关于今天有没有民主与科学问题，我申辩说，如果认为民主已经实现，那么还提什么我们将要建成一个有高度民主和高度法制的社会？正因为尚未建成，才提出这样的努力目标。对方说："不能说今天一点民主也没有。"我说我文章中并未涉及今天有一点还是没有一点的问题，既然你特别关心到这上面去，我可以改一改，把这句话中"一直"这两个字删掉。这位头头同意了。但据说为此还特向上级打了一个报告云云。

## 四月三十日

早偕傅杰去虹桥机场，准备与乐黛云会齐，同飞北京。今年是五四的八十周年纪念。大陆只有北大举行一大型纪念五四的国际研讨会。北大几位教授季羡林、汤一介等参与筹备，他们竭力劝我参加。事前北大陈校长曾来电话，要我担任发起人（国内外共约七八人），我同意了。我只准备交一篇论文，并不想到北京出席此会。但一介、黛云等力劝我去，说趁此机会还可会会朋友。黛云于数日前有事来沪，来电话和我约定今天乘同一班机飞京。抵京后，下榻达园宾馆。这家宾馆建在圆明园的旧址，和我去年与朋友聚会的万春园毗邻。一走进宾馆，就看见了王赓武与金耀基站在院中谈话。王赓武是认识的。八十年代中期我去港大开会，那时他是港大校长。他去新加坡任教后，曾到过上海，我们在上海见过面。金耀基虽然也知道，但从未见过。这次还是第一次会面。可惜他只来一两天就走了，我们未能单独谈谈。晚毓生也到了。当晚他来我房间，叙谈至深夜。毓生带来四盒参茶送我，另一盒他赠送给傅杰。这次他是单独来大陆的，未偕祖锦同行。晚难以入眠，服药二粒。

## 五月一日

早参加会议的人分乘数辆大客车至北大。会议开幕式在图书馆礼堂举行。会前又遇港电视台的许慕贞，被她拉到外边院子里，拍摄访问电视。开幕式原拟要我发言，我力辞作罢。现发言者三人：季羡林、周策纵、金冲及。其中一人在发言中，不知何故，将"汗牛充栋"说成"汗马充栋"。此次会议参加者近百人，图书馆礼堂全部坐满，是近年来的一次盛会。

今天午后会议没有安排，我们决定一同去颐和园。前两年来北京开会，我曾利用休会的那天，请北大的一位研究生陪我同去颐和园游览。那一次我决定沿着颐和园的围墙漫步。这一带是游客罕至之处。

虽然兜这样一个大圈子，花去不少时间，但都是平时从未看到的景致。后来园门关闭的时间就要到了。这里距大门还很远，顾不得再看风景，只有急忙赶路。不料行至一处是一座供首长用的别墅，别墅的庭院很大，筑有铁栏杆围墙，把唯一到大门口的通道也用铁栏门关闭了。我奋力爬过了一道铁栏围墙，但到了关闭的铁栏门前却无法越过了。现在是初春，夜晚还很冷。这时一位守卫别墅的兵士走来，我们要他放我们通过，大概他看我是个七十开外的老人，用钥匙把铁栏门打开，才使我们及时赶到颐和园大门，但距关园的时间只有一二分钟了。亦可谓险矣。

从宾馆出发，出租车很少，终于有一辆小巴摇摇晃晃地开来了。这是一部旧车，设备陈旧，车内肮脏。我们挤了进去，卖票的是位中年妇女，衣着不整，坐在售票员位置上，口中总是喃喃自语，似乎在和什么人相骂。这样子实在古怪，毓生问我："她是怎么一回事？"我答不出。小巴开到靠近颐和园时，道路上已是人群密集，熙熙攘攘。这时我才记起今天是五一，北京人利用放假的日子，都出来春游了。马路上车辆在人群中穿插来去，喧嚣杂乱，令人头晕目眩。我们乘的小巴在拥挤的马路上，几乎寸步难行，只得不时地停下来鸣笛，等有了空隙再开。

下车后，傅杰左冲右突，挤到售票处买了三张门票。我提议到谐趣园去坐坐，看样子今天是不可能再到别的地方去游览了。谐趣园是我每次来颐和园必到之地，它是园中之园。园中央为荷花池，池上架有九曲桥，小巧玲珑，甚为美观。四周均绕有回廊，通往坐北朝南一排殿堂。室内均以大块细磨的青砖铺地，下面挖空成地窖。慈禧来此居住时，冬天在地窖内生火以驱寒，夏天则置放大冰块以解暑。所以住在这里，四季如春。我们三个人走到后园回廊中找地方坐下来。这里虽然也有游人，因为是偏僻所在，人已不那么多了。离回廊下面不远，有一道蜿蜒的山泉向下流淌。倘遇雨天水大，还可听到泉水淙淙，宛如琴声那样清脆悦耳。可是现在被一片嘈杂声所淹没。这样游园实在没有什么兴致，虽然我没有问毓生的观感如何，但估计他一定不会满意的。出了园门，有一排出租车停在路边。司机都嫌路近，竟没有一辆车愿意送我们回去，只有再乘小巴回宾馆。

晚饭后有几批客人来访。其中一位是社科院的唐宝林，他办了一份有关陈独秀研究动态的内刊，匆匆翻阅一遍，觉得办得不错。仍睡不好，半夜尚未入眠。

## 五月二日

昨日未睡好，今天觉得头昏，身体疲倦。傅杰进城去了，我在房内休息。王守常特地来看望，嘱我好好休息，不必赴会。我也不想看报看书，与其房内枯坐，不如出去走走。宾馆旁有一花园，门外有士兵守卫，不对外开放，但与达园毗邻，可由边门进入。据说昨天李岚清曾到此休息了一天。花园十分整洁，园内小径打扫得很干净，花草树木也都仔细修剪过。

中饭后韩国留学生申正浩来访，他在北大进修，攻读博士学位。他的中文很好，读写讲均佳，对于中国文化也有较深理解。下午仍未赴会，冯天瑜约好去座谈。冯也是应邀来参加会议的，我知道他是武大教授，也读过他的著作，但从未见过，这还是头一次。他现在日本爱知大学讲学，这家大学以中国现代文学为重点，成立了学会，并办了一个刊物《中国》。座谈会就是《中国》召开的，编辑部特请爱知大学现代中国学部教授绪形康前来主持，题目是"五四与启蒙的悖论"。邀请参加的五人，我以外，尚有周策纵、王赓武、唐德刚、陈万雄。访谈结束后，我和周策纵一同走出来，谈到我所说的胡适在《日记》中认为陈独秀主张文白之争的问题"不容讨论"，使白话文的推行提早了十年。周对胡适会不会这么说，表示很大的怀疑。确实，从胡适当时的思想来看，他似乎不会这么说。但胡适日记里（大陆出版的选本）的确明明白白这么写着。我向周策纵说，现在我虽记不起他在哪年哪月哪日说的，但我一定可以查出来告诉他。

[补记：访谈记录于二千年五月二十五日发表在《中国》杂志第九卷上。共二十一面。每人讲话有标题，并附当场拍摄的肖像一帧。各人讲话标题如下（依原秩序）：王元化的是《五四与新启蒙》、《意识形态化的启蒙心态》、《五四与激进主义》、《从思想模式看五四与文革》；周策纵的是《五四是活的历史》、《所有价值的再评价》；唐德刚的是《五四文化革命的历史背景》、《胡适与语言革命》、《新诗为何没有普及》、《极端反传统的思想》；陈万雄的是《五四的一大潮流——现代新儒家》、《梁漱溟、熊十力、马一浮》、《五四与近代新知识分子》、《破坏中的建设》、《面向世界的文化创造》。后蒙冯天瑜教授将这一期《中国》杂志及抽印本见寄。晓光为我翻译了我的讲话，我觉得记录内容略有出入。]

会后回房，适值孙玉石来访。我和孙是在王瑶去世前相识的，那时王瑶住在华东医院，北大派孙来沪照料。孙为人谦和，对王瑶照料周到。每当王瑶病情恶化或严重时，他都十分忧虑，这种师生之情，颇为感人。孙来看我，一方面是叙旧，随便谈谈，一方面他带来一页《新青年》（一卷六期）的影印件（陈独秀《吾人最后之觉悟》中的一段话）。孙说他读了我那篇《杜亚泉与东西文化论战》，文中有如下一段话："这一点甚至连陈独秀本人也不反对。一九一六年，他在《吾人最后之觉悟》中说：'儒者三纲之说，为吾政治伦理之大原，共贯同条，莫可偏废。'"似有误，因为在下面陈文中还有一段话："三纲之根本义阶级制度是也。所谓名教，所谓礼教，皆以拥护此别尊卑、明贵贱制度者也。近世西洋之道德政治，乃以自由平等独立之说为大原，与阶级制度极端相反。此东西文明一大分水岭也。"据这段话，陈独秀是反对三纲之说的，怎么能说他"也不反对"呢？孙认为我引用这段话时，可能是请别人为我摘出了陈文上半，未见陈文下半，以致有误。当时我很疲劳，手边也没有那篇谈杜亚泉的文章，无从查对。但我谢谢孙玉石的好意关照，我向他说，准备回到上海去查对。

〔补记：我从北京回沪后，因忙于他事，一直未查对。直到最近我看了日记记起此事，才去查对。我的引文并不错。我说"这一点甚至连陈独秀也不反对"，是联接上文柳诒徵所说的"西方立国在宗教，东方立国在人伦"。（下文紧接谈到杜威、罗素的意见也大致一样。）都不是对中国伦理（自然三纲是很重要的内容之一）进行评价，而只是指出一个事实，即在中国传统文化中，伦理（三纲等）是其主要内容（即柳诒徵说的"立国"之本，或陈独秀说的"大原"，或现代西方学者说的"道德主体"），这些都不关涉到说它好或坏的问题。自然陈独秀是决不会对传统伦理（三纲之类）给予肯定评价的，所以我文中才说："这一点甚至连陈独秀本人也不反对。"否则，这句话中的"甚至"、"连"、"也"都变成行文中不必要的"蛇足"了。陈甚至也不反对以人伦（三纲之类）作为东方文明中之根本，这从他那段话所说的大原以及和西方文明比较时，认为"伦理思想"的影响，在"吾华尤甚"可以得知。因此，纵使没有看到这段话的下文（实际上是看到的），也是不至于弄错的。在理论文字中摘引别人的话，的确常有断章取义的情况。甚至有人往往是故意这样做的，这是不少文章中的一大弊端。不过，这里我要谈谈我在文章中征引别人文章的情况。这些年我所写的一些长篇论文都是我亲自动手找资料、读资料、摘录资料，而并不是请别人提供的。（例如较早写韩非、龚自珍时是这样，近年来写杜亚泉、谈京剧、卢梭《契约论》、对五四再认识等也都如此。我为这里所举每一篇文章所作的笔记要比正文多得多。这些纯属资料摘录的笔记本尚在，将来准备捐赠给档案馆保存的。）但我在征引资料上也有缺点，这就是对于有些读熟的书，征引时凭记忆背诵（这也是以前人——中外都在内——用的方法）。但这样征引时也有两个条件：一、必须记忆不误；二、不援引原文而只讲内容主旨时，即注明"大意"字样。（但有一次也有错误，即把莎剧《安东尼与克利奥佩特拉》中的一句话记成问句了。后经友人裘克安指出，我在去年日记中记载了这件事。）从现在有些学人所严格要求的规范化来说，这是不足为训的。但我为什么还要这样做，因为我认为一篇论文也有它的风格，在文章中引用别人的话时，某一些如论争性的文字，最好一字不易，不要增删；但另外一些性质的文字，只需取其内容要义即可，就不必拘泥那些引用就会破坏语气的虚字之类了。如熊十力《佛家名相通释》所引原典，几乎在一半以上，都删除了那些虚字的。删除后才使句子读得顺畅而不别扭。关于孙玉石教授给我提的意见，我一直没给他回信，一年多过去了。我在这里权作答复并向他表示感谢。]

　　孙走后，陆续有人来访。十一时后上床，仍服药二粒，但睡眠还是很不好。

## 五月三日

今天是会议的闭幕式，事前一定要我在闭幕式上发言，推辞不掉，只得答应，准备将所交论文主旨在会上简单谈一谈。上午仍去宾馆隔壁的花园散步。今天看到有几位参加会议的人亦来此游玩，大概以前不知有这么一个去处。

下午我第一个发言，第二个发言的是毓生，第三个发言的是张岂之，第四个发言的是唐德刚。发言后，听众提问者寥寥，只有蔡仲德是对我和毓生的讲话提问的。对他的提问我作了简要回答。我见到季羡林、周策纵都坐在下面头一排。会后走下来和季、周等把握，这时一位不认识的美国教授向我走来。看了他送给我的名片，原来是洛杉矶加州大学东亚系教授胡志德（Theodore D. Huters）。他说他很赞同我这次交给大会的文章和刚刚的发言，他认为我谈到章太炎的"大独"与"大群"关系，谈得很好。后来晚饭时，我们又见面了。他向我说，读了我那篇谈杜亚泉的文章，十分赞同我的意见。又说他也写了一篇谈杜亚泉的文章。

［补记：后来他将这篇文章和另一本他谈钱钟书的专著赠送给我。我那篇谈杜亚泉的文章在国外似乎还有些赞同的回应。在此以前，李欧梵也有同样的表示，甚至说读到我的文章后，再找材料看，他改变了过去对五四人物的看法。但是在大陆上我却碰到不少反对者，这次会上所印发的一些论文中，好几位研究现代思想史的专家，都特别提出杜亚泉，把他说成是站在新文化运动对立面的国粹派。似乎过去教科书的说法一直延续至今，他们谨守这些既定观念，不肯用理性的态

度对待问题。]

这里还有件事需要一提，前几天龙应台到达园饭店来了。她不是参加我们的会的，而是另有事要做而来到北京。她正在为北京青艺剧团排戏做顾问，具体情况我没有问她。她到达园来看我，也看了毓生和其他人。会议期间，汤一介向我说，北大一些熟人准备五号在大觉寺举行一次纪念五四的小型座谈会，可以谈得深一些，同时许多不大碰到的朋友，也可以在大觉寺叙谈。我应邀参加了这个聚会。

举行闭幕式后，陈越光按事先的约定，把我和傅杰接进城去，他安排我们住在民族饭店。这家饭店地点适中，比较方便，要比达园饭店舒适多了。我希望换到安静的环境里能使睡眠好一些。

## 五月四日

早偕傅杰走访梅志。几年不见，梅志略显衰老，而精神依然甚健。小风在家陪伴母亲。她向我说，曾赠书给钱理群，一直未得回音。又说，如果我认识钱，希望我代为一询。我答应她去了解一下，并将她们的话代达。从梅志住的木樨地出来，匆匆赶回饭店，温流、中妹带着他们的小外孙女已等在饭店的大堂里，是我约他们来午餐的。我在北京的空余时间不多，想利用这机会和他们见见面。下午休息后，许觉民、屠岸陆续来了。觉民现在身体也不大好，本想到他那里去拜望他的，但他坚持到饭店来看我，只得听从了。我和他也有二三年未见，他显得瘦削多了。这几年他的境遇不好，自己患病、丧偶，又需照料和他一起住的老岳母，子女各忙各的无法帮忙，一切均需觉民一人顶着。老年生活多艰苦，觉民尤为艰难也。

## 五月五日

　　一早文化书院派车来接去大觉寺座谈并游览。中途再往社科院宿舍接庞朴同车前去。司机不识路，要依赖庞朴指引。而庞朴只去过那里一次，亏他有很好的记忆力和认路的本领，使我们没有走冤枉路，但到达目的地前已在路上行驶了两个多小时。我不懂北京人为什么总喜欢把开会地点定在郊外？上次文化书院为梁漱溟、汤用彤、张申府三老举行百年冥诞纪念研讨会是定在西山卧佛寺，而这次开会的地点还要远。北京不像上海。过去北京城里没有高楼大厦，没有熙熙攘攘的拥挤人群，没有川流不息的嘈杂车辆。北京是安静的，可是北京人偏偏爱到郊区名胜去偷得半日闲。我记得小时父亲在城里教书时，也沾染上北京人的闲情逸致。有一次他想利用假期到大觉寺去住两天。谁知第二天就狼狈而回，而他的头上却增加了一个红肿的大疙瘩。他指着它对母亲说："被一只大黄蜂螫了一口，痛得要命。"我住在北京的十多年中，从未去过大觉寺，这次我倒要看看它的吸引力到底在哪里。

　　当我们的小巴抵达大觉寺的大门时，由北大开来的大客车刚到那里。而季羡林则到得较早，已经先进入寺里去了。他见到我说，他们说你要来，所以我也来了。海外的客人除周策纵、唐德刚、林毓生、陈方正等外，龙应台也来了。明天她就准备离开北京。一见到我，她就要我今晚和她一起去看青艺排的戏。这样赶着去看戏，我实在太累，只得辞谢了。下午她为了赶到剧场，在大家回去前先走了。这次见面她对我说："我叫你元化，毓生认为不礼貌，他说了我。"其实这样称呼是我的意思，她受到埋怨是冤枉的。这次没有好好和她谈谈就分手了。二号那天她刚到就要约我谈，可是当晚因爱知大学访谈而未

果，最后约去看戏又推掉，不免有些遗憾。她是一个性格爽快的人，
"快人快语"，不过，因此也容易轻信，这影响她对人对事的看法。但
我还是喜欢她的性格。

　　上午一介让大家在一间摆好长桌的房间里座谈，共二十余人，由
陈平原主持。开始后，一介要我先发言，声明时间不限。我不知不觉
地滥用了这个权力。后来有人说，门外有人逡巡观望，这未免有些招
摇，座谈随之戛然而止，原来想让大家各抒己见的计划也就成为泡影
了。下午大家坐在院中看茶道，实际只是在那里休息而已。坐在我身
边的是周策纵，他比我年长。周先生早年撰写的五四史，数十年来一
直受到学术界的重视。他告诉我，三号大会闭幕那天，他一边听台上
发言，一边即席做了一首绝句，题目是《五四重估有感》。说着就拿
出写着这首诗的纸笺送给我。这首诗的题目和我的发言内容相契，因
为我讲的正是对五四的再认识再估价。原诗是这样的：

　　　　八十年来念五四，尚余德赛待研求，
　　　　重新估价留遗业，独立思维虑始周。

[补记：后来他将这首诗和另外二首：《即席书赠大觉寺明慧茶院》、
《离京前夕宿赵磊万科桃花源寓楼，用日本诗人玉池及李叔同昨夜诗
原韵》，写在一张宣纸上赠我。] 从大觉寺出来，天光尚明，但不久就
渐渐暗下来。进城后，已是万家灯火了。

## 五月六日

　　早上偕傅杰去三里河南沙沟走访梅祖彬。数月前得她自美国寄来

的信。她原本打算今年回国来上海一行，可是信中说，她的小妹得了病，要去北方和弟妹会晤，不来上海了。她在北京的时候，我恰好要到北大开会，所以约定在他弟弟祖彦（就住在南沙沟）家里见面。祖彬是梅贻琦校长的大女儿。她是我童年的友伴，我们都住在清华园，那时她只有一个妹妹祖彤。八十年代我来北京参加作协的会议时，见到宗璞，谈起祖彬从美国到北京来看母亲（梅太太住在南沙沟祖彦那里），我和张可一起去看望了梅太太和祖彬，梅太太已九十多高龄，睡在床上，已经不能起来了，可是头脑还清楚。祖彬在旁照料。张可一见祖彬就被她的风韵所吸引，她和我年龄差不多，那时已七十出头了。回到家里，张可还几次向我谈起她的美貌和风度。她是不随便称赞人的美的。我告诉她，祖彬小时就很出众，十几岁大姑娘时，更是一表人才，但是那时我家早已搬进城里，和她很少见面了。后来承义和倬如住在美国时，我也介绍了他们去她家玩。他们也是对祖彬赞不绝口。这种美貌和风度现在是很少见到了。我们到南沙沟时见到祖彦，没有想到还见到了祖彤，她也是从英国赶回来看望患病的小妹妹的。我和祖彤有很久很久没见过面了。印象中还是清华园时的样子，但变化实在太大，完全认不出了。大概她对我也是一样。祖彬说，祖彤嫁给了一位外国人，很早就在英国定居了。她说出了祖彤丈夫的名字，而且说他战前也是在清华园的，以为我记得，但我一点印象都没有了。我向祖彬讲及最近重返南院的事，我说谁住那里已记不得了。我完全没有料到，祖彬的记性好得惊人，她马上说出一些熟人的门牌号数：

　　　　梅　　家：六号

　　马约翰家：十六号

　　　王国维家：十七号

　　　李广诚家：十八号

有些家，比如我自己家、赵元任家、陈寅恪家等等我都知道，就不用她说了。祖彬和弟弟妹妹也难得相聚，这次都为小妹妹（在东北）而来，大概小妹妹的病很沉重，所以才不远千里返国一行。这事我不便多问，匆匆告辞出来了。下午由越光代邀一些老同志到宾馆相聚。越光说，你赶着要回去，没有时间一一走访，不如约他们到宾馆来，大家一起谈谈，吃顿晚餐。三时以后，客人陆续来了。有杜润生偕夫人马大姐、李锐偕夫人张大姐、于光远、吴江、秦川、若水、一介、朱厚泽等。席间我谈到美国在政治、经济、教育各方面，许多经验足资借鉴，但美国的大众文化多不可取，如影视中的暴力，再如"假拳击"。（化案：这是我杜撰的名称，据说可称为"摔跤"，即在拳击台上，揪头发、挖眼睛、踩肚皮，作出各种凶狠残暴的动作，但不是动真的，只是做作出来的打架。这种"摔跤"表演在美国极为盛行，观众甚多。但我认为是在宣扬一种兽性。）但可惜的是我们在其他方面很少吸取，偏偏在大众文化方面几乎是照单全收。大家的意见都差不多。来的人都是上岁数的人，所以一吃完饭，大家就散了。

## 五月七日

　　一早就乘车赶往机场。车是越光派来的。去机场路远，司机提早把车开来，但沿途有许多地方在修路，处处都是堵车。司机年纪较大，急得不得了，说："要是把您耽搁了怎么好！"我要他不要急，说真是误了飞机，我也可以明天走。最后还是他绕开大道，把车开进胡同，穿来穿去，总算走到郊区通往机场的快速公路了。

## 五月二十六日

　　得龙应台发来的传真。去七重天访周策纵。周于月初在京开完会后，即去广西他弟弟周策横处小住，前两天来沪，下榻七重天。这次周向我谈到抗战胜利在蒋的侍从室工作事。那时情况不同，像陈布雷、徐复观都在蒋的侍从室工作过。陈布雷是令人敬重的，高建国曾向我讲述他为写书所收集到陈布雷的那些资料，我曾劝小高一定把这本书写出来。

## 六月二日

　　乘蒋放年派来的车去杭州。骆丹和黄育海几次动员我来杭州。骆丹现主持浙江教育出版社工作，我是《王国维全集》的编委会主任，和浙教有一定联系，黄育海则是浙江人民出版社的副总编，我的日记即将交他们出版。他们都很热情。这次黄要我把日记带到杭州来整理，为我安排住在汪庄（西子宾馆六号楼六一三一房间），这里没有任何干扰，同时又可以和中国美院舒传曦、唐玲等一班朋友相聚。汪庄沿湖边有一条恬静的小径，在那里散步是很好的地方。自然更重要的是我非常喜欢杭州。

## 六月七日

　　舒传曦代我安排，今天和我一起去参观潘天寿纪念馆。由于传曦的帮助，除了公开展览的外，我还看到了馆藏的一部分。过去父亲收藏有齐白石的不少画，但他没有向我提到过潘天寿。他的收藏有陈半丁、陈师曾、王梦白、姚茫父等等近现代画家的画，就是没有潘天寿的。我知道潘天寿还是六十年代初的事，那时北京为他开了画展，报上有介绍，也刊出他作品的复制图像。康生还写了什么"魁首"、"班头"之类的题词，说他的画比齐白石好。但我并没留下什么印象。大概潘的画大抵都是巨幅，缩小制图在报上刊出，神情尽失，就看不出什么好处了。

这次看到原作，我的印象顿然改观，我在纪念馆最先看到的是一张《伍子胥行乞图》，画幅不大，两尺不到。旁有自题七律一首，可惜当时未抄下，现已不能背诵了。诗句似涩近拗，但意境深刻，作得极好。画中伍子胥撑着一根细竹杖，从背影看，衣着褴褛，潦倒不堪，似乎已沦落到穷途末路。但他那回眸一望，在如炬的目光中，所显示出来的不降志不辱身的尊严，说明他决不是一般的乞丐。我国曾有"画龙点睛"的传说，我觉得潘天寿作画最擅长的是画眼睛。不但画人的眼睛，就是画飞禽走兽的眼睛，也无不栩栩如生，性格突出。潘天寿喜画鹰，他所画的这类被称为鸷鸟的猛禽，就依仗它那双眼所显示的威武，才使整幅画面显得神完气足。甚至他画鱼、画蛙、画猫也都不是玩物。在鱼眼、蛙眼、猫眼中都有一种桀骜不驯的样子，以至画家把他自己身上那种玩世不恭的倔强脾气，经过艺术的折射，移植到作品中去了。看了潘天寿的画，我觉得他确实具有齐白石所没有的特点。如果以书法作比，齐的画光致圆熟，就像人的头发，梳得光亮，没有一根跳丝，我把它比作馆阁体的书法。而潘的画却没有这么光致，有时甚至会显得硬涩，如那幅《伍子胥行乞图》，人物身体的比例并不准确，也许有人会认为不大合理。但进入这幅画的境界，你就被气韵生动的意象所占据了。我把它比作邓石如等的书法。齐的画容易被观众喜爱、接受，潘的画则不然，不过自有一种书卷气、一种刚劲的风骨，这却是别人所没有的。

## 七月二日

得培君来信，信中有一段话："此间小道称，北大之会有人告状，说会开得如何如何不好，左派受围攻云云。"又说："上边有批评，说有的人不该邀请……此说无从核实，但愿纯属谣传，先生姑妄听之。——又及。"后电话询问光远，他说此话不虚。

## 八月二十一日

雷雨。为《陈修良文集》作序，今日完稿，得六千余字。文字甚枯涩。

## 八月二十四日

晚李庆来谈。刘绪源偕浙江文艺出版社编辑罗俞君来访。

## 八月二十五日

上午钱文忠偕刘小枫来访。钱在香港刘小枫主持的一家宗教研究所工作。刘邀请至小南国午餐。晚高建国因得《顾准全传》稿费，邀请一些友人在张生记晚餐。

## 八月二十六日

王为松来。俞慰慈来。

## 八月二十七日

何倩、褚钰泉来。

## 八月二十八日

约钱文忠来谈。日本福冈大学教授松浦来访。松浦率学生为中国古典文学书籍编纂索引，已成二十种左右。俞慰慈陪他来访，为在中国大陆出版索引事，特约辞书出版社李伟国一起来谈。

## 八月二十九日

约俞慰慈、陆晓光、胡晓明来谈冈村先生出版中译文集事。傍晚，彭小莲偕王春瑜、郝铭鉴来谈，并在衡山晚餐。

## 八月三十日

下午去上图。

## 九月一日

上午邓传理送来报馆所赠《赵超构文集》六卷。下午可来衡山。萧华荣将代领工资送来。《组织人事报》吴健初来访谈。得龙应台长信，告诉我她出山经过，并附有关剪报复制件一大叠。

## 九月四日

下午五时在上图参加海峡两岸文化发展促进会的会议。

## 九月六日

谢春彦为美国华人书画艺术协会索题词。为晓明、小柴题写书名。

## 九月七日

市宣老同志在青松城劲松厅举行联欢会。从解放前至目前退离的老同志约二百余人参加。会后留影。

## 九月八日

唐金海来为在汉城举行的中韩书法展索字。

## 九月九日

下午三时参加在上图举行的四库全书电子版演示，此为迪志出版公司与书同文电脑公司合办。

## 九月十日

徐钤来。

## 九月十三日

去上图写字。晚傅杰偕早早（千帆先生外孙女）来。傅带来从任平处要来的任铭善先生照片，供画传刊用。早早则带来千帆先生赠我的寿联："名高北斗星辰上，独立东皇太乙前。"

## 九月十四日

午后孙继林、陈惠娟来，将我放在宾馆的书运至上图，大部分拟捐给上图，一部分留存己用。文艺出版社徐如麒偕刘育文来，将任先生像及程先生对联取去，供画传用也。喉咙发毛，恐感冒发作，服药。

## 九月十五日

晚梁燕城来访。前几年梁代原温哥华总督邀请我和一位友人去加讲学，我因身体关系，辞谢，这位友人单独前往。梁说这位友人近年又去过温哥华，向他谈及我的观点代表官方，令我诧异。

## 九月十六日

服药，在家休息。

## 九月十七日

服药，在家休息。

## 九月十八日

服药，在家休息。

## 九月十九日

服药，在家休息。

## 九月二十日

连日未出门，今午始去吴兴路家中。

## 九月二十一日

应档案馆邢建榕约请，为其同事写一条幅，用傅增湘语："薙丝棘而履康庄，披云翳而睹晴昊。"午后邢偕孙慧、乔旸来，将字取走。得夏军电话。

## 九月二十二日

李天纲偕法国学者阿兰鲁（Alain Roux）来。林其锬偕福建文联吕良弼来。

## 九月二十三日

下午三时以上海笔会名义在上图座谈并宴请日本笔会主席。这位主席称他是日本的郭沫若云云。

## 九月二十四日

晚龙应台打来长途。

## 九月二十五日

李泽厚来访，约至附近雪园午餐。谈话时，我向李说不如回大陆可多做些事，中国文化在美国不如其他少数民族文化（如黑人、印第安人的文化等等）受到重视，在那里不如在国内可发挥较多作用。但李称他在美讲学有影响，且以五十万购得一所住宅云云。午后，收到蒋放年带来的《清园文稿类编》四箱。

## 九月二十七日

得陈洁明传真，得张逸东打来的长途。

## 十月一日

清姐陪可及承义来看国庆焰火。

## 十月四日

傅杰来取《集林》编辑费。

## 十月五日

新加坡陈闻察来访，他是八十年代初到上海和我见面的，相隔已十多年了。他带来了原新大中文系主任陈荣照赠送给我的书。

## 十月六日

今日起开始整理一九九六年日记。

## 十月七日

复文忠自港发来传真。

## 十月十日

前数日海婴应鲁迅纪念馆之邀来沪参加纪念活动。他向我说，外地最近举行纪念活动，他准备让令飞作为第三代讲几句话，但主持者不允。为此他甚觉不快，希望我向有关方面反映。他说如果再将令飞排拒在外，他就不参加上海这次纪念活动了。我将此事向龚、金二位反映，他们今晚约请海婴、小马偕令飞和我一起在富豪晚餐，表示没有排拒令飞的意思。

## 十月十三日

魏承思来长途电话，说香港天地出版社陈松龄、孙立川嘱他转告，要我为港版《太平天国革命亲历记》撰写新的序文。

**十月十四日**

得成中英长途电话。校读《画传》校样。晓明所撰写的文字，因许多事均未亲历，需加以核实改正，但能够写成这样，已经是很不容易的了。

**十月十五日**

晚去愚园路元姐家为她八十七岁生日祝寿。

**十月十七日**

偕可、清、义及小林同去杭州，住汪庄六号楼。

**十月十八日**

（在杭州）

**十月十九日**

（在杭州）江泽南来看望，赠水果一篮。

**十月二十日**

（在杭州）去杭大宿舍看望沈善洪，约见唐康、昆武、王兴华。

**十月二十一日**

（在杭州）蒋放年派车送可、清、义、小林回沪。

**十月二十四日**

（在杭州）傍晚由汪庄迁至灵隐，住创作之家。

## 十月二十六日

（在杭州）与友人去良渚博物馆参观，又驱车去余姚河姆渡遗址参观。见七千年前稻粒和已成化石的婴儿。

## 十月二十七日

（在杭州）与友人去白堤散步，在小孤山饮茶。

## 十月二十八日

返沪。

## 十月二十九日

湖北教育出版社袁定坤、黄榕等来组稿，因选集文集均与其他出版社约定，拟将书信集交鄂教。北京楼遂（适夷女）偕蒋竹君来谈大百科出书事。冯文慧自美来上海探望母亲，设法找到我的地址。我们已有十余年未通音讯了。

## 十月三十日

江陵图书馆长汤铁偕文化局长来访，赠我八十岁生日寿礼。将港版《亲历记》译序并复孙立川函，传真至港。

## 十一月一日

上午李亦园来，同去上图参观，王鹤鸣、马远良接待，并共进午餐。晚李明忆携张晓波信来访。张晓波原不识，在北大攻读理工科，毕业后在深圳银行工作，但他喜爱文史，准备弃职改行，考我研究生。(我因不再招收，介绍他去与朱维铮接头。) 李明忆是张晓波之友。现在竟有人要由理转文，而且不惜放弃收入颇丰的工作，实属罕见。

## 十一月五日

下午在上图为赵如兰夫妇来沪，约请少数人座谈。

## 十一月七日

倬如来沪。

## 十一月八日

偕可、义、倬同去豫园，在绿波廊午餐。

## 十一月十日

上午偕可、义、倬去浦东参观金茂大厦，在德兴馆午餐。

## 十一月十一日

午后倬如离去。得黄裳信，称："承赐《清园文稿类编》，甚谢。此书排印、装订，俱臻上乘。解放以来，未见有如此印制者。开本阔大，最便老眼。复经精校，数日来泛览所及，尚未发现错字，可称善本。分类编之，尤便检寻。裳最喜尊著，以为文字渊雅，条理明畅，正是当代理论家第一人。日来重读，尤感浃心。"云云。

## 十一月十二日

午后上视孔白基携来谈贝多芬的电视录像。

## 十一月十七日

为高建国《顾准全传》作序完稿。江苏社会科学院陈天庆来访。

## 十一月二十日

三十日是我八十岁生日，诸生要为我作寿，我建议不如同去杭州一游。除五位博士生外，又邀了一些朋友。上午乘小夏的大客车开往杭州。计有：蒋述卓（广州来）、陆晓光（丁忧未去）、吴琦幸（美国来）、胡晓明、傅杰、吴洪森（香港来）、赵自、林其锬、钱文忠、蓝云、高建国、翁思再、柴俊为。下榻灵隐。下午骆丹、黄育海约全体及在杭友人舒传曦、唐玲、施慧、刘正、胡志红等，在湖畔居饮茶并晚餐。

## 十一月二十一日

上午全体在灵峰游览。此处我没有来过，是在植物园山上，游人很少。中午传曦伉俪在中国美术学院宾馆餐厅宴请全体。四时后回沪。

## 十一月二十二日

上午回吴兴路。午饭后回宾馆时，因中午事不快，走出弄堂大门时头昏跌倒。下午蒋、陆、吴、胡、傅诸生来合影，各赠《类编》一部，作为纪念。

## 十一月二十三日

山西人民出版社庞泌文持牛汉介绍信来访。得国际电视台长途电话。

## 十一月二十四日

作协、上图、文研所、文学基金会等单位在上图为我祝寿，按我建议由以上单位联合，开一小型座谈会。我偕可参加，晚在附近花城酒家聚餐。

## 十一月二十五日

午后李储文来访。

## 十一月二十六日

下午二时半社联假座新大楼为我祝寿开小型座谈会。（我辞谢不果，仅同意不再宴请。）来参加者为社联各学会中的熟人。讲话者除储文外，尚有多人。其中华师大丁祯彦发表了热情的讲话。[补记：孰料三日后，丁祯彦因脑溢血逝世。这篇讲话是他最后一次的讲话，发表在冯先生生前所办的《时代与思潮》上。]

## 十一月二十八日

下午二时半，华师大为我祝寿并举行座谈。（按我建议未聚餐。）开始感到伤风。

## 十一月三十日

今日为我八十岁生日。上海社科院在中山西路该院分部请来我的亲友和过去储能中学的学生，为我祝寿，设席三桌。

## 十二月一日

在日教书的俞慰慈、陈秋萍夫妇来访，谈出版冈村文集中文本和出版我的选集日译本事。

## 十二月二日

国际电视台早八时来访谈录像，至十一时结束。

## 十二月五日

自三日到今天重读契诃夫《伊凡诺夫》。此剧在契诃夫五个多幕剧中，最不引人注目，但亦甚佳。

## 十二月七日

午后得要来采访的电话，力辞。想到小时父亲常爱引用方孝孺说的"良巫之子多死于鬼，良医之子多死于病"，不知是什么意思。今似有所悟，他是不是警告人们不要自恃艺高而掉以轻心或过于自信？

## 十二月八日

得程千帆三日自南京发来的信，内称：

　　在复旦求学之外孙女张春晓近日归省，知尊上月降诞之辰，曾随其师晋谒，知道体安吉，殊慰下怀。又承赐大集一函十册（又赐孙女影集），感荷之至。久欲得尊集而通读之，今乃如愿。

略事披览，真觉美富不可言，古人所谓"明天人之际，通古今之变，成一家之言"者，公有之矣。字大宜老，尤为可贵。方将通览细读，以补枵腹。先此布谢，不尽欲言。弟近殊衰惫，耳聋目瞀，已不甚能工作。幸所主编《中华大典·文学卷》，已开始出书，得同人之助，可望在二三年内出齐，或者略胜《古今图书集成》，则时代之赐，非□（此字模糊）生之力也。又河北教育出版社已开始出版拙集，约十四卷。二千年或可出版，届时当敬呈教益。顺告敬请著安。

## 十二月十五日

午后，湖北教育出版社黄榕偕魏天无来谈出版书信集事，当即邀档案馆陈伟等一起参加。晚邀请黄、魏至附近雍记晚餐。

## 十二月十六日

午后，几位文学基金会副会长来谈基金会事。傍晚，李伟国、赵昌平、钱伯城、吴曼青来，邀至云亭晚餐。

## 十二月十七日

上午去上图写字。林其锬偕福州社联王碧秀来访。王携其在沪当医生的儿子同来。

## 十二月十八日

上午童世骏等来谈东西文化中心事。午后偕可去龙柏饭店参加杨越婚礼。

## 十二月十九日

我的谈话被访谈者刊出，往往未经我寓目，其中谬误甚多。而有一位批评家专引用此类文字作为批评的依据。

## 十二月二十日

美胡志德数日前来沪，曾通电话要来看我，约定今日去图安会见他。

## 十二月二十四日

文学基金会下午假衡山饭店召开年会。

# 后　记

　　这部日记自一九九零年起，至一九九九年止，前后共十年。其中一九九一年未记，以回忆录代替。

　　我很羡慕别人在任何情况下都能够坚持记日记的本领，我没有这样的恒心，也缺乏这种毅力。过去我曾多次打算把日记记下去，可是每次都半途而废了。这里刊行的十年日记，虽然并不完整，但总算持续未缀，也许这和九十年代有关。对我来说，九十年代是颇为重要的十年。我在青年时期就开始写作了，但直到九十年代，才可以说真正进入了思想境界。朋友们认为我这么说似乎有些夸大，可这并不是张大其辞。九十年代是我的反思时代，直到这时我才对于自己长期积累的思想观念，作了比较彻底的全面检讨。在四十年代和五十年代下半叶，我也有过几次反思，但时间没有持续多久，涉及的范围也没有这样宽广。到了九十年代，我才摆脱了依傍，抛弃了长期形成的既定观念，用自己的头脑去认识世界，考虑问题。所以我把九十年代视为自己思想开始成熟的时代，这大概是我在这十年能够把日记坚持记下去的原因。因为我当时想，倘要将所见所闻所感所思和自己思想的演变全都记录下来，恐怕再没有比记日记更简便的方法了。

　　友人如兰告诉我，赵元任先生曾说过，日记有两种，一种是为自己记的，另一种是给别人看的。他认为他的日记是第一类，胡适的日记则是第二类。为自己记的日记，目的在于存以备考，只要自己看得懂，怎么写都行。最近商务准备出版《赵元任全集》，其中也包括他的日记。我不知道如兰和新那姊妹们，如何整理她们父亲的日记。听新那说，赵先生日记中，有时使用了五线谱以达意，有时是图像，有时是外文和方言，有时还夹杂着只有他本人才明白的符号。我的日记虽然不像赵先生日记那么复杂，但也不大容易让人能够看得明白。其中有缩写，有符号，还有许多没有背景交代只有自己才懂得的记述。自己写给自己看，自然不会有什么问题。但是，当我答应编辑朋友的要求，准备把它们出版问世公之于众，就成为大问题了。一旦刊行，就需要使上面说过的第一类日记变为第二类日记。这是一个大变化。最初我低估了这项工作的艰巨性。着手进行之后，才感到它的分量越来越重，而并不像原来所想象的那样简单，这是需要去做大量的工作的。譬如，原来那些缩写和符号，就需要翻译成可读的文字；原来没有记述下来的事件背景，就需要增补必要的说明。更煞费斟酌的是某些个人隐私和目前尚不宜公开的事件，在经过慎重的考虑和权衡后，我作了这样的处理：有的只能割爱，有的加以删削；但为了尽量存真，有时则需运用案而不断或意在言外的笔法，委婉地点明。从开始着手进行，到这些工作全部完成，前后用去我两年多的时间。

　　这十年日记原来是分别写在不同的日记本上。大抵每年一本，也有几年写在一个大日记本上的。我在整理时自然不能在这些原始日记上进行修订，而是先把它们抄写在稿纸上再作增删。这些手抄的日记共三十余万言。由于上面的改动较大，为了排印方便，再请蓝云和晓光用电脑打印出来，经过校改输入光盘。这样我的日记就有三种不同的稿本：原始日记、抄改本、打印本。这里需要说明，整理时，我所作的修订，只限于将别人无法看懂的地方阐发清楚，而并没有用后来的思想去代替当时那些想法。这些新增的阐释或说明，我采用了案语的形式。而涉及后来的想法或交代事件的变化，则归入补记。这些案语和补记均经我标明，以与正文相区别。我想通过这种方式来尽量保持日记的原貌。可是尽管如此，还是不能做到和原始日记完全保持一致，特别在文字上、形式上，已有很大的差距了。为了弥补这一遗憾，我准备将这十年的原始日记，全部捐赠给上海档案馆，以备将来研究者可以互相参照。

这部日记取名为《九十年代日记》，它和去年出版的《九十年代反思录》是姊妹篇。前者阐述了我在十年中的一些新的认识和新的思想。至于这些认识和思想是在怎样的背景下一步步形成的，读者或许可以从后者去发现它们的发展演变之迹。

二千零一年三月二十八日

**图书在版编目(CIP)数据**

九十年代日记/王元化著. 一上海：上海书店出
版社,2019.11
ISBN 978 - 7 - 5458 - 1879 - 6

Ⅰ.①九… Ⅱ.①王… Ⅲ.①王元化(1920 - 2008)
—日记 Ⅳ.①K825.6

中国版本图书馆 CIP 数据核字(2019)第 244854 号

**特约编辑**　吕　晨
**责任编辑**　孙语婧
**封面设计**　胡　斌　刘健敏

**九十年代日记**

王元化　著

出　　版　上海书店出版社
　　　　　（200001　上海福建中路 193 号）
发　　行　上海人民出版社发行中心
印　　刷　苏州市越洋印刷有限公司
开　　本　890×1240　1/32
印　　张　14.25
版　　次　2019 年 11 月第 1 版
印　　次　2019 年 11 月第 1 次印刷
ISBN 978-7-5458-1879-6/K.358
定　　价　75.00 元